理性の行方

ハーバーマスと批判理論

木前利秋

未來社

理性の行方　ハーバーマスと批判理論★目次

【付論・付録】

刊行にあたって

本書は二〇一三年十二月四日に亡くなった木前利秋氏の生前のユルゲン・ハーバーマスに関する論考を整理し、まとめたものである。

木前利秋氏はハーバーマス論をまとめることを前提に、小社PR誌「未来」において二〇〇八年十月号から二〇一〇年一月号まで、二〇一〇年十一月号と十二月号、二〇一二年九月号から十一月号まで、合計二十一回の連載をおこなった。最初の十六回分は本書の第一章から第三章、次の二回分は第四章、最後の三回分は第五章に該当する。連載終了後、掲載原稿の全ファイルをまとめて木前氏に校正用に送っておいたが、なかなか進まず、その間に木前氏は体調を崩され不帰のひととなってしまった。

「未来」の連載原稿はそのつど厳密な校正をほどこしたもので、そのままにしてしまうのはあまりにも惜しい内容であり、これだけでも十分に立派なハーバーマス論としてまとめられるものだと思われたので、夫人の木前恵氏の了解のもと、生前の木前氏と関係の深かった上村忠男、岩崎稔両氏の査読を経たうえで刊行されることになった。ほかにハーバーマス関連の文章が四本ほど見つかったので、付論として収録することにした。

そして原稿の読み直しと表記の統一その他のチェックを進めていたところ、恵氏から木前氏の使っていたパソコンのなかに元原稿に手を入れたらしいファイルがいくつも見つかったとの連絡が入った。さっそくファイルを送ってもらい照合してみると、相当な修正をくわえたものだということがわかった。とりわけ連載の前半は大幅に書き直そうとしていたことが明らかになった。亡くなる年の二〇一三年の夏頃まで、体調不良のあいまをぬって手を加える作業を繰り返していたことがファイルの最終修正日で確認できた。つまりほんとうに仕事ができなくなってしまった直前までこのハーバーマス論に手を入れていたことがわかるのである。亡くなる前まで夫人にこの仕事を仕上げたいという希望を述べていたということも伝えられている。まさに渾身の一冊として最後まで全力を投入されていたことになる。

こうしたなかで原稿の徹底的な見直しと改稿ファイルにもとづいて修正をおこなったのが本書である。そのさい、藤原保信・三島憲一・木前利秋編著『ハーバーマスと現代』（新評論、一九八七年）に掲載された「理性の行方」という論文を徹底的な改稿をほどこして本書のはじめに置く構想をもっていたことが確認できたので、これを急遽「序章　近代の行く末」（タイトルは改稿ファイル通り）として収録することにした。

木前氏の最終的な構想が本書の通りになったかどうかは、いまとなっては不明のところがある。章ごとの改稿ファイルにはところどころ構想途上のメモらしきものもあり、本書第一章第三節、第二章「むすびにかえて」、第三章第三節後半以降は改稿ファイルにはなぜか存在しない。改稿途上であったのか、削除予定だったのかはにわかには判断できないが、内容からみて連載時のデータをそのまま掲載することにした。第四章は修正もすくなく、第五章にいたっては改稿ファイル自体が存在しない。おそらく連載の最後のほうはほとんどできあがっていた本の構想にあわせて執筆されたからではないかと推測しうる。それに比べるとまだ構想が十分に練れていなかった時点で執筆された前半は徹底的に改稿されており、それだけ意図が明確になっていると思われる。

木前氏が存命していればより充実したものになったであろうが、いまはこれをもってよしとしなければならない。せめてもの供養になればさいわいである。

なお、ユルゲン・ハーバーマスの主要著作については、以下に書誌情報を掲載するにとどめ、本文註においては原著名（副題は省略）、原著・邦訳の該当ページのみを掲出する。

Die Dialektik der Rationalisierung, Vom Pauperismus in Produktion und Konsum, in: *Merkur* VIII. Jahrgang, 8. Heft, August 1954. S. 701-724.

Strukturwandel der Öffentlichkeit: Untersuchungen zu einer Kategorie der bürgerlichen Gesellschaft, Neuwied: Hermann Luchterhand Verlag, 1962, Neuauflage, Frankfurt am Main: Suhrkamp Verlag, 1990.（『公共性の構造転換——市民社会の一カテゴリーについての探究』細谷貞雄訳、未來社、一九七三年、第二版：細谷貞雄・山田正行訳、未來社、一九九四年）

※特に注記がないかぎり、新版を用いている。

Theorie und Praxis: Sozialphilosophische Studein, Frankfurt am Main: Surkamp Verlag, 1978

(1963).（『理論と実践——社会哲学論集』細谷貞雄訳、未來社、一九七五年）

Technik und Wissenschaft als ›Ideologie‹, Frankfurt am Main: Suhrkamp Verlag, 1978 (1968).（『イデオロギーとしての技術と科学』長谷川宏訳、改訳版、平凡社ライブラリー、二〇〇〇年）

※本書の註では初版の紀伊國屋書店版を用いている。

Erkenntnis und Interesse, Frankfurt am Main: Suhrkamp Verlag, 1979 (1968).（『認識と関心』奥山次良・八木橋貢・渡辺佑邦訳、未來社、一九八一年）

※本書では一九七九年の第五版を用いている。

Theorie des kommunikativen Handelns, Bd. I: *Handlungsrationalität und gesellschaftliche Rationalisierung*; Bd. II: *Zur Kritik der funktionalistischen Vernunft*, Frankfurt am Main: Suhrkamp Verlag, 1978, 1981.（『コミュニケイション的行為の理論（上・中・下）』未來社、上巻：河上倫逸／M・フーブリヒト／平井俊彦訳、一九八五年、中巻：藤沢賢一郎・岩倉正博・徳永恂・平野嘉彦・山口節郎訳、一九八六年、下巻：丸山高司・丸山徳次・厚東洋輔・森田数実・馬場孚瑳江・脇圭平訳、一九八七年）

Philosophisch-politische Profile, Erweiterte Ausgabe, Frankfurt am Main: Suhrkamp Verlag, 1981.（『哲学的・政治的プロフィール（上・下）——現代ヨーロッパの哲学者たち』小牧治・村上隆夫訳、未來社、一九八四年）

Moralbewußtsein und kommunikatives Handeln, Frankfurt am Main: Suhrkamp Verlag, 1983.

（『道徳意識とコミュニケーション行為』三島憲一・中野敏男・木前利秋訳、岩波書店、一九九一年）

Der philosophische Diskurs der Moderne, Zwölf Vorlesungen, Frankfurt am Main: Suhrkamp Verlag, 1985.（『近代の哲学的ディスクルス（Ⅰ・Ⅱ）』三島憲一・轡田収・木前利秋・大貫敦子訳、岩波書店、一九九〇年）

Die Neue Unübersichtlichkeit: Kleine Politische Schriften V., Frankfurt am Main: Suhrkamp Verlag, 1985.（『新たなる不透明性』河上倫逸監訳、上村隆広・城達也・吉田純訳、松籟社、一九九五年）

Faktizität und Geltung: Beiträge zur Diskurstheorie des Rechts und des demokratischen Rechtsstaats, Erste Auflage, Frankfurt am Main: Suhrkamp Verlag, 1992, Vierte Auflage, 1994.（『事実性と妥当性――法と民主的法治国家の討議理論にかんする研究（上・下）』河上倫逸・耳野健二訳、未來社、二〇〇二―二〇〇三年）

Wahrheit und Rechtfertigung: Philosophische Aufsätze, Frankfurt am Main: Suhrkamp Verlag, 1999.

理性の行方　ハーバーマスと批判理論

装幀――戸田ツトム

序章　近代の行く末

はじめに

わたしもまた、ヨーロッパの危機が誤てる合理主義に根ざしている、ということを確信してはいます。しかしそれは、合理性そのものがあたかも悪であると考えたり、人間の実存の全体にわたって、さしたる意味をもたないかのごとく考えたりするのではありません。……根源的にギリシア的な意味……での高度かつ真なる意味をもつ合理性、この合理性はもちろんなおまだ多くの反省的な解明を必要としますが、しかし、この合理性こそが円熟した仕方でわれわれの発展を導いてくれるよう求められているものなのです。他方、われわれは次のことを付け加えるのにやぶさかではありません……、というのは、啓蒙期における合理主義としての「理性 ratio」の発展形態は、同情しうる逸脱であったにしろ、とにかく理性からの逸脱であった、ということです。☆1

フッサールが「ヨーロッパ的人間性の危機における哲学」と題しておこなった講演の一節である。講演がなった一九三五年は、すでにヒトラーが政権の座につき、このユダヤ系老哲学者

☆1 E. Husserl, Die Krisis des europäischen Menschentum und die Philosophie, in: Husserliana VI, Haag: M. Nijhoff. 1954.

の身辺もただならぬ様相を呈していた。ハイデッガーが「ドイツ的大学の自己主張」と銘打ったフライブルク大学総長就任演説をおこなったのは、これより二年ほど前のことになる。総統への忠誠を誓った悪名高い講演だ。かつての高弟がそこで口にした「ドイツ的大学」の高らかな礼賛を想えば、「ヨーロッパの危機」という発言から推察されるフッサールの危機意識は、どうみてもわたしたちの想像を絶する深淵をのぞきみたにちがいあるまい。ハーバーマスの思想的営みを探ろうとするとき、なによりもフッサールがここで見せた理性にたいする信念のゆるぎなさと、ハイデッガーがこの後に歩んだ思索の道のあやうさを思わずにはいられない。

身に降りかかる脅威が、日常世界をつきやぶって、個人の生や集団のあり方を根幹からゆるがすようなカタストロフィ――「危機」とはそうした急迫のさまを想わせる。社会の体制ともどもわたしたちの生活のあり方をまで変えないかぎり、もはや生きるすべをもちえない切羽詰まったさまが、危機という強い言葉を求める。フッサールとハイデッガーは、時代の危機をヨーロッパの命運にかかわる出来事と見る点で共通していた。危機は外からではなく内からやってくる。一方はそれをヨーロッパ的人間性と諸科学の危機に捉え、他方はそれを西欧形而上学の完成と終焉に見た。続く世代のハーバーマスは、これら危機診断の深刻さを、もはや避けることのできない時代にいた。祖父と父の世代に当たるこの哲学者たちの問題の厚みこそが、彼の思想形成の幅の広さを決定したといってもよい。ただ、フッサールとハイデッガーの戦術は、ハーバーマスにしてみれば、時代の危機を乗り切るうえで明らかな限界と難点があった。

形而上学の黄昏と実証主義の蔓延が、時代の危機の内奥にひそんだ哲学的問題を表わしていることは、ハーバーマスとても認めるにやぶさかではない。科学主義や技術主義の支配となって現われる〈道具的理性〉は、フッサールやハイデッガーと同様、ハーバーマスにあっても批判の対象になる。しかし彼にとってそれは、フッサールのようにギリシア的意味での〈古典的理性〉を固持することにはならない。ギリシア的な観想の伝統を再興したところで、その「理性の目的論」が、危機を克服するのに有効な実践の展望を開くことなどできない相談である。他方、それは、ハイデッガー流の形而上学の超克であってもならない。「形而上学に対する対抗概念として、また危機に対する歯止めとして、ハイデッガーは批判ではなく神話を指名する。」[☆2]ハイデッガーの思索の道は、これまでとは〈別の理性〉ではなく、二十世紀の神話に似た〈理性とは別のもの〉を告知する。危機批判の真の可能性は、古代ギリシア由来の〈古典的理性〉でも〈理性とは別のもの〉でもない路に通じなければならない。

危機に面して批判の力を動員するのは、十八世紀以来の啓蒙の伝統である。そこに芽生えた理性の可能性、しかも批判の力を保持しつつ「理性の逸脱」に陥らない〈別の理性〉の可能性――こうした理性は存在しないだろうか。第三帝国に晩年の危機を耐えたフッサールとも、壮年の転機に踊ったハイデッガーとも異なり、少年期の多感な時を過ごしたハーバーマスにとって、理性の行方を占うことは不可避の問いとなったはずだ。理性は今日どのような行方にあるのか――ここでは、この理性に関する考えを中心にしてハーバーマスの思想的な営みを追ってみたい。

☆2 Habermas, *Philosophisch-politische Profile*, S. 80. 訳一一〇頁。

一　啓蒙的解放と市民的公共圏

ハーバーマスは、しばしばフランクフルト学派第二世代の理論的旗手といわれる。一般に「批判理論 Kritische Theorie」の名でよばれるこの学派のインナーサークルの思想が、彼の理論の底流にあることは今日でも変わりない。ハーバーマスは、なによりもフランクフルト学派の系譜に属する思想家である。近代の理論哲学にたいする彼の再構成の試みは、この系譜の「批判」的な構えと無縁ではない。しかし彼の思想には、これを補完するもうひとつの流れが脈打っている。公共性の実践哲学とでもいえる流れである。ハーバーマスの理論的営みが個別科学の一分野に収まらないのも、ひとつには、古来「実践哲学」とよばれた幅広い領野への目配りが効いているからだ。ハーバーマスの理論的営為は、まずこれら二つの伝統を自覚的に継いだところから始まる。[☆3] ただし、彼がフランクフルト学派第二世代といわれることから察せられるように、批判理論の創始者たちとの間には、まぎれもない断絶がある。また実践的公共性の潮流に棹さすといっても、ハーバーマスの場合、たんに旧来の哲学的伝統を復興させようとする態度とはあきらかに一線を画する。伝統の継承は同時に伝統からの離反でもある。ハーバーマスは、一九七〇年代に入って新たな理論的展開を繰り広げるが、この展開は、伝統からの離反が以前よりも決定的となったことを告げている。しばしば「批判理論の言語論的転回」と称されるこの伝統からの離反が、[☆4]〈コミュニケーション的行為〉と〈社会進化〉の新たな理論を導いたのである。ではハーバーマスにとってこの二つの源流はいかなる意味をもったのだろう

☆3　Habermas, *Theorie des kommunikativen Handelns.*

☆4　ハーバーマスによる「批判理論の言語論的転回」について、要領よくまとめた論考としては、次を参照。Richard J. Bernstein, Introduction, in: Bernstein, R. J. (ed.), *Habermas and Modernity*, Cambridge: Polity Press, 1985. バーンスタインは、同論考で『認識と関心』にあった四つの欠陥を克服する努力が、『コミュニケーション的行為の理論』に結実したとしている。第一は、「反省および自己反省という基礎概念の根幹に触れる曖昧さが存在していたこと」、第二は、ハーバーマスが認識関心を『準超越論的』なものとして区分したとき、彼は錯綜した問題のなんたるかを実際に確認しておきながら、その解決法を与えないままに終わって」いたこと、第三は、

か。

1

理性にたいする信頼を絶えて捨てたことのないハーバーマスだからいささか逆説めいて聞こえるかもしれないが、フランクフルト学派第一世代から彼が引き継いだものは、なんといっても道具的理性批判のモティーフにほかならない。近代が産み落とした技術的合理性の支配にたいする批判を堅持し、その支配からの解放をめざすという点で、彼はフランクフルト学派の伝統の継承者である。

ホルクハイマーによれば、西洋の思惟の歴史には、二つの理性概念が見うけられる。ひとつは「客観的理性」の概念である。理性は、古来、存在するものことごとくを統括する実体的な何ものかで、「個人の精神のみならず客観的世界のうちにも……存在する」とみなされていた。[☆5] 理性は、真・善・美といった文化的な諸価値を統一し包括するだけではない。人間と自然のいっさいを含む存在の位階秩序を示し、人間の経験と運命を最高善の観念、究極目的の実現に従わせる。しかし近代になると、古代ギリシア以来のこの理性概念に代わって、自立した主観性を核に、新たなもうひとつの理性概念が登場する。「主観的理性」あるいは「道具的理性」がそれである。近代の啓蒙とともに登場したこの道具的理性が、市民社会における個々人の自己保存の体制を支えながら、やがて支配の論理と結びついて自己破壊的な結果をまねくにいたる弁証法を分析し反省することが、「道具的理性」批判の眼目をなす。いわゆる「啓蒙の弁証法」

『認識と関心』における認識論的な指針が意識哲学、主観哲学の残滓に依存したままだったこと、そして第四は、フロイトの精神分析に範をとった「批判的社会科学」というプロジェクトを実質的にどう実現していくかが明らかにされないままだったこと、この四つである。

☆5 Max Horkheimer, Zum Begriff der Vernunft, in: M. Horkheimer *Gesammelte Schriften*, Band 7, Frankfurt am Main: Fischer Verlag, 1985, S. 22f.

である。もっとも少し慎重に考察をめぐらしてみると、ホルクハイマーが道具的理性の名で語るものには、たんに「主観的理性」というだけでは尽くせない契機が含まれていることに気づく。

主観性を核にした理性は、主観以外のいっさいを物として客観化し、主観‐客観関係の枠でそれを理論的に認識する。この理論的認識は、さらに個人や集団にとって価値ある目的のために技術的に応用され、目的‐手段関係の枠に組みかえられる。ホルクハイマーが、近代的な理論的認識における主観‐客観関係を、しばしば技術的操作における目的‐手段関係とはあまり区別せずに語るのもこのためである。この二つの関係の結合にもとづいた合理性を、ハーバーマスにならって、〈認知的‐道具的合理性 kognitive-instrumentale Rationalität〉と名づけることにする。☆6

しかしホルクハイマーが道具的理性と呼ぶものには、こうした認知的‐道具的合理性には収まらない契機も含まれている。道具的理性は、たんに主観以外のいっさいを物と化すばかりではなく、主体自身をも物象化した機能連関のなかに包みこんだ世界を作りだす。ルカーチ以来の表現に則って「全体性 Totalität」といわれる機能連関は、内部に葛藤と対立をはらみながら、社会のみならず広い意味での自然（内的および外的な自然）に侵入していくシステムという特徴を帯びる。主観‐客観関係に代わって、物象化に制約されたシステム‐環境関係が現われる。

こうした事態にともない、システム内部の目的‐手段関係も、複合的なネットワークを織り

☆6 「認知的‐道具的合理性」は、『コミュニケーション的行為の理論』では頻出するカテゴリーだが、その後のハーバーマスは、認識的な契機と道具的契機を、認識的 epistemisch 合理性と目的論的 teleologisch 合理性として意識的に区別するようになり（Habermas, *Wahrheit und Rechtfertigung*, S. 107-110.）、「認知的」と「道具的」を対にしたカテゴリーは、以前ほど登場しなくなっている。注意してよいのは、『コミュニケーション的行為の理論』で認知的‐道具的合理性にかかわる議論が理論的討議とされていたのに対し、目的論的合理性にかかわる討議は、実用的討議 pragmatischer Diskurs として実践的討議の一部に加えられるようになったことである。

なして、複雑な環境にたいする関係を形成する。ひとつの手段が複数の目的と関連し、ひとつの目的が複数の手段と結合する体制の成立である。このため、個々の目標を追求する営みは、環境の複合性を縮減しつつシステム内部の複合性を増大させる関係に組み入れられ、システムがその環境への適応を配慮しつつ自己保存を維持する関係が成立する。このようにして成り立つ編成を、ハーバーマスのルーマン批判を考慮しながら、〈機能主義的理性〉ないし〈システム合理性 Systemrationalität〉と呼ぶことにする。

道具的理性には、このような〈主観的理性〉と〈機能主義的理性〉が未分化な状態で含まれている。いやむしろ後者のシステム合理性が前者の認知的‐道具的合理性に組み入れられるもののように理解されている。社会を部分にたいする「全体」ととらえる見方はその表われである。ホルクハイマーのこの傾向には、意識一般をモデルにして、理性や歴史の論理を主観‐客観関係の枠で捉えようとする「主観性の哲学（意識哲学）」への偏りが見うけられる。とはいえ彼の理性批判が、主観的理性や機能主義的理性を克服して、これらとは別の理性を求めることに通じていたことは銘記しておいてよい。

人間と人間との関係、したがって人間と自然との関係が支配と分離の時代とは異なった形態となるときにはじめて、主観的理性と客観的理性の分裂は統一をなして出現してくるだろう。しかしそのためには、社会の全体に向けられた労働、歴史的活動が必要である。或る人が他の人の手段とならないような社会的状態を確立するということは、同時に、客観

的真理と機能的思考との分裂のなかで今日喪失するおそれのある理性概念を実現するということである。☆7

ホルクハイマーが「主観的理性と客観的理性」を統一した〈別の理性〉についてより具体的にどのような展望を抱いていたかは、かならずしも定かではない。しかしすくなくとも彼が、批判理論にとって枢要な歴史的実践を「社会の全体に向けられた労働」と規定していたことは注意してよい。☆8 初期ホルクハイマーでは、「理性的で、普遍性に応じた社会組織という理念は、……人間労働に内在している」☆9とされ、「真の人間的自由とは、……理性的決定によってわれわれの内なる自然と外なる自然を支配することに等しい」☆10とみなされていた。だがやがて「道具的理性」にたいする批判が徹底されるようになると、この労働にもとづいた「理性的決定による自然支配」という発想そのものが批判の俎上に載せられる。労働による自然支配だけでは、結局のところ「道具的理性」の体制を強化するにすぎないからだ。こうしてホルクハイマーは、理性的決定による自然支配という考えを廃し、若き日に育んだ美的モダニティの心性とひそかに響き合わせながら、「自然との和解」というテーゼを前面に押しだすようになる。

しかし、もし「自然との和解」の理念が徹底されると、今度は理性の別の可能性を求めることとは異なった方向を歩むことにもなりうる。ホルクハイマーの念頭にあった自然は、理性とは別のもの、つまり理性の他者である。自然との和解の追求は、理性の別の可能性だけではなく、理性とは別の可能性を希求することにもつながる。だがハーバーマスにとって、この和解

☆7 M. Horkheimer, a. a. O., S. 34.

☆8 これについては、次のものを参照。M・トイニッセン『社会と歴史——批判理論の批判』小牧治・村上隆夫訳、未來社、一九八一年、七六頁、一一〇頁。

☆9 Max Horkheimer, Kritische Theorie: eine Dokumentation, Herausgegeben von Alfred Schmidt, Frankfurt am Main: Fischer Verlag, S. 546.

☆10 Ebd., S. 117.

が可能にする自然の蘇生という希望は、「理性的に組織された未来社会への関心」に向かうより、理性から逸脱して自然を擬人化する一種の神秘主義に陥る恐れを秘めていた。「自然の蘇生というものは、かりに若きマルクス自身が、さらにはマルクスを受け継いだ思弁的頭脳の持ち主たち（ベンヤミン、ブロッホ、マルクーゼ、アドルノ）が、神秘主義のこの遺産にどれほど魅力を感じていたとしても、唯物論として一貫性があると考えられるものではない。[☆11]」自然との和解が暗示するユートピアの可能性を、神秘主義と言い切ってすむかどうかは別にして、ともかくハーバーマスの危惧にそれなりの道理があることはたしかだ。労働にたいする過度の信頼が道具的理性の陥穽を避けがたいように、自然との和解にたいする強い希求は、理性が十分な分化を遂げていない太古の世界への憧憬を誘いやすい。「今日喪失するおそれのある理性概念を実現するという」批判理論の原プログラムは、自然との和解への歴史的展望とも労働に準拠した歴史的実践とも異なったところに探らねばならない。

2

ハーバーマスのこうした方向に示唆を与えたのが、公共性の政治哲学である。当面の脈絡との関連で、ここではハンナ・アーレントの考えに触れておこう。アーレントには、労働とは違った人間の営みに積極的意義を見いだそうとする姿勢がうかがわれ、この点が一定の変異をともないながらハーバーマスに受け継がれているからだ。

アーレントによれば、労働を人間の他の営みより優位におく考え方は近代の産物である。も

☆11　Habermas, *Erkenntnis und Interesse*, S. 45. 訳四五頁。

ろもろの営みのなかでも労働が優越した地位を占めるようになったのは、元来、私的領域でおこなわれていた労働の論理が、公的領域に侵入するまでに自己を拡大させてきたことに起因する――「経済行動が公的領域に侵入」した結果として成立する新たな領域を、アーレントは〈社会的なもの〉と呼ぶ。しかし人間の営み《アクティヴィティ》には、労働《レイバー》や仕事《ワーク》のみならず、いずれからも区別される部類が存在する。アーレントはそれを活動《アクション》と呼ぶ。労働が「人間と自然との物質代謝」（マルクス）と規定されるのに対し、活動は人と人との対話的関係で展開される。前者はもともと生きる必要のために設けられた私的領域で営まれる。後者は生活の必要から自由となった公的領域でおこなわれる。労働が自然必然性の循環に閉じ込められた道具的行為であるとすれば、活動はそうした必然性から自由な公共空間で繰り広げられる対話的行為である。アーレントは、これらの間に価値のうえで優劣をつけていないと言っているが、彼女が活動と呼ぶものに格別の意義をおいていることは明らかである。活動を介して確保される自由な公共性の空間こそアーレントの主要モティーフにほかならない。

一九五〇年代の初期ハーバーマスを別にすれば、労働や自然とは異なったものに目を注ぐアーレントのこの姿勢が、一九六〇年代以降のハーバーマスの発想に受け継がれている。彼は、フランクフルト学派から、道具的理性による抑圧からの解放というプログラムを継承する。しかしこの解放のための戦略は、労働にも自然との和解にも探ることはできない。労働や自然の領域から区別された活動と公的自由の創設に求めねばならない。ハーバーマスによる伝統の継承とは、なによりも啓蒙的解放と政治的公共性という理念を受け継ぐことである。理性は、対話と議論による公共的なコミュニケーションの場で働くところに、あるべき姿が現われる。この意味でそれは、〈対話的理性〉ないし〈コミュニケーション的合理性 kommunikative Rationaliät〉[☆12]と名づけられる。

もっとも、ハーバーマスの場合、伝統の継承が同時に伝統との断絶をともなっていることはすでに指摘したとおりだ。啓蒙的解放の継受が他面での批判を含意したように、政治的公共性の継承も、ある面ではこの伝統からの離反を随伴させている。公的領域を私的領域から区別し、活動を労働から分離するアーレントの試みに、ハーバーマスはそれなりの積極的意義を認める。しかし、〈公共的なもの《パブリック》〉を〈社会的なもの《ソーシアル》〉から峻別し、〈政治的なもの〉をこの意味での〈公共的なもの〉に帰趨させるアーレントの立場は、ハーバーマスにとって、近代に新たに生まれた政治と経済のあり方を適切に評価できず、公共性の機能に過大な要求を課すことになりかねない。

近代の市民的公共圏は政治的公共圏のみならず文芸的・文化的な公共圏もその構成要素をなしている。その意味で「公共的なもの」は「政治的なもの」にとどまるものではない。他方、近代では「政治的なもの」も、アーレントのいう「公共的なもの」と等置することができない。政治的領域は、言論を介した公共的な議論の空間だけで成り立つわけではなく、これ以外にも権力の獲得をめぐる戦略的闘争の場や権力の行使にかかわる行政システムが、それぞれ固有の政治的契機をなしている。これら複数の契機からなる政治的プロセスは、すくなくとも福祉国家体制以来、経済システムにおける物質的再生産を維持したり調整したりする機能を果た

☆12　のちにハーバーマスは、「コミュニケーション的合理性」と「討議的合理性」とを区別した言い方をするようになる。前者のコミュニケーション的合理性は、認識的合理性や目的論的合理性と並べられるさまざまな合理性のひとつとされるのに対して、後者の討議的合理性は、むしろそれら複数の合理性の構造が絡み合うレベルに置かれた合理性である。ここで〈対話的理性〉ないし〈コミュニケーション的合理性〉と名づけたものは、こののちに区分される両者を含んだ広い意味の対話的な合理性である。

すようになった。すでに福祉国家体制に揺らぎが生じているものの、物質的再生産の過程と資本の蓄積体制にかかわる景気政策や社会政策の問題の処理を、行政システムの手から引き離して政治の領域から排除することは、今日では現実には考えられない。

ただし行政システムで行使される正当な権力 Macht は、たんなる暴力 Gewalt とは異なる。暴力から区別された権力の創出は、正統な法規範に支えられ、その正統性 Legitimität を創出するには、公共的な意見をかわす議論による合意形成が前提になる。権力の獲得と保持が政治システムにおける戦略的な闘争の場にさらされ、権力の行使が行政システムにおける行政スタッフの手にゆだねられるのに対し、正当な権力の創出は、「市民的公共圏」すなわち市民の生活世界を基盤にした実践的討議にしたがわねばならない。アーレントのいう〈活動〉は、コミュニケーション的行為として、この最後のプロセスに属する。ハーバーマスは、「政治的なもの」を、コミュニケーションにもとづく権力の創出、戦略的闘争にさらされる権力の獲得と維持、行政組織の機能による権力の行使という三つの局面に分け、「市民的公共圏」の権能を、権力創出のプロセスに限定している。ここには、近代にはいって政治のプロセスがこうした諸局面に分化してきたこと、とくに（権力の獲得・保持と行使にかかわる）政治－行政システムと（権力の創出つまり政治的公共圏がぞくする）生活世界とが分離したことに積極的意義をみようとする姿勢がうかがえる。

これは裏を返せば、権力獲得をめぐる戦略的闘争や行政システムによる権力行使を、権力の創出のプロセスから切り離し、前二者を自走させてはならないことを意味している。政治システムを有効に機能させるうえで、暴力から区別された権力が不可欠の制御メディアになったことは、ハーバーマスとても否定しない。問題は権力そのものを解体することではない[☆13]。政治システムにおける権力の獲得・保持と行政権力の行使とが癒着して、政治的公共圏における権力の創出から分離し、構造的暴力の発生に行き着くのを阻止することである。

ハーバーマスは、権力の創出・獲得と維持・行使という三つの局面を、『事実性と妥当性』になると、政治的権力の三類型に区分しなおし、それぞれコミュニケーション的権力・社会的権力・行政権力と呼ぶようになる[☆14]。しかしこの区分法にもとづく場合でも同じ基本的なモティーフが受け継がれている。ただそこでは、法理論のコンテクストを別にすれば、社会的権力と行政権力の閉じた循環[☆15]に、両権力とコミュニケーション的権力との開かれた循環を対抗させるシェーマへと代わっただけである。

ハーバーマスはたんに古典的な実践哲学の復権をめざすのではない。近代の政治と経済の関係のなかで、公共圏の理念を新たに再編する可能性に眼を向ける。「政治的なもの」を古代ギリシア以来の「公共空間」として再興させるのではなく、近代における政治の新たなあり方に公共圏の再編の道を探ることが、彼の基本的なモティーフである。だがそうなると、ハーバーマスの対話的理性とは、権力獲得をめぐる戦略的闘争や権力行使にかかわる行政システムでの合理性、すなわち（認知的‐道具的合理性の派生形態である）戦略的合理性やシステム合理性をたんに拒否するわけでないことになるだろう。ハーバーマスの認知的‐道具的合理性とシステム合理性にたいする批判、つまり道具的理性批判は、これらの合理性概念の全否定ではな

☆13 『公共性の構造転換』には、「支配の合理化」という考えと同時に、公共圏における「支配一般の解体」という理念が存在していたことは留意してよい。政治的公共圏にとって権力の創出が不可欠の条件になるとしても、おそらく文化的公共圏については、これはあたらない。個人的な見解を言えば、文化的公共圏であっても社会的権力の干渉を免れるものではないものの、この公共圏では支配ないし権力の解体が依然としてその理念でありつづけるだろう。

☆14 Habermas, *Faktizität und Geltung*, S. 185f. 訳（上巻）一八一―一八三頁。

☆15 もっともこの「権力循環」という発想そのものは、実はもともと『公共性の構造転換』のなかに存在していた。

い。むしろそれらが癒着を招いて分限を超え、他の領域を侵すまでになる事態に向けられた批判である。彼はこうした事態を「生活世界の植民地化」と呼ぶ。対話的理性は、システム合理性や認知的‐道具的合理性を排他的に峻拒するのではない。それらのあるべき関係とその妥当な権限を指定するのである。

しかし、もしそうならば、コミュニケーション的合理性という概念は、一方で認知的‐道具的合理性やシステム合理性と同レベルにならぶ合理性の一類型でありながらも、他方では、合理性の諸類型に対してそれらのあるべき関係を構築し調整する合理性のカテゴリーでもあることになるだろう。規範的‐実践的合理性や表現的‐美的合理性と呼ばれるものは、前者の一類型としてのコミュニケーション的合理性の下位類型である。これに対して、後者のカテゴリーとしてのコミュニケーション的合理性は、後に討議的合理性 Diskursrationalität の名で呼ばれるようになる。『コミュニケーション的行為の理論』では、この両面が時としてあまり意識的に区別されずに使用されていたが、討議や議論の形式の反省的な意義が強調されるようになるにつれ、両者の位相差がより明確化されるようになった。この結果、ハーバーマスの合理性概念は、二つの課題を解決することが主眼になる。ひとつは、前者の合理性の諸類型を再構成するうえで、社会学的な行為論で支配的な潮流だった目的合理性を軸にすえた合理性の類型化に代わって新たな類型化を提唱すること、もうひとつは、後者の合理性の諸類型を関係づけるなかで、あるべき関係とそうでない関係との違いを明確にすることである。

解放と公共圏の伝統は、近代にかんするハーバーマス一流の解釈にもとづいて独特の変容を蒙っている。合理性概念を再考する試みは、これと表裏一体をなしていたのである。

二　文化的近代の現実と可能性

1

ハーバーマスは、〈理性とは別のもの〉ではなく、これまでとは〈別の理性〉を求める。古来のヨーロッパ的伝統に君臨した〈客観的理性〉でも、西欧近代の現実を支配した〈主観的理性〉でもない理性、さらに現代に跋扈する〈システム合理性〉でもない合理性である。ハーバーマスが〈対話的理性〉ないし〈コミュニケーション的合理性〉と呼ぶものは、こうした意味での理性である。もっともこの別の理性は、現実の歴史とは無縁の抽象的理念ではない。対話的理性は、近代の歴史的な可能性のうちに醸成され、生活世界の日常的なコミュニケーションのうちに育まれる。ハーバーマスが啓蒙の理念にまなざしを向けるのは、そこにこの可能性が胚胎していたからだ。だがしかし、近代の現実を支配したのは道具的理性であって対話的理性ではない。目的合理性やシステム合理性の跛行的な肥大化こそ、マックス・ヴェーバーが「鉄の檻」に喩えた近代的官僚制の現実をなしていた。ハーバーマスが求めるのは、むしろこうした近代の事実に反してでも存在する近代の別の可能性にほかならない。

ハーバーマスは、近代を、その現実と別の可能性とでもいうものに弁別している。対話的理性の占める位置を知るには、この弁別に留意しなければならない。近代の歴史的現実は、科学－技術の進歩や資本主義的な市場経済の確立といった出来事で画されている。しかしこうした近代そのものは、その成立の理念において、現実には解消しえない別の可能性としての近代とでもいえるものを胚胎させていた。彼が求める「理性の事実」（カント）は、現実とは区別される近代の別の可能性のうちにある。現実の近代から経験的に観察されるものと、可能な近代として合理的に再構成されるものを峻別すること――ハーバーマスの対話的理性はこの区別を前提にして成り立つ。優れた意味での近代とは、後者、つまり近代の可能性のなかにあったもののことである。ハーバーマスにとって、可能な近代が約束したものは、現実の近代ではいまだ果たされていない。近代は「未完のプロジェクト」である。では経験的観察によるのではなく、合理的再構成によって浮き彫りになる近代とはいかなるものだろうか。わたしたちは次に簡単にでもこの近代の意味に立ち入っておかねばならない。

　近代 Moderne は、通例の用法では、「新大陸」の「発見」、ルネサンス、宗教改革などによって、中世から区別される新たな時代を謂う。ヘーゲルの場合では、古代のギリシア＝ローマ世界から区別されたキリスト教的＝ゲルマン的世界を意味する。いずれにせよ近代とは、まず中世や古代といった特定の過去の時代から区別される〈新しい時代〉のことである。もっとも、近代独自の時間意識に着目してみると、それはたんに中世や古代と言った特定の過去から区別されるだけではない。近代が新しい時代の意識によって整えた態勢は、おのれを過去全般から剝離させ、いわば歴史全体に対する相対化の地平を開いたところで生まれる。中世や古代という特定の過去ではなく、さまざまな伝統の淵源をなす過去一般からの離脱こそ、近代の歴史意識における新しい時代の開示にほかならない。近代とは、特定の〈新しい時代〉というより〈時代の新しさ〉そのもののことである。だがもしこれが徹底されたなら、近代とはもはや特定の時期を表わした新しい時代だともいえなくなる。なぜなら、時が移ろうなかで新しいとされた時代も次々に過去と化し、新しいもののどれも不断に過去に繰り込まれていくからだ。過去一般からの離脱は、過去と化した〈新しい時代 neue Zeit〉からの離脱でもなければならない。行き着くところ、絶えず新たなものを求めて未来を志向する時間の方向性以外、つまり最上級の語尾を付した〈最も新しい時代 neueste Zeit〉以外、もはや近代に値しなくなるだろう[☆16]。残るのは一瞬にまみえる「いまという時 Jetztzeit」だけとなる。

してみれば、近代、つまりモダニティの意識は、一種の差異の反復から生まれる。中世や古代など特定の過去との差異、過去一般との差異、過去へ繰り込まれた新しいものとの差異、そして新たなもののなかでの不断の差異――こうした差異化と相対化の累進こそがモダニティのメンタリティを規定している。その時間意識の核心にあるのは、束の間の一瞬にひらめく純正な「いま」のアクチュアリティである。このような時間意識を明確なかたちで表わしたのが、ボードレールに始まりニーチェによって概念化された美的モダニティの心性にほかならない。「現代のアクチュアリティの賛美」が新しきものへの崇拝に導き、「汚れなき無垢の現在を求める憧れの念」が瞬く間に移ろうものの価値を高めたこの新しい時間意識は、さまざまなアヴァンギャルド運動で花開き、ダダイストのカフェ「キャバレー・ヴォルテール」やシュルレアリスムで熱狂の頂点に達した[☆17]。モデルネの理念は、ヨーロッパにおけるこうした芸術運動のなかで育まれる。フーコーの表現を援用すれば、「アクチュアリティの存在論」がここに登場して

☆16 Habermas, *Der philosophische Diskurs der Moderne*, S. 15. 訳一〇頁。
☆17 Jürgen Habermas, Kleine Politische Schriften I-IV, Frankfurt am Main: Suhrkamp Verlag, 1981, S. 446f.

いる。いままさに胎動しつつあるものは何か。この世界、この時代、わたしたちが生きるこの瞬間とはいったい何か。瞬間としての「いまという時」の問題が、モダンな時代の意識を決定しているのである。

ハーバーマスの対話的理性は、美のモダニティに生まれたこの心性を、文化一般の地平にまで拡張し、加えて社会の近代化のコンテクストで主題化したところに現われる。理性はもはや過去との連続性を保証する究極の根拠によって支えられることはない。時間が移ろうなかで持続する恒常・普遍の実体的ロゴス、そのようなロゴスに支えられた実体的生が、ことごとく潰え去った「いま」――この「いまという時」の新しさに浮かぶアクチュアルな課題とのかかわりにおいてこそ、理性が駆動し始める。フーコーは、このような「アクチュアリティの存在論」を、『啓蒙とは何か』や『学部の争い』におけるカントに見たが、時代のアクチュアリティを「哲学の要求」の中心に据え、近代の批判的な自己確認を哲学の主題にまで高めたのは、やはりヘーゲルをもって嚆矢とする。革命、進歩、解放、発展、危機、時代精神といった運動を表わす概念が、ヘーゲル哲学の鍵となった[☆18]。以後、哲学は「時代の嫡子」として「時代を思想のうちにとらえたもの」でなければならない。なるほど、『精神現象学』（一八〇七年）冒頭の序で「現存のもののうちに蔓延する軽薄と退屈、未知のものの定かならぬ予感」に「なにか新たなものが迫りつつあるという前兆」をみたヘーゲルの精神は、『悪の華』（一八五七年）最後の詩で「おお、死よ、俺たちは退屈した、船出しよう。……未知なるものの奥底に新しきものを見いだすために」と歌ったボードレールの憂鬱とちょうど半世紀の開きがある。この五〇年に、イ

☆18 Habermas, a. a. O., S. 16. 訳一一頁。

ギリス産業革命が頂点に達し、フランス二月革命とドイツ三月革命が続いたことを忘れてはならない。ヘーゲルの「絶望の道程」とボードレールの「憂鬱と放浪」とのあいだにはこの時代経験の落差がある。この落差を埋めた一連の出来事は以後、近代の問題群にもなった。のちにヘーゲルの弟子をもって任じたマルクスが〈労働の論理〉に内在しつつおこなった近代市民社会批判と、ボードレールを愛したニーチェが〈美の仮象〉に超越しつつおこなった近代文化批判は、この半世紀に芽吹いた問題群に的を定めていた。そしてこれらのどれにおいても、思考と省察の実質は、つねに時代の「いま」のアクチュアリティのうちに現前していたのである。

むろんこう言ったからといって、近代の時間意識は、過去の文化的伝統をことごとく破壊するわけではない。ただ伝統の連続性がもはや自明とは言えなくなるだけだ。しかしかえってこのときにこそ、過去の潜在力はいかにして活性化しうるかが緊要なテーマとなる。モダンな時間意識、すなわち伝統の異化とともにひとは初めて伝統の意味を問う。ガダマーの哲学的解釈学は、伝統との隔たりを意識的に組み入れた「異化の解釈学」である。もっともガダマー流の解釈学的意識といえども伝統の権威への従属を免れていない点は[☆19]、ハーバーマスの警戒したところでもある。伝統の権威という保守主義を回避して過去の救出を図る点では、ベンヤミンの文芸批評のほうがはるかに有望な道を切り開いている。理性がかかわるのは、ハーバーマスにとって、「いまという時」のアクチュアリティに充電された過去の意味の潜在力でなければならない。

☆19　ジョージア・ウォーンキー『ガダマーの世界』佐々木一也訳、紀伊國屋書店、二〇〇〇年、二三六頁。

2

美的モダニティに現われたたえず新しいものを求める自己否定の運動は、芸術や芸術批評の世界にとどまらない。運動の活力が科学と道徳の世界に向かえば、認識批判と道徳批判の潜在力にも転じる。堕落した歴史の連続性を吹き飛ばそうとする情熱は、アクチュアルな経験にのぞんだ主体が、道具的理性の支配に屈した認識や道徳から自己を解放し、主観中心的な理性を解体して主体性の脱中心化を可能にする運動のダイナミズムにも通じる。美的抵抗の力は暴力なき解体と反省の原動力になる。なるほど哲学の近代には、カントのように、認識の可能性の条件を超越論的主観に見る動きが存在したのも事実である。モノローグ的な意識を範にしたこの主観性の哲学が、ありありと現前する「いま」の意識と結びついて、ヘーゲルにも現われた「現前の形而上学」にいたる傾向を生んだと解釈することもさして不当ではないだろう。しかし美的反省が秘めた抵抗の潜在力は、究極の根拠たる超越論的主観性から不断に遠ざかる「否定の弁証法」に導いたこともたしかだ。ニーチェからアドルノにいたる思考の実験には、この自己否定の苦闘の跡が窺われる。

伝統の連続性と自明性が崩壊したのちに、現在のアクチュアルなテーマとのかかわりで過去の活性化に向かうこと、さらに主観性を脱中心化しつつ、認識・道徳・芸術など文化的な価値領域における自己反省に導くこと——対話的理性はこうした経験を触媒にしている。ただし美的モダニティの経験は、ハーバーマスの対話的理性の道だけに通じていたわけではない。道具的理性の下でもっぱら実用性に仕える認識と道徳を拒否し、その衰弱した生から距離をとろうとするパトスが、ときとして美的経験を独走させ、認識の真偽や道徳の正不正の判断を、美的趣味による好悪の判断に委ねかねない恐れもある。真理と正義の問題が趣味の問題に還元され、趣味判断が価値判断の基準にされる。その知的先駆者がニーチェである。「ディオニュソス的現実は美の経験のなかで、日常性に抗して、すなわち理論的認識や道徳的行為の世界に抗して守られる。[☆20]」ハーバーマスにいわせれば、ニーチェのこの姿勢が徹底されると、認識の真理性や道徳の正当性の主張を「力への意志」に同一視するまでになる。真か否か正しいか否かといった妥当性の問題が、高貴なものの観点から、力の優劣という問題に還元され、主観性の脱中心化が、力の戯れに吸収される。美的反省をニーチェ流に徹底化させると、妥当性を主張すること（妥当請求 **Geltungsanspruch**）が権力を要求すること（力の主張 **Machtanspruch**）だけに終わると断じてよいかは疑問が残る。しかし「力への意志」というものが、政治的なコンテクスト次第では、こうした恐れを秘めていたと見ることもあながち的外れではないだろう。美の近代が道具的理性に抗する抵抗のなかで惹起した難題は、このニーチェが体現した問題でもあった。

ハーバーマスの対話的理性は、こうしたニーチェ流の構えとも対立する。認識、法・道徳および芸術の妥当性の主張が権力の要求に同化される事態を拒否して、妥当請求を権力の要求から峻別すること、真理と正義の問題が趣味の問題に還元されることを峻拒して、真理、正義、趣味の問題をそれぞれ固有の領域に区別すること、そして主観性の脱中心化が力の戯れに吸収される恐れを回避して、主観性を対話的な相互主観性に転換させること——ハーバーマスの道

☆20 Habermas, a. a. O., S. 116. 訳一六二頁。

具的理性にたいする批判はこのような視座の転換をともなう。伝統との連続性が解体したのちに現われるモダニティの概念はこうした展望のなかにある。

ハーバーマスはこのために、近代の概念を、美的モダニティに限定する立場を廃して文化の他の領域にまで拡大し、そのヴェーバー解釈にもとづいた文化的モダニティの概念を提唱している。近代は、宗教的‐形而上学的世界像の崩壊とともに実体的理性の諸契機が分化し、科学、法・道徳、芸術という三つの自立した文化的価値領域が制度化された時代である。各々の領域には、それぞれに応じた専門《エキスパート》の文化と知が産出され、知の妥当性や合理性のあり方もそれぞれ異なった形式をとるようになる。科学の分野では、経験的‐理論的知識が蓄積され、認識的合理性にもとづいてその知が真か偽かの妥当性（真理性 Wahrheit）が研究者たちによる理論的討議にかけられる。法と道徳の領域では、規範的‐実践的知識が形成され、規範的‐実践的合理性にしたがってその知が正しいか否かの妥当性（正当性 Richtigkeit）が当事者たちによる実践的討議で論じられる。そして芸術の世界では、美的‐表現的な知を体現した芸術作品が創造され、美的‐表現的合理性にそくして美的均斉がとれているか否かの妥当性（均斉性 Stimmigkeit）[☆21] が芸術批評にさらされる。理論的あるいは実践的討議や芸術批評といった議論の形態は、伝統の自明性を前提にすることなく、そのつどのアクチュアルなテーマに応じて文化的伝統の諸契機を反省し活性化するためにおこなわれるコミュニケーションの形式となる。

もっとも文化的モダニティは、知の産出にたずさわる専門化の傾向につきるわけではない。知の産出にかかわる専門の文化は、言語コミュニケーションにもとづいた営みがおこなわれる

☆21　芸術批評で議論される妥当請求については、ハーバーマス自身にかなりの揺れがあり、ここで挙げた「美的均斉」だけで一義的に規定できない。さしあたり次のような列挙がおこなわれていたことを指摘しておく。「言語芸術作品の自律化とともに、批評は趣味の問題をもっぱら扱う討議がおこなわれるようになった。そしてまさにこの討議においてこそ、文学作品の掲げる要求が検証されてきたのである。つまり、『芸術の真理性』、美的均斉、範例的妥当性、革新力、純正さにたいする主張〔請求〕が、この討議において吟味されてきたのである」（Ebd., S. 243. 訳三六〇頁）

日常の文化と不断の往還を保つ必要がある。日常の営みでは、経験的－理論的知識、規範的－実践的知識、美的－表現的知識がコミュニケーション的行為に適用され、行為がおこなわれるうえでの技術的規則や実践的規則として機能する。知の産出と吟味にたずさわる専門の文化が、知の諸類型と合理性の諸契機を分化させていくとすれば、知が適用され機能する日常の文化では、そうした諸類型や諸契機が媒介される。コミュニケーションは、前者の場合、日常の営みに適用されている知を反省的に吟味する議論（討議と批評）の形式をとる。議論は、知の妥当性の条件を吟味するコミュニケーションの反省形式である。これに対し後者の場合、コミュニケーションは、論議によって妥当性が立証され承認された知の諸類型を行為に媒介する言語行為である。この言語行為は、行為を知との結びつきで調整するコミュニケーションの媒介形式である。わたしたちはここで、「知はいかにして可能か」という問題が、対話的理性を介して、「行為はいかにして可能か」という問題に連動するさまをみることができる。コミュニケーション的合理性は二重の役割をもつ。それは、一面では、認知的－道具的合理性、規範的－実践的合理性、美的－表現的合理性といった分化した合理性の諸契機が、議論というコミュニケーションの反省形式にもとづいて更新されることを語り、他面では、これら合理性の諸契機が、言語行為というコミュニケーションの媒介形式にもとづいて日常の営みで調整されることを告げているのである。

　コミュニケーションに支えられた専門の文化が、日常の文化と不断の往還を保つところに、対話的理性が成立する。実際には往還に齟齬をきたして専門文化が独走することもある。ハーバーマスは、こうした事態が起こると、さまざまな「文化的貧困化 kulturelle Verarmung」の恐れを招くと言っている。☆22 専門家と非専門人との区別をなくそうとしても、たしかにそれは無理な試みだろう。専門の文化と日常の文化をどのように架橋するかが、はるかに現実的な策に近い。しかしそれ以前にまず問われてよいのは、そもそも両者がどのような近代文化の一般的構造にもとづいて分化し制度化されたかということである。ハーバーマスはそれをコミュニケーション的行為自体の一般的構造のなかにみる。そこに含まれる二つの契機が分化し制度化したもの、それが専門文化と日常文化にほかならない。

　コミュニケーション的行為には、コミュニケーションによる相互了解を介してなんらかの目標追求に導く行為がある。たとえば、「明日までにこの仕事を終えるように私は君に命令する」と話し手が語る場合、聞き手が話し手のこの申し出を受け入れるには、「明日までにこの仕事」が有効に達成でき（認知的－道具的合理性）、その「命令」行為が正当な規範にもとづいており（規範的－実践的合理性）、この発言が話し手の嘘のない誠実な意図の表明である（美的－表現的合理性）といった事柄が、話し手と聞き手とのあいだで了解され承認されねばならない。この了解と承認が得られたなら、聞き手は「明日までにこの仕事をやる」という目標の追求にコミットする義務を引き受けることになる。コミュニケーションを通じて行為が調整されつつ遂行されている。コミュニケーション的行為はここでは、相互了解のためのコミュニケーションと目標達成のための目的活動を結合し、合理性の三つの契機を媒介した複合概念である。

☆22 Habermas, *Theorie des kommunikativen Handelns*, Bd. II, S. 481.

しかし言語によるコミュニケーションは、いつもスムーズに進行するわけではない。聞き手が話し手の申し出を拒否したり疑ったりすることもしばしば起こる。「明日までにこの仕事」という目標を達成するのは当面の状況では無理だ、その「命令」は正当な規範に準じたものではない、話し手の発言には嘘があるといった理由をあげて、聞き手が異議を申し立てる場合である。もしこの話題が続くなら、こうした理由のやりとりを軸にした議論が、話し手と聞き手とのあいだで交わされるだろう。「明日までにこの仕事をやる」という目標の追求はいったんさしおかれて、目標は有効に達成できるかどうか、命令は正当かどうか、発言は誠実な意図によるのかどうかといった事柄が、テーマとして議論にかけられる。コミュニケーション的行為は、この場合、反省の形式をとったコミュニケーションとなる。

コミュニケーション的行為は、一方でもろもろの合理性を媒介する行為であると同時に、他方で合理性のそれぞれについて反省しうる行為である。日常の文化と専門の文化は、この二つの側面が分化し制度化された結果として生じる。もちろんそれぞれが実際の文化の形態をとるには、議論にかけられた内容が経験的‐理論的知識、規範的‐実践的知識、美的‐表現的知識として蓄積され、科学、法・道徳、芸術などのシンボル形象となって対象化されねばならない。しかしこうしたシンボル形象の形成を支えているのは、行為と議論の二側面からなるコミュニケーション的行為の一般的構造である。ハーバーマスは、コミュニケーションのこの一般的な構造を再構成するために、オースティンとサール以来の言語行為論《スピーチアクト》を手がかりにして普遍語用論（ないし形式語用論）を展開してきた。チャールズ・モリスの記号論的な分類を借りて言えば、言葉と言葉との関係を扱う統語論《シンタックス》でも、言葉と事物との関係を論じる意味論《セマンティクス》でもなく、人と人との関係のなかで言語が使用される語用論《プラグマティクス》が、ハーバーマスの言語理論で主要な役割を果たすのもこうした問題構成に導かれているためである。

もっともハーバーマスが行為と議論をはっきりと区分し、対話的理性の二つの相を明らかにするようになったのは、一九七〇年代に入ってからのことである。たとえば『認識と関心』（一九六八年）では、この二つの相がかならずしも十分に区別されていない。[☆23] 先に触れた「批判理論の言語論的転回」は、ひとつにはこの二つの相の違いを理論的に明らかにすることにかかわっていた。つまり言語論的転回はまず〈行為－議論〉という準拠枠の確立を告げている。[☆24]

文化的モダニティの理念は、いうまでもなく現実の近代に完成した姿を現わしたわけではない。近代の現実は、コミュニケーションにもとづく包括的な合理性が十全な展開を遂げずに、その一部位にすぎない認知的－道具的合理性が肥大化し、他の領域にまで浸透するにいたっている。実用性を事として自然支配にいそしむ科学技術が猛威をふるい、道徳は抑圧と欺瞞の戦略を弄するだけになりさがり、芸術は文化産業に吸収されて余暇のための意匠と化しているのが現実の近代である。ニーチェが批判の矢を向けたのもこの現実だった。ただハーバーマスは、ニーチェとは異なり、「真理への意志」を峻拒して「善悪の彼岸」に赴こうとはしない。ハーバーマスにとって、ニーチェの戦略は、〈別の理性〉ではなく〈理性とは別のもの〉に通じる。近代の曙に登場した〈市民社会の暗い著述家〉、たとえばホッブズとともに、近代の黄昏に出現した〈市民社会の黒い著述家〉ニーチェは、彼にとって近代の可能性をめぐる最大の

☆23 Habermas, *Erkenntnis und Interesse*, S. 382ff. 訳三六七頁以下。
☆24 Habermas, *Theorie und Praxis*, S. 23ff. 訳五六八頁。

論敵である。ニーチェを先駆とするポスト・モダンの潮流に抗して、ハーバーマスがあくまでモダニズム芸術のモダンな意識を固持するのも、この理性と近代の行く末にかかわっていたのである。

三　社会的近代の現実と可能性

1

もちろん日常文化の営みと専門文化での討論との不断の往復で働く対話的理性は、文化の次元でつきるわけではない。科学、法・道徳、芸術などの文化的な価値領域は、政治、経済、社会そしてパーソナリティとともに社会的な文脈にふくまれる。文化的近代は社会的近代と不可分である。対話的理性も社会的次元で働く。その優れた例が「市民的公共圏」である。文芸批評が文化的公共圏で、実践的討議が政治的公共圏で展開される可能性は、この近代の文化と社会で育まれた。文化的モダニティの可能性が、科学、道徳、芸術の以上のようなあり方に見いだされるとすれば、社会的モダニティの可能性は、この市民的公共圏のなかに現われる。

　社会的近代がはらんだ問題の最初の端的な表現は、ホッブズの社会哲学に見てとれる。ホッブズにとって、究極目的や最高善を根源において自然界と人間界を統括する実体的理性はもはや存在しない。理性とは計算能力である。自然界が機械的に結合した原子論的な物体の無限の広がりからなる一方、人間は、欲望を求め嫌悪を避けながら生命活動を営む自己中心的な存在にすぎない。理性は善のイデアや最高善を認識する能力ではないどころか、善悪そのものが快楽と苦痛の問題に還元される。その「死にいたるまでとどまるところを知らない力につぐ力への永続的で絶え間ない欲望」[☆25]、こうした欲望を本性にした人間の自己保存のために求められるのが国家というものだ。ここに出現した機械論的自然観と功利主義的人間観が、生成途上にあった近代市民社会を写し取りながら、人間同士の関係とは力を求める競争関係だと捉える見方と結びついたところに、ホッブズの社会哲学の土台が据えられた。ホルクハイマーとアドルノは、啓蒙が野蛮に退化したさまを、ホッブズ的な「自己保存」の世界が自己目的と化したニーチェ的な「力への意志」の世界となって現われる末路にみた[☆26]。ハーバーマスは、このホッブズの社会哲学に、かつて政治的‐公共的な領域に固有とされた実践問題が、経済的‐社会的な領域における技術問題に解消されていく傾向を読みとった[☆27]。ボードレールにはじまりニーチェによって思想的に洗練された美的‐文化的近代に対して、ホッブズに端を発しやがてマルクスによって批判的に解剖される政治的‐経済的な意味での近代の問題がここに登場してくる。

　したがってホッブズの社会哲学には、社会的モダニティに関連した問題の所在が確認できる。第一に、ホッブズの社会哲学は古典的な政治哲学との断絶を告げたものでもあったが、この断絶はある意味で「善き生活」と「生活の正しさ」（善 good と正 right）との分離を予告してもいた。ホッブズにおいては、善悪が主観的な欲求や嫌悪に還元され、何が善で何が悪かは個人次第で異なる[☆28]。道徳行為が目標にする最高の共通善は存在の余地を失い、人間の自然状態は「万人にたいする万人の戦争状態」に帰趨する。そのため自己保存をもっとよく達成するには、平和の戒律となる自然法を理性の計算によって発見しなければならない。自己保存のため

☆25 Thomas Hobbes, *Leviathan*, Oxford: Blackwell, 1975, p. 64.

☆26 Max Horkheimer, Theodor Adorno, *Dialektik der Aufklärung*, Frankfurt am Main: Fischer Verlag, 1980, S. 120.

☆27 Habermas, ebd., S. 48ff. 訳一一頁以下。

☆28 「善なる」ものを欲求の充足とするのは、善の定義のひとつにすぎない。善を多様な文化様式において人間としての卓越性を実現することだと捉える立場（卓越主義）もあれば、善を快楽と定義するもの（快楽主義）、善を幸福と定義する者（幸福主義）などさまざまな立場がある。以下に見るようにハーバーマスの場合、規範から区別された価値が「正しさ」との関連で問題になる「善なるもの」のひとつの意味になる。

に平和に努めるよう命じ（第一の自然法）、平和のために自然権を互いに放棄するよう命じ（第二の自然法）、その放棄のために結んだ信約を遵守するよう命じる（第三の自然法）――これら自然法の結果として導かれるのが、信約の遵守という正義（正しさ）である。こうして個人に応じて異なった善なるものと、三つの自然法から導かれる正しさとが分離し、正義は主観化された善を実現するための外的条件となる。これと似た関係は道徳理論の実質が対極にあったカントにも見うけられる。カントは普遍的な道徳律を定立するために、幸福や快といった具体的内容を捨象するからである。これ以後、「正とは独立に善を定義し、善を最大化することが正だとする」☆29 目的論的倫理観とは違って、善を正から区別しつつも、善の概念より正の概念を優先し、何が善の妥当な構想かについて正が制約条件を課すと考える義務論的倫理観が登場する。個々人の幸福や善にかんする価値の多様性を認め前提にしながらも、そうした善や価値の多様性を限定するところに普遍的な正義の問題（規範的な正当性の問題）を設定していく立場である。いうまでもなくこの立場の代表的論客にはジョン・ロールズがいる。ハーバーマスも同じ義務論的な立場をとる。ただし彼は、ここしばらくのあいだに正義の問題を実践的討議というコミュニケーションの反省形式のなかに位置づけるのみならず、規範と価値の相違を実践的討議の下位区分（道徳的討議と倫理的討議の区分）にもとづいて捉え直すようになった。

ハーバーマスにとっては、正義の問題といえども、生活世界に根を下ろしている。生活世界は、（道徳規範が含まれる）文化のみならず、社会とパーソナリティの構成要素からなる。正当とされた規範も、個人のパーソナリティに内面化され個人相互《インターパーソナル》の関係からなる社会的秩序

☆29 John Rawls, A Theory of Justice.

に制度化されないかぎり、生活世界に定着したことにはならないだろう。ただし近代にかんするかぎり、この生活世界 Lebenswelt は、幸福や価値などの善なるもの（つまりわたしたちが集合的・個人的に望ましいと考えるもの）を体現する集合的な生活形態 Lebensform や個人的な生活史 Lebensgeschichte から区別された相にもなる。近代以前の伝統的な生活世界では、「生活の正しさ」（正）が「善き生活」（善）の枠内にとどめおかれ、普遍的な生活世界は特定の生活形態や個人の生活史と十分に分化しないままの状態にあったが、近代になると生活世界の普遍的な相が、生活形態や生活史から分離された次元で成り立つようになった。こうして人間の生活における普遍性・特殊性・個別性の諸契機が分化して、その差異が認識され、正と善、「善き生活」とその「生活の正しさ」との区別が人びとの意識に上るようになった。

むろん「生活の正しさ」にかんする問いは、「善なる生活」の問題と区別されるだけではない。いったん別のものと認識されるようになった正と善は、社会の次元でふたたび媒介されないかぎり、両者のあいだに齟齬が起こりかねない。集合体や個人が望ましいと考える価値や幸福（すなわち善なるもの）は、つねに具体的な実質を伴った政治的あるいは実存的な倫理 Ethik, Sittlichkeit の問題で、社会のレベルでは、生活形態の特定のあり方や生活史の個別のあり方と不可分である。他方、集合体や個人が望ましいと考えた生活であっても、その生活が正しいといえるかどうか、つまり善なるものが正しい分配にもとづいているかどうかは、特殊性・個別性を超えた普遍性をもつ道徳 Moral, Moralität の問題で、社会のレベルでは、万人に共有されるという意味で普遍的な生活世界と不可分である。だがまさにこのとき、普遍的な生活世界は特定の生活形態や個別の生活史といかに結合し、正しいものの普遍性は善なるものの特殊性・個別性とどのように媒介されねばならないかが、社会的近代の問題となって生じてくる。

たとえば、一方でホッブズの経験的自然法に、「経験的な直観と普遍的なものの関係および混淆」を見てとり、他方でカントの形式的自然法に、「絶対的対立と絶対的普遍性」の並存を見ぬいたヘーゲルが、両者のアポリアを超えようとしたときに直面したのもこの問題圏であった。☆30 さしあたり討議倫理の次元で道徳と倫理とをいかにして媒介するかという問題を論じていたハーバーマスも、のちに法の討議理論を展開する段になると、法規範の正統性を考察する場面で、この媒介問題を取り上げるようになった。もっとも法制定のプロセスでは、この媒介が問われる以前に、そもそも承認ずみの価値に照らしていかなる目標を選択するか、さらに選択された目標を達成するうえでどのような有効な手段があるかがまず議論の対象になる。目的－手段関係を軸にした目的合理性の問題である。ハーバーマスはこれを実用的討議と呼ぶ。しかしこの討議では目標選択の基準となる価値がすでに承認ずみであることを前提にしていたが、この価値そのものが問題視される場面になると議論の形式も変わるだろう。たとえば生活形態のあり方を振り返ると、その価値が望ましいものといえるかどうか、善なるものといえるかどうかが議論されたりするわけである。ハーバーマスはこの議論形式を倫理的－政治的討議と呼ぶ。だがしかしこの倫理的討議によってなんらかの価値が望ましいもの（善いもの）だとされても、それが万人にとって平等に善いものであるかどうか、善なるものが全員に正しく分配さ

☆30 G. W. F. Hegel, Werke in zwanzig Bänden, Bd. 2, Suhrkamp Verlag, S. 439.

れているかどうかはまた別の議論の対象になるだろう。ハーバーマスはこれを道徳的討議と名づける。法制定のかたちで表われる実践的討議は、実用的、倫理的‐政治的、道徳的討議の一連の連鎖からなる。したがって法の正統性 Legitimität とは、たんに規範として正当か否かのみならず、目的と手段の選択において妥当か否か、価値として善いものか否かをも包括した複合的な妥当という概念であることがわかる。☆31

2

もっとも、社会の位相は、生活世界と生活形態・生活史の次元だけにとどまらない。現実の社会的近代は、なによりも資本主義経済と主権国家の確立と発展を特徴にしている。一方で貨幣を制御メディアにした経済システムが、資本主義的生産と市場経済を軸に形成され、他方で権力を制御メディアにした政治システムが、合法的支配にもとづく行政システムを軸に構築され、これらシステム固有の合理性が生活世界にまで浸透するようになったのが、近代以降の社会の現実である。ホッブズが直面したのも、生成途上で兆しつつあったこの現実にほかならない。

タルコット・パーソンズは、ホッブズの自然状態論に、近代社会における「秩序問題」の自覚の発端を読みとっている。経済的な富や政治的な力を求めて繰り広げられる「万人の万人に対する戦争」下で秩序はいかにして安定を得るのか——ホッブズに看取される第二の問題は、政治的‐経済的近代とともに登場したこの秩序問題である。パーソンズは、この問題を解くに

☆31 Habermas, *Faktizität und Geltung*, S. 194. 訳（上巻）一八九頁。

あたって、政治や経済の領域から一般的な行為システムの次元に立ち帰る。これにともない、ホッブズ的な秩序形成の問題がヴェーバー以来の行為論の準拠枠から捉え直され、「秩序はいかにして可能か」という問いは「行為はいかにして可能か」という問いに結びつけられる。

といってもパーソンズの場合、行為の「意味」理解にかんする考察は思ったほどおこなわれていない。むしろこの点を社会的世界の意味構成との関連で問うたのは、アルフレート・シュッツ以来の現象学的社会学である。ただしシュッツにおける社会的世界の構成は、パーソンズの社会的秩序の形成と、あきらかに異なった問題の位相を捉えてもいた。社会的世界の意味構成は、むしろ社会学の学問論的な問い――「社会にかんする学はいかにして可能か」という問題にも向いていた。行為主体による社会的世界の常識的構成概念と観察主体による科学的構成概念はどのように関係するのかという問題がそれである。

わたしたちは、パーソンズとシュッツのいかにも整った問題構成が、一九三〇年代のドイツという危機的状況のなかで、それぞれの処女作で提出されたことに留意してよい。ナチズムというリヴァイアサンならぬビヒモスが席巻しはじめた時代である。冒頭に触れたフッサールとハイデッガーの講演は、シュッツとパーソンズの問題作が刊行された年（一九三二年と一九三七年）の合間におこなわれている。「社会的秩序」にしても「社会的世界」にしても、その問いの背景にあった深刻さを推し測る手がかりは、このあたりに潜んでいるかもしれない。ともあれパーソンズは、社会的秩序の形成問題を行為論の（したがってまた社会学の）抜本的な刷新によって解き明かそうとしながらも、当時、方法論のうえでは、古典的物理学に範をとった分析的リアリズムということにナイーヴな発想に服したままだった。これと比較してシュッツの学問論的な問いのもつ重みは無視できない。しかし他方、シュッツが社会的世界の構成問題を、理解社会学の現象学的分析によって解き明かそうとしながら、社会的なものの実質に、はなはだ牧歌的な自明の相互主観性を据えていたことにも疑問が残る。パーソンズが〈功利主義のジレンマ〉に象徴させた社会的秩序の根源的な不確実性のもつ深刻さは、そこにはない。パーソンズとシュッツ以後、社会理論は、社会的近代における〈社会的なもの〉の不確実性を自覚的に組み入れた〈秩序〉形成の論理と、近代社会とともに誕生した社会学にたいする学問論的な〈反省〉の論理とを交差させていく必要にせまられる。「社会的秩序はいかにして可能か」という社会学的な問いの設定は、「〈社会的秩序はいかにして可能か〉という問いの設定はそもそもいかにして可能なのか」というメタ社会学的な問いと不可分になる。ルーマンが、機能主義の徹底化による自己言及的なシステム論において解明しようとしたのがこれである[☆32]。そしてハーバーマスが生活世界とコミュニケーション的行為という概念によって解決しようとしたのも、ある意味でこの問題である。一方でパーソンズが、システムの論理で分析しようとした秩序および行為の問題と、他方でシュッツが、生活世界の論理で解明しようとした行為の意味ないし社会的世界の二重の構成問題をいかにして統合するか——初期のルーマンが〈システム合理性〉によって、そしてハーバーマスが〈コミュニケーション的合理性〉をもって対決したのがこの複合問題であった。

ルーマンは、社会の進化を、システム分化によって複数の部分システムが形成され、システ

☆32 Niklas Luhmann, *Gesellschaftsstruktur und Semantik*, Bd. 2, Frankfurt am Main: Suhrkamp Verlag, 1981, S. 195ff.

ム内部の複合性が増大するプロセスだと捉える。社会における「秩序」の問題は、システムが環境に相対しながらその複合性を増大させていく動的なプロセスで捉えられ、「意味」の概念が環境の複合性を縮減し保持する体験の秩序形式とみなされる。ハーバーマスも、ルーマンと同様に、社会がさまざまな相に分化することに発展の論理を見る。ただ彼はそれを部分システムの分化とみるだけではない。ハーバーマスの見方では、システム分化とともに、システム分化とは違った別の分化の仕方が社会のなかに生じる。分化の仕方そのものが分化するのである。システム分化（第一階の分化）とは違った分化の分化（第二階の分化）――これがシステムと生活世界の分離である。「分化 Differenzierung」の仕方の違いを「分立 Ausdifferenzierung」と「分離 Entkoppelung」という異なったタームで表現し、後者の「分離」を主にシステムと生活世界の分化に限定して用いるのも、この一階と二階の分化の差異を強く意識したためだ。

したがって社会はたんに複数のシステムだけからなるのでもなければ、システムの複合性を増大させていくだけでもない。たとえば原初の未開社会はシステムの位相を未分化なかたちで含みもった生活世界である。この生活世界から、物質的再生産の機能が分化し、この機能連関に（当初は国家的な）システムという属性が与えられて分立する。しかし分化はこうしたもろもろのシステムが分立するだけではない。物質的再生産の機能を遂行する負担から免除されて、言語コミュニケーションによるシンボル的再生産の機能を担う生活世界がシステム全体から分離するプロセスは、複数のシステムが分立するのとは違った分化の仕方を表現しているのである。それは、システムが物質的再生産の機能に特化してシステム統合を達成し、生活世界がシンボル的再生産の機能を担って社会的統合を遂行するといった違いにとどまらず、システムと生活世界のそれぞれで誰の視点がとられるかのような決定的な差異を示しているからでもある。

ルーマンはハーバーマスのいう生活世界をもシステムの一部に加える。彼にとってはコミュニケーションといえどもシステムである。これに対しハーバーマスは、あくまでシステムと生活世界の分離がシステム分化の一種でないことを強調してやまない。コミュニケーションはシステムには収まらない固有の相互主体性の場を構成する。それゆえ意味の概念もシステムの機能でない。行為の意味は、知のさまざまなタイプに結びついた妥当請求と内的な関連を有しており、その意味の創造は言語行為による妥当請求の相互承認と不可分である。ルーマンが、システムの分化と自己言及のプロセスを分析するいわばシステムの観察者の立場をとるのに対して、ハーバーマスは、生活世界において遂行されるコミュニケーション的行為への潜在的な参加者という視点をとる。ではハーバーマスは社会的近代にまつわる秩序問題をどのように解くのだろうか。

ハーバーマスによれば、近代社会でシステムと生活世界の分離が徹底すると、システムは政治システムと経済システムに機能的に分立し、生活世界の構造成分は文化・社会・パーソナリティに構造的に分化し、文化は学問、法・道徳、芸術に領域的に分立する。発展の論理にもとづいて合理的に再構成される社会的近代は、こうした分化（分離と分立）の産物である。社会的秩序の問題は、分離したシステムと生活世界がそれぞれにおける多階層の分化を前提にしてどのような関係を築くかという点にある。その築き方には大きく二つの道がある。

ひとつは、政治システムと経済システムそれぞれの制御メディアとなる権力と貨幣の論理が、生活世界の内部に浸透し、言語コミュニケーションにもとづく日常の営みに、戦略的な網の目を張りめぐらすまでにいたる道である。生活世界の微細な結びつきに貨幣関係や権力関係が侵入して、言語にもとづくコミュニケーション関係がそうした関係を前提した企てや目論みの手段と化してしまう。すでに触れたように、システム合理性が生活世界を従属させていくこのプロセスの深化と拡大は、「生活世界の植民地化 Kolonialisierung der Lebenswelt」と呼ばれる。もうひとつは、貨幣や権力の働きを、生活世界における言語コミュニケーションの論理にもとづいて制度的に定着させていく道である。権力の創出過程や貨幣に媒介された契約関係を正統な法規範によってルール化し、その法規範の正統性を公共的な実践的討議というコミュニケーションによって根拠づけていく道である。システムに固有の合理性が生活世界におけるコミュニケーション的合理性に枠づけられるこの可能性を、ハーバーマスは「生活世界の合理化 Rationalisierung der Lebenswelt」と呼んでいる。初期から今日にいたる近代社会の発展は、前者のプロセスが現実にさまざまな危機傾向をはらみながらも、後者のプロセスが失われることのない可能性として存続してきた歴史にほかならない。社会的秩序の問題はこの錯綜した関係の論理と動態のなかにある。社会的モダニティの両義性は、文化的モダニティにおいて認知的-道具的合理性が肥大化しながらも、それ以外の合理性が失われずに存続したことと対応している。近代の現実と可能性と呼んだものが、ここにも現われているわけである。

ところでハーバーマスの解釈によれば、「生活世界の植民地化」という病理を事実上、予言しながらも、「生活世界の合理化」という見通しを立てられなかったのが、マルクスである[33]。マルクスは、経済システムの領域では、資本の論理が物質的再生産を破綻させ経済的危機にいたる過程を分析する。他方、生活世界の地平では、資本の論理によって階級対立が引き起こされる過程を予測する。労働力の商品化は生活世界の植民地化の現われである[34]。しかし「生活世界の植民地化」にかんするこの分析は、「生活世界の合理化」という見通しをうまく立てられずに終わっている。このマルクス批判の当否は別にして、ここではさしあたりハーバーマス自身の理論的な展開との関連で次の二点に触れておきたい。

第一に、ハーバーマスによれば、マルクスには、近代的な社会秩序のあり方にかかわるシステムと生活世界の分離や、政治システムと経済システムの分立を、若きヘーゲルと同様に「人倫性の分裂」と捉える視点が残存していた。こうした「分化」の達成は、しかしかならずしも「分裂」という否定的な意味合いだけを帯びているわけではない。社会の諸契機の分化はある面では社会進化の成果である。ただ進化が積極的成果たりうるのは、システム分化という第一階の分化が生じるのみならず、システムと生活世界の分離という第二階の分化が起こるからだ。生活世界の固有の領域が成り立ち、コミュニケーション的合理性の反省的で柔軟な展開が可能となるところに発展の論理の核心がある。社会進化の理論は、だからこそコミュニケーション的行為の理論と密接不可分である。システム内の分化もこの枠内でこそ意味をもつ。とこ

☆33 Habermas, *Theorie des kommunikativen Handelns*, Bd. II, S. 489ff. 訳（下巻）三二七頁。
☆34 Ebd., S. 493. 訳（下巻）三三一頁。

ろがこの意味での社会全体の「分化」のプロセスを、若きヘーゲルと同様に人倫性の「分裂」だと考えると、社会進化の意義を見逃し、結局は「生活世界の合理化」というパースペクティヴを見失うはめに陥る。

第二に、秩序問題の解決を「人倫性の分裂」の止揚にみる視点と平行しているのが、社会的行為の諸類型を労働に準拠して理解する〈生産のパラダイム〉である。後期マルクスが人間と自然の物質代謝過程と規定した労働の過程を、若きマルクスは、労働主体の本質諸力が対象化され、疎外され、やがて回復される過程とみた。労働に内在したこの論理がそのまま社会に投影されると、社会を大型の類主体と見立てて、この類主体が対象化と疎外をへて自らを分裂させ、やがて分裂した自らを統一して回復するというシナリオが描かれる。〈生産のパラダイム〉はこうした物語を連想させる。それは労働する主体を根源にすえた実践の哲学——広い意味での「主観性の哲学」の根本発想から抜け出ていない。「人倫性の分裂」という発想が、マルクスではこうした〈生産のパラダイム〉に結びついているとハーバーマスは見る。

ハーバーマスのマルクス解釈は、初期マルクスと後期マルクスとの間を隔てている「認識論的切断」にかならずしも適切な評価を下していないが、この点にはこれ以上立ち入らないことにしたい。むしろここで目を止めたいのは、ハーバーマスのこうした批判の背後にじつは彼自身の自己批判が伏在していたことだ。労働だけを行為の基本的な範型とみる思想は、ハーバーマスが当初から受けつけなかった考えである。しかし一時期のハーバーマスは、〈生産のパラダイム〉を拒否しながらも、社会のコンフリクト（階級対立）を「人倫性の分裂」とみなす考えに従ってもいた。とりわけ「労働と相互行為」という行為類型を提唱していた六〇年代後半は、この見解が顕著に現われていた。

階級対立の弁証法は、社会的労働による総合とは異なって、反省の運動である。なぜなら、対立する主体同士を相互に補完しあうかたちで統一し、人倫性を回復しようとする対話関係は、論理学と生の実践を一体とした関係だからである。ヘーゲルが「承認をめぐる闘争」という表題で展開している人倫的関係の弁証法には、この関係が示されている。そこでは、人倫的関係である対話の場が抑圧され、やがて再び回復される過程が再構成されている。暴力によって歪められたコミュニケーションの文法的諸関係は、実践的な暴力を行使する。この暴力を消滅させるのは、弁証法的運動の成果によるほかないのであって、この運動の成果こそが、対話的な、他者における自己の認識の自在さを、若きヘーゲルの言葉で言えば、和解としての愛を作りだすのである。したがって、われわれは、強制のない相互主観性そのものを弁証法的と呼ぶのではなく、この相互主観性の抑圧と回復の歴史を弁証法と呼ぶのである。☆35

当時このようなかたちで構想された「相互主観性の抑圧と回復の歴史」は、実際には「相互主観性の論理」を徹底できずに終わっていた。この抑圧と回復の弁証法は、それと気づかぬままに主観性の哲学を混入させていたからだ。ハーバーマスは、「相互主観性の抑圧と回復の歴

☆35　Habermas, *Erkenntnis und Interesse*, 訳六九頁。

史」を、ここで「分裂した人倫性」の止揚というヘーゲルの構想に見ている。この構想では社会が一種の類主体に見立てられる。この大型の主体が外化と疎外のなかで分裂状態に陥り、闘争と承認の苦難を経て、やがて引き裂かれた自我を取り戻すという「大きな物語」こそ、ハーバーマスの念頭にあった「弁証法」だ。相互主観性の論理は、「承認をめぐる闘争」を支えるロゴスのうちに導入されてはいるものの、大枠を支えているのは、対話《ディアローグ》的な関係どころか類主体のまことに孤独な奮闘のモノローグでしかない。

ここでは相互主観性の契機は、社会というマクロの主体が外化・疎外をへて自己を取り戻すという自己運動のなかに繰り込まれてしまう。このときの「解放の論理」とは、類主体の引き裂かれた自我を、相互主観的な対話的関係にもとづいて治療していく「啓蒙の論理」である。もしハーバーマスがこの論理に固執したならば、彼は〈解放への関心〉において、相互主観性を類の主体性に繰り入れ、両者がもはや区別できなくなる地点に焦点を合わせていたことになる。だがそうなると、結局のところ、相互主観性の論理は主観性の哲学とさして違いがなくなるだろう。

わたしたちは先に、ハーバーマスが七〇年代に入って新たな理論的展開を示したと言った。この「批判理論の言語論的転回」は、すでに指摘したように、〈行為－論議〉という準拠枠をコミュニケーション的行為の理論によって提唱するとともに、もうひとつには〈相互主観性の論理〉を、類主体という発想に残存している主観性の哲学からはっきり区別しようとする姿勢に根ざしていた。ことにルーマンとのシステム論争は、ハーバーマスにとってこうした類主体の概念を克服する機縁となった。以後、社会秩序の問題は、システムと生活世界の分離と媒介の問題として把握されるようになるのである。

むすびにかえて

ハーバーマスは、対話的理性ないしコミュニケーション的合理性を、合理的再構成にもとづいて描かれるこうした文化的‐社会的モダニティの（現実とは別の）可能性のなかに探る。彼はそのためにコミュニケーション的行為と社会的進化の理論を構想した。ところで、もし近代の意味がこうした文化的な次元と社会的な次元で把握されるとすれば、近代の現実にたいする批判は、各次元の核心を衝いたところで真の効力を発揮するだろう。近代批判がニーチェの文化批判とマルクスの政治‐経済学批判で頂点に達するのも、その効果が現われたためだ。批判理論の伝統は、近代の二つの位相にたいする批判的意識を、ドイツ観念論以来の理性批判のテーマと交差させたところに成り立った。理性批判は、マルクスの政治‐経済学批判に従って、唯物論的に捉え直される。しかしそれは、経済システム内に的を絞った「市民社会の解剖学」にとどまらず、国家および家族などの社会的領域、さらには科学技術、法・道徳、芸術といった文化的領域にまでおよばなければならない。初期ホルクハイマーの「学際的唯物論」のこのプロジェクトは、ハーバーマスにも受け継がれた。ただし彼は、マルクスとニーチェの批判的ポテンシャリティを、彼らとは違った道を進むことで活性化しようとする。西洋近代に「普遍史的問題」をみたヴェーバーの社会理論が、ハーバーマスにとってとりわけ絶大な重みをもつのも、これと無関係ではない。社会のもろもろの領域と文化のさまざまな領野に目を配りながら合理性と合理化の歴史的意味を問うたヴェーバーの巨大なトルソーを、対話的理性の概念によって再構成していくことが、ハーバーマスの歩んだ道でもある。

近代に別の可能性を探りだそうとする〈対話的理性〉の思想は、近代の現実を支配した〈道具的理性〉や〈機能主義的理性〉の体制に一貫して批判的である。それはまた〈実践的理性〉の復権や〈理性とは別のもの〉の再来を求める姿勢とも異なる。近代とは別のものではなく、別の近代を探る理性の立場は、ロゴス中心主義批判やポスト・モダンが流行する時代では、どうみても特異な相貌に映るだろう。しかし過去と現在を支配してきたこれまでの理性の立場を採らないとしても、かならずしもそれは理性自体の廃棄につながるわけではないと考えるハーバーマスの見解は、今日でもそう簡単に捨てられるものではない。以下の各章でわたしたちは、いくつかの個別的な論点にわたって対話的理性の今日的な可能性を探ってみるつもりだが、最後に、次章以降との関連で、二つほど問題点を指摘して本章を閉じることにしたい。

第一章　公共圏へのまなざし

はじめに

『公共性の構造転換[☆1]』は、ハーバーマスのなかでも独自の魅力にみちた作品である。概念的で抽象度が高く、無機質の文章をつづりがちの理論家にしては、具体的な歴史叙述がそこここに配されて生き生きした筆致が顔をだす。

いうまでもなく市民的公共圏の成立と転換を対象に据えたのは、彼の思想と理論にとってそれが格別の意味をもつからだ。のちの理論的な展開や政治的発言でみせた姿勢をかんがみれば、公共圏というカテゴリーの占める地位は小さくない。公共性・討議・理性は、彼の生涯を支配した三つの概念である[☆2]。ではハーバーマスにとって「公共圏」とはいかなる位置を占めるのだろうか。ここでは、市民的公共圏にかんするハーバーマスの初期の考察を追いながら、彼の批判理論に近づく最初の手がかりを探ることにしたい。

公共圏をめぐる問題意識が、ハーバーマスの批判理論の核心に位置することは、彼の書に少しでもなじんだ読者なら大方が認めるだろう。『公共性の構造転換』が活写した公共圏をめぐる問題構成は、後年のハーバーマスの理論展開を規定するほぼ一貫したモティーフとなった。

☆1 Habermas, *Strukturwandel der Öffentlichkeit*.

☆2 Jürgen Habermas, Zwischen Naturalismus und Religion, Philosophische Aufsätze, Frankfurt am Main: Suhrkamp Verlag, 2005, S. 16.

たとえば彼は国際法の立憲化をめぐる論考で永遠平和論の基本線を刷新した「カント的プロジェクト」を提唱したが、類似の問題意識は『公共性の構造転換』で小さいながらすでに芽を吹いていた。市民的公共圏は、近代的な代議制民主主義とともに「討議《ディスクルス》の制度化☆3」を体現した「コミュニケーションのネットワーク」であり、その批判理論のなかでも高い規範的な地位を占める市民社会のカテゴリーである。市民的公共圏の理念を顕揚した哲学者――後世の者が彼をこう呼んだとしても不思議ではない。

だが『公共性の構造転換』に最後まで眼を通した読者なら、こうしたごく一般的な評価とは違った読後感をもつだろう。「構造転換」後の市民的公共圏の描写は、公共圏の政治的機能についてかなり暗い見通しに傾きがちで、全体として公衆の実状にかんするペシミスティックな時代診断に彩られている。すこし注意して読めば、近代初頭における市民的公共圏の成立場面でも、ハーバーマスが両義的で慎重な判断を下していたことに気づく。市民的公共圏の現実を懐疑した哲学者――誤解を恐れずにいえば、彼をこう呼ぶことも不可能ではない。

この懐疑と顕揚とのあいだに、ハーバーマスの理論的な転回が存在することは当然予測できる。そこに理論的な発展や精緻化の跡をたどることも十分に可能である。思想研究の王道を行くなら、この種の変化について正確な道筋を突きとめることが主な課題でなければならない。だが同時にこの特有の両義性をわたしたちなりに辿りなおし、そこに理論的な転回というより、両義性のかたちで表われた当時の理論的な特徴について考察してみることも可能だろう。――公共圏へのまなざしを、この両義性において解釈してみることが、ここでの狙いである。

☆3 「討議の制度化 **Instutionalisierung von Diskursen**」については、**Habermas, *Theorie und Praxis*, S. 31f.** 訳五九九―六〇三頁。ハーバーマスはここで歴史的に三つの「討議の制度化」があったことを論じている。最初は「古典古代のアテネにおける哲学の開始」で、「神話的・宗教的な世界解釈における妥当請求」がテーマにされ吟味されるようになる。第二は「近代的な経験科学の開始」で、「職業倫理として伝承され技術的に利用可能な世俗的知識の妥当請求」が体系的なテーマにされる。そして第三が「市民的公共性の成立」と代議制民主主義の成立で、「実践的問題や政治的決定に結びつく妥当請求」が本来ならば持続的なテーマとされ吟味されるはずだった。この見解にもとづくなら、公共性は一種の「制度」である。ただし『事実性と妥当

一　公共圏の基礎概念

1

英語の public やドイツ語の öffentlich という言葉が、多義的でさまざまな意味をもつことは、「公的」や「公共的」といった訳語からも推測がつく。西欧出自の語の多義性をそのまま邦語に対応させるのは禁物だが、☆4 多義的であること自体まで否定するにはおよばない。『公共性の構造転換』の冒頭には「公共的」という語の多義性を例示した次の一節がある。

たとえば「公共の」催しとは、内輪の社交とは逆に、誰にでも出入りできる催しのことだ。公共の広場や公共の家（公衆酒場）なども意味はこれと等しい。しかしすでに「公共建造物」という言い方ひとつをとってみても、誰にでも出入りできるという意味につきない。それらは公共の交際のためであっても開放されてはならず、国家の諸機関を収容しているというだけで公的である。国家は「公権力」である。それが公的という属性をもつのは、あらゆる法仲間〔同じ法に服する人々〕の公共の福祉を配慮することにその課題があるためである。――さらにたとえば「公的な接見」という言い方がなされると、それはまた別の意味をもつ。こうした接見の折りには、〔人格的〕代表の力が発揮され、この代表の「公共性」には多少とも公的賞賛がともなう。とはいえ、誰かが公けに名をなすという場合には、また意味にずれが出てくる。名声や栄誉の公共性は、「上流社会」の時代とは別の時

性』ではこの「制度」という見方を積極的に立てていない。「それ〔公共圏〕は、社会秩序に関連する通常の概念ではない。公共圏は、制度としてはもちろん、組織としても、……システムとしても捉えられない。……公共圏とはせいぜい、……意見についてのコミュニケーションのためのネットワークだと言いうるにすぎない」。Habermas, *Faktizität und Geltung*, S. 435f. 訳（下巻）九〇頁。

☆4　たとえば public という語の源までさかのぼった次の指摘をみよ。「……言語史上の基本的事実として、英語・フランス語で『公の』に当たる〈public〉という言葉の語源としてのラテン語の形容詞〈publicus〉が、古代ローマにおいて、〈populus〉（人民）という名詞をもとに――おそらく〈pubes〉（成年男子）の影響のもとで――すでに共和政以前の

代に由来するのである。☆5

多義的な意味のなにげない列挙だが、ハーバーマスの公共圏の輪郭を限取るには、なかなか示唆に富んだ一節である。ここには「公的なもの」にかんする都合四つの意味が挙がっている。第一に「誰にでも出入りできる」という意味の公的、第二に「公権力」という語に見える公的、さらに第三に人格的な「代表」の意味をもつ公的、第四に「名声や栄誉」の徳に現われた公的の四つである。このうちはじめの二つとあとの二つを対にしてみれば、市民的公共圏を一部に配した「公的」なるもののさまざまな意味からなる布置が浮かび上がる。

第一の「誰にでも出入りできる」という意味は、市民的公共圏の制度的規準に数えられたものでもある。ハーバーマスは、公共圏が共通に有する制度的規準のひとつとして、あらゆる「公衆に対し原則として閉ざされていないこと」、すべての者に開かれ「誰にでも出入りできる」ことを挙げていた。☆6 これに対し、第二の「公共建造物」にいう「公的」なるものは、「公共の交際のためであっても開放され」ない以上、「誰にでも出入りできる」という意味とは異なる。これと同じ公的意味をもった権力とは、じつのところ、市民的公共圏に集う私人たち、民間の人びとにとって折衝と対決の相手となる行政当局を形容した語だ。第一の意味が、市民的公共圏の内にあってその重要な契機にもなるとすれば、第二の意味は、公共圏の外にあって私人たちが対決する相手のありようを形容している。

この第一と第二の空間的な布置に対して、歴史的な位置に配されているのが第三と第四の意

ごく古い時期に形成され、『人民全体に属する』『人民全体に関わる』の意味をもっていたことを指摘しておきたい。つまり、たとえば江戸時代の『公儀』とか、戦時中わが国でさかんに使われた『滅私奉公』などの場合と異なり、ここでは『官』の側の『公』ではなく『民』の側の『公』が問題になっているのである」（成瀬治「『市民的公共性』の理念」、『シリーズ・世界史への問い4・社会的結合』、岩波書店、一九八九年、二八四頁）。

☆5 Habermas, *Strukturwandel der Öffentlichkeit*, S. 54f. 訳一二頁。

☆6 Ebd., S. 97f. 訳五六―五七頁。

味である。第三の人格的代表が中世の代表的公共性に由来する一方、第四の名声や栄誉の徳はおそらく古代のポリス的公共圏に淵源がある。人格的代表の公共性が「君主の具体的存在にまつわり彼の権威のある種の『アウラ』を与える」☆7ものだとすれば、古代ギリシア的公共性とは「平等な者たちが競い合う闘いのなかで、最も優れたものが、その真価を、すなわち不朽の栄誉を克ち取る」☆8ポリス的世界である。いずれも市民的公共圏にとって過去に属するもので、市民的公共圏はこれらの伝統とは異なった「歴史上、独自のもの」として登場してくるわけである。

中世における人格的代表とも、古代の徳の公共性とも、公権力にみる排他性☆9とも違った、それでいて公的な空間——これが周辺からくまどられて見えてくる市民的公共圏の輪郭である。市民的公共圏にいう公共的なものは、この空間的布置と歴史的位置における「公共の」ものの意味の差異のなかで浮彫りにされる。しかしこれで話がつきるなら、ことあらためて「公共的なもの」の意味を取りあげるにはおよばない。ことはさほど単純ではない。市民的公共圏は、公的なものの別の意味と区別されるだけではなく、同時にそうした意味と混淆した不純な面をも備えている。

第一に、市民的公共圏は、万人の参加を保証した「一般的公開の原則」にもとづきながら、じつは一定の財産と教養という参加規準を設けていた。これらの参加資格を取得できる均等の機会の条件が与えられているならば問題はない。十九世紀前半にこの条件が満たされた例は実際にはない。そのうえ「女性や従属民は事実上も法律上も政治的公共圏から排除されていた」☆10。

☆7 Ebd., S. 60. 訳一八頁。

☆8 Ebd., S. 57. 訳一四頁。

☆9 ただし公権力における公的なものはたんに、支配や排他性を意味するだけではない。ことに「公共の福祉」という概念が公権力の正当性に歴史的に関連してきたことは無視できない。

☆10 Habermas, *Strukturwandel der Öffentlichkeit*, S. 121. 訳七七頁。

「誰にでも出入りできる」という理念は、初手から現実との齟齬をきたしていた。

第二に、公権力にたいする公共圏の抵抗が一貫できたかどうかにも疑問が残る。公権力と対抗するかぎり、公共圏は支配から自由なコミュニケーションを保証するものでなければならない。公共圏の理念にしたがえば、それは支配一般の解消を意味する。しかし市民的公共圏が法治国家の下で制度化されるやいなや、公共圏の社会的基盤そのものが公権力としての支配という性格を帯びてしまう。のちに多少とも立ち入るが、公共圏が、公権力のいう公的なるものを自己の外にとどめおけたかどうか、現実を振り返ってみればかなり疑わしい。

また第三に、ギリシア的公共圏や代表的公共性は、市民的公共圏にとってたんに過去の遺物にすぎなかったとも言いがたい。むしろ市民的公共圏の理念とその変容は、この過去の継承や反復として描かれる面がある。ハーバーマスは公共圏が構造転換したのちには「かつて人格的代表の公共性が賦与していた人身的威光や超自然的権威のアウラを模倣する」[☆11]と言っている。人格的な「代表」はたんに公的なものの過去の意味にとどまらない。それに、市民的公共圏が過去の公共性から一線を画しているとはいっても、公的なものの伝統を完全に断ったわけではない。ギリシア的公共圏は、ハーバーマスの見るところ「独特の規範的な力を帯びて今日まで及んで」おり、ギリシア的伝統から歴史的に隔たりながらも「精神史的連続性」で密かにつながっているのが、市民的公共圏における「公的自由」である。

自らの公的なものの意味と現実の齟齬、過去の公的なる意味の模倣ないし反復——市民的公共圏の歴史的位相には、このような不純とも見える要因がつきまとう。市民的公共圏の概念を

☆11　Ebd., S. 292. 訳二六四頁。

純粋に取り出そうとしても、すくなくとも『公共性の構造転換』にかんするかぎり、この不純なものがまといついて離れない。一方で公的なものの異なった意味から区別されて純化されたように見えながら、他方でこの区別した意味の重なりのために混淆の生じてしまうのが、市民的公共圏という概念なのである。

2

この種の混淆や不純は「公的」なものの意味の次元だけにとどまらない。たとえば次の一節にみるように、「私的」なものと「公的」なものとを区分したさいの、「私的」なものとの重なりで出てくる結果の方が、純度の乱れははるかに大きい。

> 国家と社会の……分割線は、公的領域を私的領域から区分している。公的領域は公権力に限られている。この公権力にわれわれはさらに宮廷をも加える。私的領域には本来の「公共圏」も含まれている。なぜならそれは私人の公共圏だからである。それゆえ私人のために定められた領域の内部で、われわれは民間圏と公共圏を区別する。民間圏は狭い意味の市民社会を包括している。すなわち商品流通と社会的労働の領域がそれである。家族はその親密圏として市民社会のなかに埋め込まれている。☆12

近代にあっても私的領域と公的領域が区別されることに変わりはない。「市民的公共圏の自

☆12 Ebd., S. 90. 訳四九頁。

由主義的モデル」は、公的領域と私的領域の区分、つまり国家と社会の分離を背景にしている。だが市民的公共圏は、同じく公的とはいっても、ここでいう公的領域には属していない。右の一節でハーバーマスは、市民的公共圏を公的領域ではなく私的領域に加えている。まず公的領域と私的領域が国家と社会として区分され、つぎに後者の私的領域が私的な圏（民間圏）と公的な圏に区別される。民間圏は商品流通および社会的労働からなる経済圏と家父長制小家族からなる親密圏 Intimsphäre に分かれる。公共圏はこれら民間圏とは違った公的な圏にあたる。私的領域 Privatbereich に含まれながら私的な圏 Privatsphäre ではないもの、公的な圏 öffentliche Sphäre でありながら公的領域 öffentlicher Bereich には含まれないもの、それが市民的公共圏ほかならない。私的なものの内に私的なものと異なりながら公的なものが生み出される——この両義性こそ市民的公共圏を他の公共性から隔てる特徴である。

　市民的公共圏にかかわるこの外延的な規定を一瞥しておけば、次のようなその内包的定義が、さながら「弁証法的」と形容できる論述で染められている所以も理解できよう。

> 市民的公共性は、さし当たり、公衆として集合した私人たちの圏として捉えられる。これらの私人たちは当局によって規制されてきた公共性を、まもなく公権力そのものに対抗して自己のものとして主張する。それは、原則としては私的なものとなったが、しかし公的な意義をもつ商品交換 Warenverkehr と社会的労働の圏における社会的交流 Verkehr の一般的規則について、公権力と折衝するためだった。☆13

☆13　Ebd., S. 42. 訳四六頁。

市民的公共圏で「私人 Privatleute」たちは「公衆 Publikum」として集まる。それは「原則としては私的なものとなった privatisiert が、しかし公的な öffentlich 意義をもつ商品交換と社会的労働の圏における」ルールについて、私人たちが公権力 öffentliche Gewalt と折衝するためだった。それは同時に民間の私人たちが公権力に対し公共の議論の場を自分たちの圏だと主張することでもある。私的なものが公的なものとなりながら、一方で私人と公権力とが対立する錯綜したさまをハーバーマスはこのように描写する。

私人たちが公衆として集まる空間的な交流の場だという特徴は、市民的公共性が公共の圏と呼ばれる理由にもなる。市民的公共性は、すくなくとも発生の場面でみれば、公共の圏という空間的で集合的な特性をもったカテゴリーである。これは、市民的公共性の諸制度を論じる場面で、たとえばイギリス・ロンドンのコーヒーハウス、フランス・パリのサロン、ドイツ諸邦・諸都市の読書協会などがその類似した場として描写されたことも「圏」という表象と無縁ではない。たとえば夏目漱石の『文学評論』には、十八世紀ロンドンのコーヒーハウスを、この社会的交流の「圏」として描いた興味深い一節がある。

> 珈琲店というのは、上下貴賤とも出入した所で、実際をいうと、あながち珈琲を飲んだり、礦泉を飲んだりするばかりではない。そこへ行ってぶらぶらする、あるいは新聞を読む、あるいは手紙を書く、あるいは今日の出来事を聞く、あるいはかるたを取る、あるい

は政論をする。要するに甚だ軽便な所である。☆14

種々雑多の言論がうずまく「甚だ軽便な所」、これがコーヒーハウスである。この喧噪の坩堝を、ハーバーマスは市民的公共圏発祥の地と踏んだ。そこで市民たちは多様なグループをなしながら自由な時間を過ごす。「ドライデンがウィル軒に陣取って若い文人のサークルで『古代人と近代人』について論争する。アディソンとスティールがやや遅れてバットン軒で彼らの小元老院（little senate）を開催する。これらと同じように、ロータ・クラブではミルトンの庇護者の司会でアーヴェルとペピーズがハリントンと会合した。ハリントンはおそらくその場で彼の『オセアナ』の共和主義思想を開陳した」☆15。作品の批評、政論のたぐいは、ミニコミふうのパンフレットとなって出回り、新聞・雑誌など近代ジャーナリズムの源流をはぐくんだ。芸術や文学の作品をめぐる議論は、政治・経済の論争に転じて、やがて政治党派の抗争におよぶ。フランスのサロン、ドイツのクラブと並んで、とりわけ十八世紀初頭イギリスのコーヒーハウスは、文芸と政治をめぐる論議が民間の人々の間で交わされた言語空間だった。議論と対話のさまざまな姿が、イギリスの近代初頭、名誉革命に前後して現われ、やがてそれはフランス革命と啓蒙の時代を迎える。

こうした市民的公共性の圏は、ハーバーマスによれば、「歴史的に先例のない独特なもの」である。これは代表的公共性 Repräsentative Öffentlichkeit☆16 が「ひとつの社会的領域としては成立せず、むしろ……地位のメルクマールのようなもの」だったことを考えれば、その歴史的

☆14 夏目漱石『文学評論（上）』岩波文庫、一〇〇―一〇一頁。
☆15 Habermas, *Strukturwandel der Öffentlichkeit*, S. 48. 訳 五二頁。
☆16 Ebd., S. 19f. 訳 一八頁。

な意味が推測できる。中世世界には代表的公共性のために設けられた圏というものがほとんど存在しなかった。[☆17] ハーバーマスは中世の公共性について語るとき、公共性の圏 die Sphäre der Öffentlichkeit という表現を使った形跡がない。ではギリシア的公共性はどうか。古代ギリシアのポリスやアゴラのイメージからすれば、公共圏と言ってよさそうなものだが、これもない。ポリスやオイコスを圏と呼びながら、やはりここでも公共性で通している。もっとも古代ギリシアについてかりに「公共の圏」という表現を採ったとしても、明らかにそれは公的領域と区分されたものでない。つまりそこでは私人たちが公論の担い手となった公衆として、公権力に相対するかたちをとらなかった。公的領域と公共圏とが、領域 Bereich と圏 Sphäre とが区分されていなかった。公共性が、公的領域とも区分されながら私人たちによる公共の圏になったのは、おそらく近代の市民的公共圏が初めてのことで、その意味でもこれは「歴史的に先例のない独特なもの」なのである。私的なものと公的なものの重なりは、この圏としての成立と表裏の関係にある。

もちろんこの錯綜した区分法は、のちの社会的分化の理論から見れば、無用な混乱に近い。しかしわたしたちは『公共性の構造転換』におけるハーバーマスの用語法をいま少し追ってみることにしたい。この頃のハーバーマスは「分化」の理論とは違った社会の理解を前提しており、そこに市民的公共圏の独自の性格が浮き彫りにされてもいるからだ。私的なものと公的なものとを交錯させ、両者を区別しながら区別に逆らう用法をとる形で現われているのは、この社会理解でもあった。[☆18] そしてこの交錯は、構造転換後の公共性を問題にする局面にいたると、

☆17 ただし聖職者たちだけは教会という場をもっていた。Ebd., S. 62f. 訳二〇頁。

☆18 ちなみにいまあげた一節で「加える」、「含まれている」、「包括している」、「埋め込まれている」といった言葉遣いから伺えるように、ここでハーバーマスが〈全体‐部分〉の構図でこの領域分化を考えていたことも注意しておいてよい。部分たる親密圏は全体としての民間圏に「埋め込まれ」、部分としての公共圏は民間圏ともども一個の全体としての私的領域に「含まれる」。そして私的領域も公的領域とともに社会的全体の各部分をなす。のちにハーバーマスは『公共性の構造転換』ではまだ「全体性」の概念に囚われていたことを自己批判することになる。これはルーマン流のシステム論的な分化論とも後年のハーバーマスの「生活世界とシステム」

さらにいっそうその複雑の度を増すことになる。「新聞の商業化」に触れた次の箇所は、それを如実に語った一節である。

一方では、新聞が商業化されるにつれて、商品の流通と公衆の交流の仕切りがならされてなくなり、私的領域の内部で公的な圏と私的な圏のあいだの明確な境界がぼやけてくる。しかしその他方では、公共性の諸機関の独立性がもはやある種の政治的保障によってしか確保できなくなると、それにつれて公共性がもっぱら私的領域の一部だということが、そもそも成りたたなくなってくる。☆19

新聞が商業化されると、公論形成よりも売行きのよい紙面作りが優先され、私的な経済圏の論理が公共圏の機関である新聞の編集方針を左右するまでになる。むろんこれは新聞だけにかぎらない。新聞、雑誌、ラジオ、テレビなど「公共性の諸機関」のほぼ大方が見舞われた現象だといってよい。新聞の商業化は、「私的領域の内部で」私的な圏と公的な圏との区別があいまいになった象徴的な例である。他方、経済的・組織的な規模を拡大させた公共性の諸機関がマスメディアとなって大きな社会的勢力《マハト》になると、その影響力を恐れる公権力は、新しいメディアを国家や行政自身の手で管理したり運営したりするようになる。「私人たちからなる公衆の私的機関」だったメディア（ラジオ、テレビなど）が「公営の施設」に変わる。私人たちの公的な圏と公権力の公的領域との区分があやしくなって、「公共性がもっぱら私的領域」に属

の分離論とも明らかに異なった発想だった。「全体性」の概念がそれを象徴しているが、公共圏の概念にはその「弁証法」的な特徴がさまざまと現われている。

☆19 Habermas, *Strukturwandel der Öffentlichkeit*, S. 275. 訳二四九頁。

することが成り立たなくなるのである。一方で民間圏と公共圏との区別があいまいになり、他方で公共圏と公的領域との区別があいまいになる。構造転換後に顕在的となったこの傾向こそ、じつは市民的公共圏が成立した時点で潜在的に存在した両義性の意味するものでもある。

3

しかし私的なものと公的なものが混淆し錯綜する市民的公共圏とその変容は、いったいなにを意味するのだろうか。いやそれ以前に、そもそも市民的公共圏が私的領域において成立するという両義性は、なにを語るのだろうか。この考察を進めるうえでは公共性に関連した思想家を引いてみてもよいだろう。「公的なるものが私的なるものの一機能」となって、そこに「歴史的に先例のない独特なもの」が近代に成立したと考えた思想家がほかにいた。ハンナ・アーレントである。

> 近代の初頭に典型的であった私的なるものと公的なるものの矛盾は、一時的現象にすぎず、私的領域と公的領域の相違は、やがて完全に消滅し、両者はともに社会的なるものの領域に侵されてしまった……。公的なるものが私的なるものの一機能となり、私的なるものは残された唯一の公的関心になった。☆20

ここにも私的なものと公的なものとが交錯するさまを近代の特徴として描いた類似の試みが

☆20 Hannah Arendt, *The Human Condition*, Chicago and London: The University of Chicago Press, p. 69.

ある。[21] ただしこの描き方では、ハーバーマスとの類似点よりも相違点の方が気になる。ハーバーマスと比較してわかるのは、アーレントの論述が私的なものの公的なものへの侵入にたいして隠しようもない否定的なトーンを響かせていることだ。アーレントにとって歴史的に先例のない出来事は、市民的公共圏ではなくむしろ「社会」という新しい領域が成立したことにある。「近代の共同体」は、生命の維持に必要な私的領域の営みである「労働」を中心とするようになった。「社会」とは、アーレントにとって「ただ生命の維持のためにのみ存在する相互依存の事実が公的な重要性を帯び、ただ生存にのみ結びついた営みが公的領域に現われるのを許されている形式」である。[22] そこでは、生命の必要のための私的領域での営みが公的領域に侵入し、活動する市民の複数性ではなく労働する動物の画一性が支配する。

ハーバーマスは、市民的公共圏の近代初頭の姿を単純に肯定したわけではないが、それでも彼の時代の描き方にはアーレントほどの暗い色調はない。ハーバーマスは、「社会的なるものの領域」を「社会において公的意義をもつようになった私的な圏」[23] と理解し、「公的なるものが私的なるものの一機能」となった空間を、私人たちが公衆として参集し公的に議論する場に求めた。ただアーレントと違って「私的領域と公的領域の相違」がここで「完全に消滅」したとは言わない。むしろ私的領域内に私的な圏と公的な圏との区別が生じるにいたったとみる。「相違」が「消滅」するどころか、相違がより複合的に細分化される。「社会」とは、優れた意味でこの複合化した圏域のことである。

ただしハーバーマス自身の「社会」という概念に目を転じると、そこにアーレントとはいさ

☆21 もっともアーレント自身にそくして厳密に言えば、両者が交錯するというより、私的なものが公的なものに侵入するといった方がよい。

☆22 Arendt, op. cit., p. 46. もっともアーレントは「社会的なもの」をもっと多義的に使用している。この概念の拡がりについては次を参照。Hanna Fenichel Pitkin, *The Attack of The Blob: Hannah Arendt's Concept of the Social*, Chicago and London: The University of Chicago Press, 1998.

☆23 Habermas, *Strukturwandel der Öffentlichkeit*, S. 76. 訳 三一頁。

さか異なった用法があったことに気づく。彼は社会を国家との対で使用している。国家と社会とは近代初頭に分離し、その後「社会の国家化と国家の社会化」[☆24]の過程が進展する。市民的公共性はこの分離を前提にして成り立つ。公的領域における公権力と私的領域における公共圏の区分は、こうして国家と社会の分離として括られる。社会を国家との対で使用し、この分離を前提にして公共性の理念に触れた思想家といえば、カール・シュミットがいる。アーレントと同様、シュミットも「社会的なもの」の概念を批判的に捉えているが、その実質についていえばアーレントよりハーバーマスにはるかに近い。

私的なものが社会的なものとして捉えられると、私的個々人が相互に関係することで社会的に交流する面が強調される。こうした面をとくに強く強調して、「国家と政治を回避もしくは無視する」[☆25]考えが自由主義である。ところで私人たちの交流といってもさまざまある。かならずしも政治的な意見を交わすだけにかぎらない。一般人の関心事としては、たとえば趣味や文芸にかんする見解や批評を交わしあう非政治的な場でもよい。文芸的公共圏が政治的公共圏より歴史的に前に成立して、同じく公共圏の名で呼ばれたのも、こうした規定の仕方と関係している。いや私人同士の交流というならば、そもそも言語を介した情報交換 **Nachrichtenverkehr** でなくともよい。彼らの関心事でしかも公的な意義を帯びるようになったといえば、むしろ貨幣を介した商品交換 **Warensverkehr** をあげなくてはならない。社会的な意義で言えば、こちらの意義の方がはるかに大きい。**Vehrkehr** という概念は、意見交換と商品取引という二つの意味で使用されている（以下、交流と取引を一括して意味する場合は、「交通」という訳語を

☆24 Ebd., S. 226. 訳一九八頁。

☆25 カール・シュミット「政治的なものの概念」（長尾龍一編訳、慈学社）二九四頁。

使うことにしたい)。シュミットが自由主義の思考様式と重ねて社会の名で呼んだものもほぼこれと重なる。

もちろん同じく社会的な交通といっても、日常言語を媒介したコミュニケーションと貨幣を媒体にした商品流通とでは、質的に大きな違いがある。当面の脈絡にそくして言えば、社会的労働を前提にした商品交換は、あくまで生活の必要に根ざした日常的な営みである。これに対して趣味や文芸に関する意見を交わしあう営みは、そうした必要性に縛られていない。サロンやコーヒーハウス、読書クラブで私人たちがおこなう議論は「生活の必要性に迫られた生産と消費の循環に直接支配されず、むしろ生活の必要からの解放というギリシア的な意味で「政治的」な性格を、その文芸的な形式[☆26]」において具えていた。公共空間については、たとえばハンナ・アーレントの見解からの連想で、物質的な生活の必要から自由な領域での活動が、ただちに政治的なものに直結するものと解釈されやすい。だが非政治的で文芸的な公共圏も生活の必要性から自由な公的空間であった。いやむしろ誤解を恐れずに言えば、公共圏が私人たちの交流の圏であるかぎり、もともとそれは、非政治的な形式をもつせいで、政治的公共性が成立したあとに脱政治化の機縁となる恐れを秘めているのである。

だがこの二つの社会的交通はたんに「政治的なもの」[☆27]から区別されるにとどまらない。政治的公共性は、なによりも「文芸的公共性の機能変化」として起こったからだ。文芸的公共圏は政治的公共圏の先駆形態である。[☆28]市民はそこで一定の教養を身につけた人間として登場する。市民的公共性に共通する一連の制度的基準(「対等性の作法」「妥当していた領域の問題化」

☆26 Habermas, *Strukturwandel der Öffentlichkeit*, S. 193f.
☆27 Ebd., S. 69.
☆28 「公権力の公共性が私人たちの政治的論議の的になり、最後に公権力が完全に奪取されるようになる前にも、公権力の公共性の傘下で非政治的形態の公共性が形成される。これが、政治的機能をもつ公共性の先駆をなす文芸的公共性である。それはまだ、それ自身の内部で旋回する公共の論議の練習場であり、これは民間人が彼らの新しい私的存在の直接の経験についておこなう自己啓蒙の過程であった」(Ebd., S. 44.)

「公衆の原理的な非閉鎖性」[☆29]）も、もともとは文芸的公共圏で培われたものだ。公共圏のこの非政治的形態は、政治的機能をもった公共圏が確立されるための前提条件である。[☆30] また公共性が政治的機能を担うようになるには、私人たちが公衆として議論する政治的課題が彼らの間に共有されていなければならない。彼らが共通の関心事にしていたのは、商品取引の発達を国家的統制から解放し、商品取引と社会的労働にかんする一般的なルール（私法体系）を作り上げることである。こうしたテーマが共有されるには、そもそも商品取引と社会的労働が公的な意義を帯びるまでに、市場圏たる市民社会が発達していなければならない。市場圏はこの意味で政治的に機能する公共圏が成立するもうひとつの前提条件である。

　ハーバーマスは、公衆となる私人たちが教養をそなえた人間であると同時に財産をもった市民であったことに、政治的公共性の確立の歴史的条件を見ている。それらは「政治的なもの」から区別されるというより、公共圏において「政治的なもの」を可能にする不可欠の前提である。なるほど「政治的なもの」の概念は公共圏で尽きるわけではない。のちにハーバーマスは、「政治的なもの」を、合意形成にもとづく権力の創出、戦略的闘争の場にゆだねられる権力の獲得と維持、行政組織の機能に属する権力の行使という三つの側面に区別するようになるが、政治的公共圏はこのうち権力の創出過程に限られる。にもかかわらずここでハーバーマスが、政治的なものの重要な契機が公共圏において確立され、しかもそれらが経済的な競争と文化的な交流に歴史的に関連していたと考えたことは明らかだ。こうした見方が、カール・シュミットの「政治的なもの」の概念と真っ向から対立していることは指摘しておいてよいだろ

☆29　Ebd., S. 52f.

☆30　ちなみに文芸的公共性の成立には、市場圏で哲学や文学の著作、芸術作品が商品となって出まわり、私人たちが経済的に容易に購入できるようになる一方、親密圏（近代的な家族関係）で諸個人が「互いを『純粋に人間的な』関係に入りうる人間」として理解しあうための「主体性の実験」がおこなわれていなければならない。私的な圏域としての市場圏と親密圏は、文芸的形態をとった公的な圏域が成立するための前提条件である。

う。シュミットにとって政治的なものは友・敵・闘争という諸契機から構成される。道徳的、美的、経済的なものとは異なった「特殊政治的な区別とは、友と敵という区別である」[☆31]。そして「敵とは……現実的可能性として、抗争している人間の総体」である。こうした「抗争」や闘争という政治的概念を、自由主義は「経済的側面で競争に、他方『精神的側面』で討議」に変えてしまう。その結果、「政治的に統一された国民は変じて、一方では、文化的関心をもつ公衆となり、他方では、あるいは従業員・労働者あるいは消費者大衆となる」[☆32]。ハーバーマスの考察が、「政治的なもの」にかんするシュミット的見解とあえて対抗的な位置を取りながら、政治的なものの再定義に臨んでいると推測してもあながち的外れではない。

（以下は、修正用ファイルに断片的メモのようなかたちで見つかったもので、行アキは原稿通り。小活字で記載する。）

ただし社会的交流は情報の流通《フェアケア》だけで終わるわけではない。商品の取引《フェアケア》もそこに含まれる。アーレントが「労働」にもとづく生命維持のために存在する相互依存の事実に、社会的なものの核心を見たのに対し、シュミットが社会を力説する姿勢に見たのは、「経済と倫理、精神と取引、教養と所有という二つの異質な圏域の、典型的で絶えず反復登場する両極性内で動く」「自由主義的思考」である。
「自由主義はその特徴をなす精神と経済との二面性……において、敵を事業面からは、競争者に、精神面からは討論の相手方に解体しようと努めてきた。経済の範域にはもとより敵は存せず、在るのは競争相手のみであり、余すところなく道徳化され論理化された世界ではおそらくはたかだか討論の相手方が存するにすぎぬ。」
ハーバーマスの社会的なものは、アーレントのいう生命維持のための相互依存の事実というより、このシュミットの「精神と経済」の方に似ている。もちろんこれは、公共性の構造転換という局面において、ハーバーマスがシュミットの「全体

☆31 カール・シュミット『政治的なものの概念』田中浩・原田武雄訳、未來社、一五頁。
☆32 シュミット、同書、九一―九二頁。

的国家」論を踏襲したというわけではない。

「政治的行動と動機がそこに帰着せしめられるところの特殊政治的な区別は友敵の区別である。」二五四

　シュミットによれば、討論と公共性は、「議会という制度がその精神的基礎をおく原理」である（一五六頁）

「闘争という政治的概念は自由主義的思考にあっては経済の極では競争となり、他の「精神の」極では討論となる」（二九五頁）。

　公共圏がじつはかならずしも「政治的なもの」なのではなく、由来からみれば非政治的なものだった。しかしまさに非政治的なかたちで「生活の必要からの解放」というギリシア的な理念の継承がおこなわれている。公共圏は、古代ギリシア的な公共空間のように生活の必要から解放された領域である。しかしギリシアを別にすれば、それは、かならずしも政治的なものではなかった。むしろ文芸的なもの、非政治的なものからこそ、新しい政治の芽が生まれるのである。

　市民的公共圏では私人たちが公衆として議論の場に参集する。これは裏を返せば、公衆となって参集する人びとがもともと私人として活動していたことを意味する。私人が公衆として公共圏に参加する前提には、公衆が私人として民間圏で活動する私的営みがある。それは商品交換と社会的労働からなる経済圏での営みである。公共圏での社会的交流と民間圏での商品流通とは

　もちろん公共圏で私人たちは、私人としてではなくあくまで公衆として、参集し議論する。しかしおそらく現実の公共圏や世論形成で私的利害が跋扈する可能性を完全に否定できることはない。

　市民的公共圏の担い手は、古代ギリシアのように「生来から」の政治《ポリス》的動物でもなければ、公人たる君主や領主、貴族、聖職者でもなく、公権力と直接には関わりのない民間の私人である。私人たる市民たちが公衆として交流する Verkehr 場を

作りだすこと、これが近代初頭の市民的公共圏を成立させる必要条件になる。私人たちはさしあたり彼らの関心にもとづいて、相互に交流する。「交流」を意味するこの Verkehr という言葉は『公共性の構造転換』の隠れたキーワードである。

ところで私人たちの交流といってもさまざまある。


公共圏に私的領域が侵入し、私的経済の論理が支配力を強めるようになると、その結果、「私的な圏と公共性という契機に、はっきりしたけじめがなくなり」、私的な圏（民間圏）のもうひとつの契機である親密圏の出来事が公共の場にさらされるようになる。私的なものの公共化 Veröffentlichung。公共圏は私的な生活史《ライフヒストリー》を暴露していく圏（Shpäre der Veröffentlichung privater Lebensgeschichten）になる。プライヴァシーの重要性（『事実性と妥当性』S. 445f. 訳（下）九八―九頁）。「国家社会主義の全体主義社会という反面教師」そこでは「パノプティコン国家が、官僚制的に硬直化した公共圏を直接監視するだけではなく、そうした公共圏の私的な基盤までをも空洞化させてしまう」（『事実性と妥当性』S. 446）。

1　私人たちのとは「生活史を反映した問題状況の私的処理からの刺激」（『事実性と妥当性』S. 442f. 訳九六頁）を受けるということ。「公衆の声の多様性には生活史的経験が反映」している。ただしそれは物質的再生産を直接に反映することでも、ゾーエーとしての生物学的生命の循環運動に根ざすことでもない。ハーバーマスにとって私的な圏にふくまれる親密圏はたんに物質的に生きる必要に支配された場ではなく、むしろ生活の必要性から解放された場のひとつ。そこでこそ人々は読書を始め、人間性 Humanität という理念を育む。

2　圏 sphäre という言葉は、Verkehr に基づくということ。Verkehr の二つの意味。一方で経済的な安易さと文化的な近づきやすさ。他方で「公共性と私的圏域の関連が、新聞・雑誌を軸にして明確な姿を現す市民的な私人たちの読者公衆の団体 Verreinswesen および組織形態にそのかたちが現われる」（事実性と妥当性、S. 443）。

市民的公共圏に共通の一連の制度的基準は、私人たちのこの圏の個別性・特殊性を前提にしてしか形成しえない。

これは公式組織のように時間的・社会的・内容的な諸次元にわたる行動期待の一般化を前提にして定義されるのとはおよ

その逆の関係にある。

公共圏に共通の制度的基準は、彼らの規定的判断力ではなく反省的判断力にもとづいてしか規定できない。公共圏が文芸的形態から政治的形態に展開したとすれば、市民たちが普遍的な諸基準を意識できたのは美的判断力と政治的判断力にもとづいていたということになる

すでに普遍が与えられていて、特殊をこの普遍の下に包摂する規定的判断力ではなく、普遍が与えられずにただ特殊のみが与えられていて、この特殊に対する普遍を求めていくかたちでえられる。

文芸的公共圏の機能変化として公共圏に政治的機能が成立することを強調したのは、あえて自由主義的思考の側につきながら、シュミットとは違って、民主主義と自由主義を峻別しない立場を宣言することでもあった。それはシュミットとの違いを読者に意識させながら、「政治的なもの」の再定義を同時に含む試みでもあった。

「文化が商品形態をとり、こうしてはじめて本格的な「文化」（自己目的として現存することを建前とするもの）として発達するにつれて、文化は論議の機が熟した対象として関心をひき、公衆にかかわる主体性がこれについて相互理解を求めることになる」S. 44。

テーマが、個人的な persönlich 生活史に根ざした話題と物的な sachlich 利害関心に根ざした問題

Verkehr の二つの意味。初期資本主義の二つの交通システム三一—三二頁。コミュニケーション Kommunikation と流通 Zirkulatinon

ハーバーマスは、続いて「「公共的」というカテゴリーのもっとも頻繁な用法」のあることを次のように指摘するが、この「もっとも頻繁な用法」はそのまま彼の狙いとした市民的公共圏の概念につながる。

「それは世論や憤激した公衆、情報につうじた公衆といった意味での用法で、公衆、公開性、公表などと結びついた語義である。この意味での公共性の主体は、公論（世論）の担い手としての公衆である。たとえば裁判審理の公共性である公開性は、この公衆の批判的機能と結びついている（☆33）」。

（☆33　Habermas, 1962 (1990), S. 54. 訳一二頁。）

ハーバーマスののちの用法では、ここでいう私的領域は「自律性」の領域とされて、この領域が私的自律と公的自律の圏に分けられるようになる。概念としてはこちらの方がはるかに整っている。

二　公共圏論の基本モティーフ

1

ハーバーマスには『労働・自由時間・消費』と題した海賊版の初期論文集がある。☆33 手許の資料☆34では一九七三年に出たとあるが、『労働・認識・進歩』☆35と題した類似のもっと大きな海賊版が、六〇年代の論考も含んで七〇年代に出ており、これがドイツ語圏でわりに出まわった論集らしい。一九五〇年代当時の現代社会を労働・文化・消費・余暇・「結婚市場」といったテーマで扱ったもので、『公共性の構造転換』の初版（一九六二年）が出る前の五〇年代の論考が収録されている。『理論と実践』がその直後に出版（一九六三年）されたから、『公共性の構造転換』をあいだにはさむ両書は、市民的公共圏論の問題意識とその背景を知るうえで格好の書である。

一九五〇年代といえばマルクス主義系統では労働疎外論はなやかなりし頃で、五〇年代の論考にもその形跡がうかがえる。☆36 ただし論集におさめられた数本の論考をざっと見渡して気がつくのは、ハーバーマスが資本主義的な労働そのものの疎外状況を分析するのではなく、労働の疎外が労働以外の領域におよぼすさまざまな影響や結果を考察する方に、重点を置いていたことだ。消費における「大衆貧窮 Pauperismus」、文化の性格の転換、余暇の（労働にたいする）代償的な機能、「内輪の公共性 intime Öffentlichkeit」の幻想など、「労働が依然として中

☆33　Jürgen Habermas, *Arbeit-Freizeit-Konsum, Frühe Aufsätze*, 's-Gravenhage (van Eversdyck), [Raubdruck]. なお同書は、初出の論文をそのままコピー・製本して表紙を付けたものなので頁づけは原資料と同じである。同論集もふくめて五〇年代のハーバーマスとその時代状況に触れたものとしては、今日でも以下の邦語文献が参照に値する。三島憲一「精神と政治の道具的ならざる関係について」（「現代思想」一九八五年一〇月号）、とくに五四―五八頁。また同論集に収められたもののなかには次の論考の邦訳がある。Jürgen Habermas, Illusionen auf den Heimats- markt, in: *Merkur*, 10, 1956, S. 996-1004.（ユルゲン・ハーバーマス「結婚市場の幻想」大貫敦子訳、「現代思想」一九八八年六月号）

☆34　René Görtzen,

心のカテゴリー」をなす社会で、労働の現実がその周辺の生活領域にどのような結果をもたらしているかが、彼の眼の向けられたところだ。ここではその個々に立ち入る余裕はないが、当面の課題との関連で「労働と自由時間の関係にかんする社会学的ノート」と題した論考に一言だけ触れておきたい。

ハーバーマスは、同論考の冒頭で、「われわれの言葉遣いでは」自由時間（余暇）**Freizeit** には二つの意味があると言っている[☆37]。ひとつは、自由時間が職業労働から自由となった時間を意味するものである。この場合、自由時間は、「労働が依然として中心のカテゴリーである社会」で労働ではない時間としていわば否定的に規定され、労働以外の余った部分とみなされる。それは市民的《ブルジョア》自由と解釈され、見かけだけは個人的に処理することのできる時間とされ、われわれの好き勝手にゆだねられた私事のように思われる。他方、自由時間にはこれと違ったもうひとつの意味がある。それは何かの催しとして計画される自由時間である。この自由時間は、個々人の好き勝手にゆだねられた無規定のものとは違って、祝祭や催しとして計画され実施される。人びとは、この意味の自由時間を所有するのではなく、そこに集団的に参加する。集団的に処理することのできる時間、いわば祝祭への参加の時間がもうひとつの自由時間である。

ハーバーマスのここでの論述が、悪しき意味での自由時間と優れた意味でのそれとの弁別を狙ったものであることはすぐ察しがつく。当面の脈絡との関連で付け足しておきたいのは、労働から自由なという意味での自由時間が、自由主義時代の市民的自由に由来するとされている

Jürgen Habermas: Eine Bibiographie, Seiner Schriften und der Sekundär-literature, 1952-1981, Frankfurt am Main: Suhrkamp Verlag, 1982.

☆35 Jürgen Habermas, *Arbeit-Erkenntnis-Fortschrift, Aufsätze 1954-1970*.

☆36 Jürgen Habermas, Die Dialektik der Rationalisierung: Vom Pauperismus in Produktion und Konsum, in: *Merkur*, 8, 1954, S. 703f., ders., Soziologische Notizen zum Verhältnis von Arbeit und Freizeit, in: G. Funke (Hrsg.), *Konkrete Vernunft: Festschrift für E. Rothacker*, Bonn: Bouvier, 1958, S. 220f. 一九三二年にはじめて公刊された『経済学・哲学草稿』が、五〇年代にマルクスとマルクス主義をめぐる哲学的討論に活気を与えた機縁について

点である。「ヘーゲルの法哲学におけるように、国家が社会に対して現実にまだその自立性を保持していた自由主義時代には、個々人はみずからの市民的自由を、国家の干渉や介入にたいする保障として理解すると同時に、みずからの営利活動を自由におこなうための保障としても理解していた。☆38」この国家の介入からの自由、その強制からの個人的解放という意味での自由が、じつは自由時間の意味を左右している。自由主義時代には、営利活動や職業労働が個人的自由として認められるようになったが、その延長上で、労働以外の残りの時間も個人的に自由に処理できる時間と規定されるようになる。労働の必要性から解放された自由時間とは、公権力の強制や介入からの解放という意味での自由をなぞったものである。これに対し、集団的な参加のかたちをとる自由時間は、催し物や祝祭などによって共同で自由時間をかたちづくる営みがいる。共同の参加への自由、自由にかかわる何ごとかの集団的構築という意味での自由が、自由時間の意味を規定している。この二つの自由時間の意味を考えるうえで、ここでは解放としての自由《リバティ》と公的参加としての自由《フリーダム》を峻別したアーレントの試みを比較のために引いてみよう。

……厄介なのは、われわれが近代において知っている革命がいつも解放 liberation と自由 freedom の両方に関係してきたということである。……拘束を解き放ち「移動の力」を得ることをその成果とする解放は、実際、自由の条件である。そうである以上、抑圧から自由になりたいという解放への単純な欲求がどこで終わって、政治的生活様式としての自由

は、次を参照。Jürgen Habermas, Literaturbericht zur philosophischen Diskussion um Marx und den Marxismus, in: ders., *Theorie und Praxis*, S. 387-390.（ハーバーマス「マルクスとマルクス主義をめぐる哲学的討論によせて」、『理論と実践——社会哲学論集』三九三—三九八頁）

☆37 Habermas, Soziologische Notizen zum Verhältnis von Arbeit und Freizeit, S. 219.

☆38 Ebd.

への欲求がどこからはじまるのか、区別するのは非常に困難である。問題の核心は次の点にある。前者、すなわち抑圧から自由になりたいという欲求は、たしかに暴君の支配はいわずもがな僭主の支配のもとでは満たされないものであるにせよ、君主政のもとでなら満たされたであろう。これにたいし、後者、すなわち政治的生活様式としての自由は、新しい、というよりむしろ、再発見さるべき統治形態を必要としたというのがそれである。☆39

ハーバーマスにおける自由時間の二つの意味が、一見しただけでは、アーレントのいう解放と自由の違いと類似しているようにみえ、ハーバーマスがアーレントの区別から示唆を得たように見えたとしてもおかしくないだろう。労働からの自由という意味での個人的に処理可能な自由時間と、祝祭への参加という意味での集団的に処理可能な自由時間——この両者を必然からの解放たる自由と公的関係への参加たる自由に関連づけることで、アーレントからハーバーマスへの影響を論じたくなるものがいるかもしれない。しかしそれは時間的な順序からみて考えられない。ハーバーマスの論考は一九五八年に出たもので、引用したアーレントの『革命について』は一九六二年にようやく初版がでた。アーレントが同書の主題にかんするセミナーを始めたのは、一九五九年である。『人間の条件』の英語の初版もハーバーマスの論考と同じ一九五八年だったから、これからただちに影響があったというのも想像しにくい。『公共性の構造転換』および『理論と実践』には、『人間の条件』から受けた影響の跡がはっきり見てとれるが、五〇年代のハーバーマスは、各論文の分析手法からしてもあきらかにそれとは違った地

☆39 Hannah Arendt, *On Revolution*, New York: Penguin Books, 1977, 1st pub. 1962.（アレント『革命について』志水速雄訳、中央公論社、一九七五年）

点から思想形成を始めていた。とすればハーバーマスは公共圏について五〇年代にはなんら考察の対象にはせずに、アーレントが『人間の条件』で「活動的生活」論を展開し、「公的空間」について論じたことを知ってのちに、ようやく公共圏の理論を手にしたのだろうか。たぶんそうではない。発想のある部分をアーレントから借りたのは確かだが、アーレントが機縁になったわけではない。たとえば一九五六年に執筆された「結婚市場の幻想」という論考には「内輪の公共性の幻想」にかんする次のような一節があるが、これを手がかりにすると、アーレントの見解との比較および市民的公共圏論の主要モティーフについて少しばかり違った見方が出てくる。

多くの新聞・雑誌は、「公の場〔公共性〕」(Öffentlichkeit) というものについて抱いている読者の感情を取り去ることによって、個人的な (intim) 関心事までをもおおやけにすることに対する躊躇を読者からなくそうと策を講じている。つまり新聞もプライベートな場なのだということを、読者にほのめかしているのである。

ハーバーマスは、こうした状況を指して「内輪の公共性の幻想にたいする馴れ」と言っている。「内輪の」や「個人的」と訳された intim はのちに「親密圏 intime Sphäre」という言葉につながるもので、私的な圏のなかに組み入れられた家父長制小家族の領域のことである。ハーバーマスはここで私的なものが公的なものと交錯するひとつの場面について語っている。わたしたちがここで立てておきたい仮説は、ハーバーマスは私的なものと公的なものとを複合的に弁別する思想的な起点をまず確認することから考察を始めたのではなく、逆に両者がさまざまに交錯した現実にたいする批判的な分析を先に進めていたということである。とすれば公共性は当初から懐疑の対象たりえたろうし、自由時間も私事という見せかけの現実の方が気になっただろう。もしそうならば、アーレントの二つの自由と革命にかんする考えについても、ハーバーマスにとっては、共感する面とともに（あるいはそれ以上に）違和感がつきまとっていたと考えることもできるはずである。

2

ハーバーマスは一九五〇年代当時の西ドイツ社会にたいする時代批判の帰結を前提にして、そののちにようやく「公共性の圏」にまなざしを向けるようになった。五〇年代の旧西ドイツに復古主義の風潮がひろがるなかで、「再封建化」や「再慣習化」[☆40]といった批判的な診断が下されるのもこれと無関係ではない。そして五〇年代の諸論考で現代社会について考察した内容の多くは、『公共性の構造転換』では、転換をとげたあとの公共圏とその周辺にかんする考察に組み入れられるようになる。文化と消費、自由時間（余暇）の変容、家族の機能的変化、いずれもその大方が同書の後半部で捉え直されたものである。だがもしそうならば、次のような疑問が出てきてもおかしくない。

　五〇年代の論考を見渡すかぎり、ハーバーマスは「市民的公共圏」にかんする議論をまだ展

☆40 Jürgen Habermas, Illusionen auf dem Heiratsmarkt, S. 1001.

開していない。時代の支配的傾向にたいする批判的な姿勢は明らかだが、まだそれは公共圏の理念を批判的な拠点にした構えからのものにはなってはいない。そのうえ、当時の社会における公共圏の現実にみることができたのは、どちらかと言えば、公衆としての私人が自由な議論のために依拠する「批判の原理」よりも、むしろ社会的権力をもった民間団体、政党などが支配の強化のために操作する「統合の原理」だったはずである。「市民的公共圏」自体は時代の支配的傾向との関連でいえば徹底した懐疑の対象にもなりえた。

　そうであるならば、当時の現代社会にたいする視点には、のちに公共圏に向けるようになったものとは違った別の批判的なまなざしが胚胎していた可能性を否定できないだろう。言い換えれば公共圏の内部に単一の批判の原理をおくのではなく、その外部（および内部）に複数の批判の審級をさぐる試みがありえたかもしれない。事実、「合理化の弁証法」と題した論考には[☆41]、当時の「豊かな社会」の消費文化を批判するなかで、経済的合理性とは異なった「社会的合理性」、「生産と消費の社会的合理化」について論じているが、合理性のこの概念は、人間同士の新しいコミュニケーション的な交流にもとづくというより、人間と物、あるいは人間と世界との関係の新たな関係の構築をねらいにしたものである。また前に引いた「集団的に処理可能な自由時間」における「共同の参加」という考え方にしても、これはかならずしも政治的公共圏における議論への参加にかぎられていたわけではない。自由時間のあるべき姿も幸福や充実した生にたいする自己決定の問題との関わりで論じられていた。

　こうした事実を考えるならば、『公共性の構造転換』自体にも、ひょっとすると市民的公共

☆41 Jürgen Habermas, Die Dialektik der Rationalisierung, S. 723f.

圏の理念とは別の批判の審級、それも場合によっては複数の審級が存在しえたかもしれない。すくなくとも同書を仕上げる前には、ハーバーマス自身がさまざまな複数のアプローチを模索していた。そのアプローチのどれもがいまでも有効だとは言えないが、批判がひとつの原理で成り立つのではなく、公共圏をもそのひとつに含んだ複数の審級から成り立つ可能性も十分考えうる。批判の原理の単一性ではなく批判の審級の複数性こそ、ハーバーマスが思索の途上で眼にしていた可能性にほかならない。

ただし同時に、ハーバーマスが模索の結果として、とりわけ市民的公共圏の批判的機能に熱いまなざしを向けるにいたったこともまぎれのない事実である。その意味では、市民的公共圏の「公開性の原理」がハーバーマスにとって政治的‐文化的批判の審級として不可欠の契機であることに変わりはない。しかしそれを不可避で単一の原理と解するか、不可欠だが複数の審級のひとつと捉えるかで、話はずいぶん違ってくる。ハーバーマスの社会理論はしばしば前者の線で解されやすいが、ここでわたしたちは後者の可能性からハーバーマス解釈を模索する道を探りたい。というのも前者の路線で理解することに終始するならば、その単一の原理が収斂する先には、西欧中心主義の近代主義者ハーバーマスというカリカチュアしか具体的な像が見出せなくなるからだ。あるいはまた後者の路線に沿うならば、公共圏の批判的機能を再生させる道と公共圏の統合的機能を批判する道とが交差する地点にもいたりうるからである。

では公共圏にかかわる批判の審級が複数ありながら、公共圏そのものがその不可欠の審級のひとつになることは、公共圏論の基本的モティーフとどのように関係するのだろうか。あるいはもっと正確に言うならば、それは公共圏論の基本的なモティーフをどのように立て直すことになるのだろうか。これを問い直すためにも、わたしたちはここで市民的公共圏を論じるさいの主要モティーフとはそもそも何だったのかをあらためて確認しておかなければならない。

3

市民的公共圏の理論における主要モティーフを確認するうえでは、なによりもまず次の一節に目を止めておきたい。

市民たちは私人である。私人であるから彼らは〝支配する〟ということがない。彼らが公権力に対して権限を要求するのは、中央集権化した支配を〝分割〟するためではなく、むしろ既存の支配の原理を掘り崩すためである。市民的公衆がこの支配の原理に対置する監視の原理がまさに公開性であって、これはもともと支配そのものを変えようとする。こうして公共の論議において明らかにされる権限の要求は、当然ながら支配の要求を断念するから、もしその要求が貫徹されるならば、支配の原理を維持してその正統性の基盤だけを取り替えるだけではすまなくなるはずである。☆42

私人としての市民たちは、「支配 Herrschaft の原理」そのものに対抗すべく、「公開性 Publizität」という「監視の原理」にもとづく市民的公共性を主張する。それは「既存の支配

☆42 Habermas, *Strukturwandel der Öffentlichkeit*, S. 43. 訳 四七頁。

の原理を掘り崩」し、「支配そのものを変え」、「支配の要求を断念する」。既存の支配とその原理をいかに変えるか――市民的公共圏の成立と変貌を論じることは、「支配」の問題に公共圏がどのように対処し、支配の現実にどのように関与してきたのかを明らかにすることでもある。「支配そのものを」いかに「変える」のか、これが公共圏論の第一の主要モティーフとでも言うべきものである。

　しかし「支配の原理を掘り崩す」といい「支配の要求を断念する」といっても、これだけではいまひとつ内容がさだかではない。支配を変えることが実際にどのような結果をもたらすのかも明らかではない。実のところ『公共性の構造転換』では、扱った範囲の広さと多様さのせいで「支配」や「権力 Gewalt」さらに「権威 Autorität」をめぐる言説に、しばしば曖昧さや両義性がつきまとう。もっとも錯綜したその論述にもかかわらず論理構成上、「支配」を「変える」内実について二つの極からなる意味の幅を想定してみることが可能である。のちにハーバーマスが新たに展開することになる理論との関連で言えば、ひとつは『事実性と妥当性』における「コミュニケーション的権力」の概念や「権力循環 Machtkreislauf」論の見解に結びつく意味、もうひとつは『〈イデオロギー〉としての技術と科学』や『認識と関心』における「支配から自由なコミュニケーション」の考えに導く意味、この二つがそれである。

　支配そのものを変える一例に、ハーバーマスは、「公衆が支配を〝理性〟の尺度と〝法律〟の形式にしたがわせ、そのことによって支配を実質的に転換させる」[☆43]試みに触れている。ヴェーバーの言う近代的な合法的支配にほぼ該当すると解されそうだが、ハーバーマスの場合、市

☆43　Ebd. 訳四七頁。

民的公共圏がこの支配のあり方に関与するから、たんに法の支配では話がつくせない。市民的公共性が政治的機能をもちながら権力や支配のあり方に積極的に関わる場合、公共圏での市民の活動は意見表明による批判的営みだけに限られず、公的な意見と意思の形成をつうじて批判的機能とともに立法的機能を担う。支配が法に依拠するにとどまらず、立法が公共圏での公論形成にもとづくのである。もちろん近代の市民的法治国家では、立法機能を制度として実際に担うのは議会である。ただ議員たちが選挙民から選出され、議会討論が公開性の原則にもとづくかぎり、代表制議会は政治的公共性を立憲体制下で確立した組織形態になる。理念のうえでは議会の公開討論は一般の公衆による公開討論の一部分にすぎない。つまり政治的公共圏が議会の内と外に区分されながらも、「議会内外の公開性によってはじめて、政治的論議の連続性とその機能が……保証される」[☆44]ことになるわけである。

支配が法に依拠しつつ立法が公論形成にもとづくとき、「支配そのもの」がこのようにして変わるプロセスを、ハーバーマスは「支配の合理化 Rationalisierung」と呼んでいる[☆45]。公共性の構造転換とは、それゆえこの合理化のあり方自身が変貌することでもある。

市民的法治国家におとらず社会国家的な大衆民主主義においても制度化されている公共性の理念は、かつては、私人たちの公共の論議を媒介にして支配を合理化することであったが、それはいまでは、〔政党組織および社会的権力をもった民間団体の――引用者〕それぞれの内部構造と国家との交渉および相互間の交渉とにおいて、それ自身も公共性を守るべき競合的な諸組織

☆44 Ebd., S. 124. 訳一四一頁。
☆45 Ebd., S. 120, S. 144. 訳一三六頁、一六〇頁。

の相互監視のもとで、社会的・政治的な権力行使を……合理化するというかたちでしか実現されなくなった。☆46

ハーバーマスの論述は抽象度が高いせいで理解しにくいが、構図として描けば比較的明快である。かつての市民的法治国家における支配の合理化は、公衆としての私人たちによる公共の論議を媒介にした公論形成と公論にもとづく立法のかたちで進められた。政治的公共圏における公開性は、ここでは「批判の原理」として機能する。これに対して、今日の社会国家における支配の合理化は、社会的に大きな勢力〔権力〕をもった民間団体と公共団体および政党組織との相互交渉を介して、その社会的勢力を政治的権力に転換するプロセスとなって現われる。政治的公共性における公開性は、ここでは「統合の原理」となって機能する。私見を差し挟めば、支配の合理化にかんするこの転換の構図は、『事実性と妥当性』になると、権力循環にかんする対抗の図式（コミュニケーション的権力・政治的権力・行政的権力の循環と社会的権力・行政的権力の循環の対立というシェーマ）に組み変えられることになる。

4

「支配そのものを変えようとする」実質的な内容が、このような意味での「支配の合理化」とその変貌にあったと見ることには、ある程度納得がいくだろう。だが『公共性の構造転換』という書物は、こうした「支配の合理化」論に収まらない広がりがあったことも見逃してはなら

☆46　Ebd., S. 249. 訳二七八頁。

ない。たとえば次の一節にある「支配一般の解体」という表現は、「支配の合理化」という概念とどうみても折り合いが悪い。

公論は、それ自身の意図にしたがえば、権力《ゲヴァルト》の制限でも、それ自身権力でもなく、ましてすべての権力の源泉でもありえない。むしろ執行権力の性格である支配そのものが、公論という媒体のなかで変わるはずなのである。公共性の〝支配〟とは、公共性自身の理念によれば、そこで支配一般が解体するような秩序のことである。[☆47]

支配一般の解体とは、じつは近代初頭にありえた（右の意味での）支配の合理化のことだと解することも不可能ではない。だがハーバーマスがこの一節を挟んだもともとの文脈に沿ってみるなら、およそそれとは異なった意味、そのコンテクスト特有の両義性においてこの言葉のもった意味が、より明瞭に理解できる。

私人たちの公共的論議は、同時に正義と権利を権力なしで獲得するという特徴を説得力あるかたちで主張するのだから、その公論を考慮した立法も明確に支配として通用するわけにはいかない。にもかかわらず、立法の権能が旧来の諸権力との熾烈な闘争のなかでようやく戦いとられたものであることはあまりにも歴然としているから、立法自身も一種の〝権力《ゲヴァルト》〟という特徴をもつのを否認することはできない。[☆48]

☆47　Ebd., S. 104. 訳一一二頁。
☆48　Ebd. 訳一一三頁。

公論を考慮して制定された法は、それを実効的にしようとするのに権力や支配を必要とする。「理性の表現としての法律の概念」は、「公論に由来することを議会と公衆との結びつきのなかで堅持する」という契機を保持しているが、「意志の表現としての法律の概念」は、「権力によって支配の要求を貫徹する」というもうひとつの契機が入り込む。[☆49] この二つの契機は、のちの『事実性と妥当性』では、「法の制定過程の正当性」と「法の貫徹の事実性」として捉え直されるようになるが、ここでは両者の相違する位相を弁別するよりも、両者の矛盾する現実を強調する方に眼が向けられている。そしてこれは市民的公共圏にとって無縁ではない「特有の矛盾」でもある。

……発展した市民的公共性は、社会的諸前提の複雑な位相に拘束されている。これらの前提はすべて、日ならずしてしかも深刻な変化をとげた。そしてその変化とともに、市民的法治国家のなかに制度化された公共性の矛盾が露呈してくる。公共性自身の理念によればあらゆる支配に対立するという公共性の原理の手を借りて、ある政治的秩序が創設された。ところがその秩序の社会的基盤は、どうしても支配を不必要なものにはしなかったのである。[☆50]

「市民的公共性の理念」によれば、どのような支配とも対立するのが公共性の原理というもの

☆49　Ebd., S. 103. 訳一一二頁。
☆50　Ebd., S. 111. 訳一二〇頁。

である。にもかかわらずその原理を助けとして創設された政治的秩序では、支配を不必要にしたわけではない。「支配一般が解体する秩序」を市民的公共圏が求めながら、実際には支配を不要なものにはしなかった経緯を探ること——「支配そのもの」をいかに「変える」のかという公共圏論の第二の主要モティーフは、むしろこの錯綜したプロセスの解明にあるとみた方がよい。

市民的公共圏が理念として掲げた「支配そのものを変えようとする」試みでは、圏としての公共性も公衆としての私人たちも市民的公共性そのものが深刻な変化をとげた「構造転換」後に、矛盾がはっきりしたかたちをとるようになるにすぎない。しかしそうなると先に引いた「支配の合理化」をめぐるハーバーマスの見解には、初期の合理化のあり方が今日に至ってたんに「転換」し変化したと見るだけにはとどまらない理解がありうることになる。つまり、一見すると大きな相貌の変容と映った「転換」も、かたちこそ違えじつはもともと支配にたいする公共性のうちにあった「矛盾が露呈して」きた結果にすぎないと理解することも可能になるだろう。

西欧近代の社会構造を描くなかで、ハーバーマスは、小家族における家父長制の存在が父親の権威の内面化に導き、家族における「愛の共同体」という擬制が愛情関係と貨幣関係との妥協や葛藤に明け暮れ、家族での教育のプロセスが人格形成と技能養成の葛藤に苦しめられることを指摘している。また十八世紀の市民的な読書公衆において、財産をもち教養をもった市民という基準が「有権市民と無権市民を区別する尺度」となっていること、つまり市民的公共圏から多数の市民が排除された事実に触れている。近代の初頭に「不必要に」されなかった「支配」とはどのような形態をとっていたのか、その範囲をハーバーマスはかならずしも明確に語っているわけではない。しかしこうした多様な社会的領域や圏域での矛盾・葛藤に支配や権力の痕跡を見てとることは不可能ではない。

ハーバーマスは、少しのちになってこうした支配を「抑圧」の名でより一般的に括るようになり、「支配そのものを変えようとする」理論的な模索は、「抑圧からの解放」として一般化された理論的な試みとなる。[☆51] この試みには、一般化のせいで理論的構図の後景に隠れるようになった面があるものの、一般化のおかげで理論的図式の稜線が見て取れるようになった面もある。理論的図式をより明瞭にした面を理解するうえでは、先にに引いたアーレントの「解放 liberation」と「自由 freedom」の区別、貧窮や恐怖からの解放と政治的参加への自由との区別にたいするハーバーマスの批判的なコメントを参照するのが得策である。[☆52]『革命について』でアーレントは、「解放は自由の条件ではあるが、けっして自動的に自由をもたらすものではない」[☆53] ことを主張している。圧政の恐怖や物質的欠乏から解放されたからといって、それがそのまま自由《フリーダム》の内容をなすものではない。むしろ「自由の内容とは……公的関係への参加、あるいは公的領域への加入である」[☆54]。ハーバーマスにしてみれば、政治的公共圏に参加する自由の積極的意義を、物質的欠乏からの解放と峻別した点でアーレントの見解は高く評価してよいものだったろう。これは言いかえれば、物質的な豊かさが実現したからといって、それがそのまま政治的自由の達成になるわけではないことを意味している。「豊かさの実現は、支配から

☆51 「支配というこのカテゴリーは、政治的権力《ゲヴァルト》と社会的権力《マハト》とを切り離してはならず、両者をその両者に共通しているもの、すなわち抑圧として明示しなければならない。」（ハーバーマス『哲学的・政治的プロフィール（上）』三二二頁）

☆52 同前三一七―三二三頁。

☆53 Arendt, op. cit., p. 19. 訳二八頁。

☆54 ibid., p. 22. 訳三一頁。

の解放とは一致」せず、「市民たちが公共の事柄に活動的に参加する」「政治的自由」もまた不可欠なのである。もっとも政治的公共圏への参加による「自由の構築」と物質的貧困からの解放による「社会問題の解決」とを峻別することは、前者が後者より優位することを意味するわけでも、後者を捨てて前者を取ればよいというのでもない。アーレントが、フランス革命は後者を問題にし、アメリカ革命が前者を問題にしたと論じたとき、そうした〈あれか－これか〉の選択を立てたに等しい。

アーレントとの比較で言えば、ハーバーマスは、むしろ物質的欠乏からの解放と政治的参加への自由とを峻別しながらも、公共性の構造転換の以前と以後とで、両者がどのように変貌したかを問題にしたと言ってもよい。西欧の初期近代に市民的公共圏が、財産と教養をもった市民たちのある少数部分で典型的な成立を見たとき、市民の多数は財産にも教養にも恵まれてはいない。物質的貧困からの解放はごく一部の市民たちにしかあてはまらず、政治的公共圏への積極的な参加は彼らの手でしか実現されない。他方、物質的な豊かさを大方の市民が手にするようになった今日では、今度は市民の多くが政治に参加する権利を積極的に行使しようとはしなくなる。公共圏も「批判の原理」ではなく「統合の原理」にもとづいたものに変わる。政治的公共圏への能動的な参加のかたちをとった「自由の構築」と物質的貧困のかたちをとった「社会問題」の拡大との同居状態が、公共性の構造転換以前の社会だったとすれば、物質的豊かさによる「貧窮からの解放」と政治的に受動的な市民からなる公共圏の脱政治化との並存状態が、構造転換以後の社会である。「支配一般の解体」を理念にした公共性は「支配を不必要なものにはしなかった」――この事実は二つの時代いずれにもあてはまることに気づく。

ハーバーマスは、「抑圧からの解放」と「支配から自由なコミュニケーション」の一般的な概念でこの歴史的プロセスを描くことになるが、ただ『公共性の構造転換』では抑圧概念は顔を出していない。むしろ抑圧概念で一律に括られていない分だけ、そこで考察された「支配」の場や領域の多様な姿が眼につく。右の「解放」概念では、アーレントとの関連で論じられたせいか、物質的欠乏からの解放に還元されたかたちで話が進んでおり、市民的公共圏論で描かれた支配・権力・権威のさまざまな様相は、かえって影に隠れた格好となっている。「抑圧からの解放」という概念は、もともと支配の多様な様を包括した概念である。その意味では、支配に対抗する批判的な営みも多様で複数でなければならない。市民的公共圏はそうした場や領域を批判の俎上に載せるのではなく、逆にそうした支配や権力のある部分を存続させ、ときにそれらに支えられながら成立した。とはいえこのことからただちに市民的公共圏における「批判の原理」の虚構性を言いつのるつもりはない。むしろあくまでそれが批判として不可欠な複数の審級のひとつにすぎないことを強調しておきたいだけである。

5

近代初頭に、市民的公共圏の理想的な純粋モデルが成立し、その後、それが不純なモデルに変質したと理解するだけでは、市民的公共圏論の主要モティーフを見てとることができない。市民的公共圏の公開性の原理は、ともかくも支配の原理を掘り崩そうとする。そうした原理が何を意味し、いかなる社会的条件の下で成立し変化したのかを考察するのが、第一のモティーフである。しかし「支配一般の解体」あるいは「支配の合理化」を理念にした公共圏は、現実には支配を不必要にしなかった。支配との関連でいえば、市民的公共圏は、近代初頭もその後も、不平等な支配関係のある部分を議論の俎上に載せることをせず、ときにその現実に支えられながら存続した。この矛盾やパラドクスを分析するのが第二のモティーフである。

もっとも、このように支配関係と同居し並存していたパラドクスの面に、注意を向けるだけに終わるなら、今度はハーバーマスが近代初頭における市民的公共圏の「理念《イデー》」を発掘することに、なぜあれほどの意義を見いだしたのかがわからなくなる。十八世紀の西欧に現われた市民的公共圏の理念とは支配一般を解体することであり、政治的支配の合理化のことである。だがもし市民的公共圏の理念が近代初頭に成立し、部分的に実現を見ながらも、支配を不必要にしなかったとすれば、それは「虚偽意識」を内に含んだものになる。虚偽意識とは、ときとして意識的・無意識的な欺瞞や嘘の契機を組み入れた、いわば現実の存在をとらえていない意識である。そうした意識を既存の体制側や支配層が「社会的に必要な意識」として求めるとき、先の理念《イデー》はイデオロギーの虜になる。ハーバーマスは、このようなイデオロギーを批判した例に、『ライン新聞』のマルクスが当時の新検閲令と出版の自由をめぐっておこなった議論を引いている。

マルクスは政治的に機能する公共性を皮肉たっぷりに扱っている。それは自分たちこそ自律した人間だと考えて議論する私有財産主たちの公論の「理想的自立性」を示しているというのだ。だがマルクスは、それが帯びているイデオロギー的性格をとらえるために、市民的公共性の理念を、イギリスとフランスにおける政治的に進歩した状況の自己理解に応じて、まず額面通りに受け取る。マルクスはヘーゲルの国家哲学における新身分制的な体制を、市民的法治国家の制度にてらして批判する。そして、「共和制」をそれ自身の理念にてらしてそこに矛盾が存在することを暴露し、そこで保持された市民的公共性の理念に対して、まったく市民的とはいえないその実現の可能性の社会的条件を、いわば鏡に映った反対像のように突きつけるのである。

マルクスは公論を虚偽意識として弾劾する。それによると、公論はブルジョア的な階級利害の仮面として本当の性格を、自分自身の眼から隠しているのである。[☆55]

公論はマルクスにとって、ブルジョア的な階級利害を仮面で隠すようなもの、つまり虚偽の意識である。公共圏論にかんするハーバーマスのモティーフが、これまでに上げた第一と第二で終わるならば、ハーバーマスは若きマルクスのこの議論にほぼ全面的に賛同したことだろう。実際にはハーバーマスは、マルクスのこのイデオロギー批判で事足りるとは考えなかった。先にも引いたが、ハーバーマスは古代ギリシアの公共性が近代初頭の公共圏にとって「イデオロギー的範型」をなすと言っている。『公共性の構造転換』でハーバーマスがイデオロギーという言葉を使う場合、あまり良くない意味になるのが普通だが、ここでいう「イデオロギ

☆55 Habermas, *Strukturwandel der Öffentlichkeit*, S. 151. 訳一六六頁。

ー的範型」はかならずしも否定的なニュアンスを帯びていない。「イデオロギー」という言葉には、実は次の一節にうかがえる別の含意がある。

　イデオロギーという言葉は、社会的に必要な意識をその虚偽意識のかたちで単純に示唆しているだけではない。現存する体制をしてたとえたんにその正当化のためになされるにしても、自己自身をユートピア的に超えさせることで真理であるような契機もイデオロギーに含まれている。だとすれば、イデオロギーというものは、そもそもこの時代以後になってようやく存在するのである。☆56

市民的公共圏の理念が、そのコンテクストとなった時代の支配との関係からみれば、マルクスの批判にあるように、ある種のイデオロギー的な性格を帯びることになるとしても、当のイデオロギーから理念の真の内実をある解釈の手法にもとづいて引き出すこともできないわけではない。市民的公共圏をめぐるイデオロギーと理念の「内的弁証法」——ハーバーマスが使用していた当時の言葉をあえて引けば、これが市民的公共圏論における第三の基本的モティーフにほかならない。

社会国家の立場で要請される政治的権力行使と勢力均衡の公開性を、人気取りのために仕組まれたにすぎぬ公開性にたいして貫徹しうるかどうかは、決して確実とはいえない。し

☆56　Ebd., S. 111. 訳一一九頁。

かし前者は、かつての自由主義的発展の当時の市民的公共性の理念と同様に、イデオロギーとして弾劾されてはならない。おそらくそれは、イデオロギーにおとしめられたあの理念の弁証法を完結させるものなのである。[☆57]

ハーバーマスが「批判理論の言語論的転回」をとげる前まで自らの立場として口にしていた「弁証法的社会理論」は、イデオロギー批判をその方法論的な武器にしていた。イデオロギー批判とは何かについてここで詳しく立ち入ることはできないが[☆58]、先に引いたマルクスのイデオロギー批判と関連づけて言うならば、マルクスがその批判から引き出してきた「社会主義的帰結」に、彼が正面から対立していたことだけはまちがいない。マルクスのイデオロギー批判は、その半ばまでは認めてよい。つまり公論をブルジョア的な階級利害にもとづく虚偽意識として暴露するところまでならば、おそらく認めてもよい。批判は仮面を剝いで正体を暴露するところにある。しかしマルクスが「市民的公共性の内的弁証法から、ひとつの反対モデルの社会主義的帰結」を引き出した点は、ハーバーマスにとって受け入れがたい一線を越えたように見えたはずだ。なぜならそこでは「人格に対する統治の代わりに物件の管理と生産過程の指揮が現われ」、「残存した、しかしある部分は新たに形成されることになる公共的機能は、その政治的機能を管理の機能に転じてしまう[☆59]」からだ。

ハーバーマスがフランクフルト学派の衣鉢を継ぐ面持ちで現われるのは、マルクスから距離を取り始めるこの地点あたりからである。それは仮面を剝いで正体をあばく暴露としてのイデ

☆**57** Ebd., S. 278. 訳三〇五頁。

☆**58** イデオロギー批判の当時の立ち入った規定については、なによりも次の論考を参照。Jürgen Habermas, Zwischen Philosophie und Wissenschaft: Marxismus als Kritik, in: *Theorie und Praxis*, S. 228-289.（ハーバーマス「哲学と科学の間」、『理論と実践』所収、二四七―三二五頁）

☆**59** Habermas, *Strukturwandel der Öffentlichkeit*, S. 156. 訳一七一頁。

オロギー批判とは違った批判の別の相貌が立ち現われる地点でもある。ハーバーマスは、マルクスの『フォイエルバッハにかんするテーゼ』の第四テーゼに「批判の実践的意味」を確認するエルンスト・ブロッホの見解を引きながら、批判のこの別の容貌を描き出している。

……もし宗教的世界が世俗的な土台と緊密に結びつくようになったために、その理念がイデオロギーにおとしめられ歪曲され利用されながら、しかし土台に完全には融けこまずにいたために、その土台が自己分裂を来たしているとするならば……、虚偽の世界の虚偽の意識は何もないものなのではなく、封じ込まれた数々の経験が否定的なものをそれなりに無意識ながら否定しているものなのである。ブロッホは、イデオロギー的な外皮のなかにもユートピア的な芯を、虚偽の意識のなかにも真理の意識を発見する。たしかにより良い世界の透明性は、現存する体制の彼岸を指す契機においても、隠された利害関係に悪用されることがある。けれどもそれが呼びさます希望、それが叶える憧憬のなかには、やはり同時に、啓蒙されれば批判的推進力となるエネルギーが潜んでいるのである。☆60

これはブロッホのマルクス解釈を要約しただけにも読めるが、かなりの部分、当時のハーバーマスが意識的に受け継ごうとした「批判的ユートピア」の積極面でもある。フォイエルバッハは分裂した「宗教的世界をその世俗的基盤のうちに解消する」ことで事足れりと考えるが、マルクスにしてみれば、宗教的世界と世俗的世界との分裂は「世俗的な基盤の自己分裂と自己

☆60 Habermas, Zwischen Philosophie und Wissenschaft, S. 267f. 訳三〇六頁。

矛盾からしか説明できない」[☆61]。だがもし宗教的世界という「虚偽の世界」が世俗的世界から分裂しているとすれば、それは世俗的世界の否定的な状況と有和せずに、逆にそこから距離をとって身を引き離し、その結果、否定的状況を否定する意識をすら生み出しうるということでもある。すくなくともその意識がまだ世俗的土台に「完全には融けこまずに」いるのなら、虚偽の世界の虚偽意識と世俗的な経済的土台における支配層の利害関係とのあいだにはすでになにかの亀裂のようなものが走り、ときに両者の激しい葛藤を潜ませているかもしれない。宗教的世界と世俗的世界との二重化を「世俗的な基盤の自己分裂と自己矛盾」から説明したあとに「実践的な変革」の道を展望しようとしたマルクスに対して、ハーバーマスのブロッホ読解は、この分裂状況に潜む批判的推進力の可能性に目を止める。そのユートピア的なポテンシャリティを救済すること――これが批判のもうひとつの相である。

もちろん、虚偽の世界の虚偽意識の「イデオロギー的な外皮」のなかにはどれも「ユートピア的な芯」が隠れているものだと信じるほどハーバーマスは楽天的ではない。あくまでもそれは世俗的な土台に「完全には融けこまずに」いることを激しい条件にしている。経済的土台と「融けこまずに」いるかぎり、理念は支配的な利害関係と無媒介につながることはない。「理念と社会的葛藤との関係」は「幾重にも媒介され」、媒介の重なりが増える分だけ、理念はみずからの内に「イデオロギーから溢れ出るユートピア的な過剰性」が存在するのを告知できる機会も増すだろう。

ただしこれは「理念と社会的葛藤との関係」を「媒介」するものが幾重にも存在し確認でき

☆61 Karl Marx, Thesen über Feuerbach, in: *Karl Marx/Friedrich Engels Werke*, Bd., III, Berlin: Dietz Verlag, 1969, S. 533 ff.

るときだけである。もし虚偽意識における「精神の諸形態」が支配的な利害関係の正当化に直接に――つまり無媒介に利用され、「組織化の契機として支配権の行使や経済的な循環のなかに組み入れられている」ならば話は違ってくる。虚偽意識は「イデオロギー的な外皮」の内に隠された「ユートピア的な横溢」が失せて超越の力も萎え、「理念の裏をかいて、……理念を利害へ引き渡し、理念をイデオロギーの虜にしてしまう」。

6

虚偽意識が世俗的土台の現実に完全に融けこまずにいるならば、理念は内部にイデオロギー的性格を超えたユートピア的な契機をかいま見せるだろう。他方、虚偽意識が支配的な利害関心と癒着すると、現存の体制を超越する力もユートピア的な横溢も失われ、理念はイデオロギーに卑しめられる。理念と利害関心、イデオロギーとユートピア――理念とイデオロギーの内的弁証法は、この二つの対概念を組み合わせた構図から成り、その構図を展開するための方法は、イデオロギーの正体を暴きながら、理念の真理を救いだす批判、暴露と救済の両輪からなるイデオロギー批判のかたちをとる。☆62

では市民的公共圏論の脈絡において、この構図はどのようなかたちで現われるのだろうか。ここでは比較的その構図が見えやすいかたちで現われている「近代的自然法の二つの構築」に関する解釈を例に引いてみよう。ハーバーマスによれば、十八世紀末のアメリカとフランスで相次いで起こった市民革命には、それぞれ異なった「市民社会の自然法の構築」があった。ハ

☆62　「救済する批判」と「暴露する批判」は、のちにハーバーマスが議論の対象にした思想家たちと関連して、まったく別のかたちで展開することになるものだが、すくなくともその萌芽はすでに市民的公共性の「理念の内的弁証法」に潜んでいたというのが、ここでの解釈である。「救済する批判〔批評〕」については、ハーバーマスの次のベンヤミン論を参照。Jürgen Habermas, Bewußtmachende und rettende Kritik (1972), in: ders., *Philosophisch-politische Profile*, , S. 336-376. 訳（下巻）一二九―一八四頁。またイデオロギー批判の脈絡でブロッホ、ベンヤミン、アドルノを比較した次の箇所も参照。Habermas, Zwischen Philosophie und Wissenschaft, S. 267-270. 訳三〇四―三〇八頁。「暴露する批判」については、

ーバーマスは革命の意味の違いを、市民社会における自然法構築の考え方の相違に求めて次のように記している。

> 自由主義的な方法で自然法を構築する場合、基本権は、国家以前に形づくられた交易〔商品流通〕の法則に対応し、交易の実質は……政治的秩序の枠内でもそっくり温存されている。それどころか、政治的秩序はもっぱらこの実質を保全するという目的を有している。……〔これに対しフランスの場合では〕ルソーが人民主権にもとづいて説いたような「万人の協力」(action de tous) が不可欠の義務になるのは、基本権の制度化が、たんに国家以前の実質を保全するだけではすまなくなり、……全体の体制を、堕落した社会的交流・交易に対抗して、一から創造し貫徹し堅持しなくてはならないと考えられたからだ。このためには、全能の政治的権力が必要となるし、それゆえにまた、この権力をつねに存在している政治的意志に民主主義的に統合することも必要となるのである。[☆63]

アメリカ革命とフランス革命を比較した考察としては、今日ならば『革命について』におけるアーレントの解釈がまず念頭に浮かぶ。悪しきフランス革命と良きアメリカ革命というアーレントの解釈と比較すると、二つの革命にたいするハーバーマスの評価の仕方が見たところほとんど逆になっているようにも読める。だがそう読むだけではたぶん誤読になる。

ハーバーマスがここで両者の違いとして問題にしたのは、「国家と社会との関係にかんする

ハーバーマスの次のフーコー論を参照。Habermas, Vernunftkritische Entlarvung der Humanwissenschaften: Foucault, in: ders., *Der philosophische Diskurs der Moderne*, S. 279-312. 訳（II巻）四二三―四七二頁。とくに暴露する批判についてマルクスと比較した次の箇所を参照されたい。Ebd., S. 331-333. 訳（II巻）四九九―五〇〇頁。

☆63 Jürgen Habermas, Narturecht und Revolution, in: *Theorie und Praxis*, S. 109f. 訳一〇一―一〇二頁。

解釈[☆64]」の違いである。アメリカ革命の理論的な担い手たちによる自然法の自由主義的な解釈では、「国家から分離された社会の自然的基盤」、すなわち商品流通と社会的労働の体系からなる「自然的秩序」に応じて人間の基本権を構想することが眼目になった。「革命的な体制は、アメリカにおいては、私人たちの分業体制のもつ自発的な諸力を政府の専制的な介入から守るという意味をもつにすぎなかった[☆65]」。ジェファーソンにとって民主主義を徹底させるとは、「公論の支配が形式的法律にもとづく統治を不必要にする」ことである。それは、私的利害関心にもとづく私人たちの「交易社会」が、「国家から分離」して公論の支配を支えることでもある。公論〔公的意見〕の支配はここではロックの「意見の法」に近い。公的意見は公共の討論よりは「暗黙の同意」によって成立し、国家の法律に適用されるより「法律を作る権威のない私人の合意」にもとづくからである。古典派経済学は、こうした自由主義的な構想をいわば「科学的」に裏づけ、私人たちの「私益」を「公益」だとして正当化する。そしてこれがマルクスのイデオロギー批判の対象になった。

　これに対し、フランス革命の思想家たち（ルソーと重農学派）による自然法の構想では、「国家と社会とを包括する組織の理念」が主眼になる。基本権を制度化するのは、この制度化によって国家と社会とを政治的に包括した全体の体制を組織するためである。それはルソーが厳しい批判にさらした社会の退廃と人間本性の堕落に対抗して、「全体の体制を、……一から創造し貫徹し堅持」しなければならなかったからだ。フランス革命は、ルソーの「公共的討論なき民主主義」と重農学派の「批判的に活動する公共性に補完された絶対主義」とを接合し

☆64　Ebd., S. 110. 訳一〇二頁。
☆65　Habermas, Die Geschichte von den zwei Revolutionen (1966), in: *Philosophisch-politische Profile*, S. 226. 訳（上巻）三二一頁。

て、前者の公的討論の欠落と後者の民主主義との欠落とを埋め合わせる。基本権を制度化する立法の機能と堕落した社会にたいする批判の機能とを担った政治的公共圏は、人間本性の頽落を批判して公衆を啓蒙し、国家と社会を包括した政治体制を法によって組織化する審級となった。「アメリカでは、革命は自然的利害の奔放な利己主義を放任することができるが、フランスでは、革命のために道徳的動機を動員しなくてはならない。[☆66]」私人たちの私益が公益であることを「科学的」に裏づけることが重要なのではない。ロベスピエールが信奉した原理によれば、「主権者が、自由と平等を保障する権力を用いて自然法を確立するためには、利害関心にではなく徳によらなければならない」。社会契約は「それ自身がまさに道徳的行為[☆67]」なのである。

ハーバーマスがアメリカ革命よりもフランス革命の方を高く評価しているとの印象を受けるのは、ここで参考にした論考が六〇年代初頭に書かれたという時代状況に大きく左右されているのかもしれない。当時のハーバーマスは、国家による経済への介入によって私的領域と公的領域とが交錯し、経済的活動の公共圏にたいする影響によって民間圏と公共圏との区分が不明瞭になるプロセスを、「国家と社会とを包括する」組織化の拡大と深まりの結果だと見ていた。「国家と社会とを包括する組織の理念」は、アドルノの言葉を引けばそこで「全体的管理」のイデオロギーになる。全体的管理のイデオロギーに全体的批判を対置させることが、ルカーチ－アドルノ的な「全体性」のカテゴリーを駆使したイデオロギー批判のもうひとつの相貌である。

☆66 Habermas, Narturecht und Revolution, S. 111. 訳一〇三頁。
☆67 Ebd., S. 111. 訳一〇四頁。

だがハーバーマスの議論の仕方には、四〇年あまり立った現在から読み直すと、この方向とはいささか異なった目配りも存在していたように思う。アメリカ革命のコンテクストにおける公論は、公共的討論よりは暗黙の合意にささえられて、私人たちの私的な利害関心とほぼ無媒介に結びついている。だが公論とその理念は世俗的土台とはまったく無縁の天上界に属しているわけではない。フォイエルバッハが「宗教的世界をその世俗的基盤のうちに解消」したあとに、マルクスが宗教的世界と世俗的世界の分裂を「世俗的な基盤の自己分裂と自己矛盾から」説明すべきことを語ったように、理念が利害関心のコンテクストとの結びつきに置かれたのちには、両者の葛藤や癒着を、個別的な利害関心と普遍的な利害関心との「分裂」、理念のイデオロギーとの「矛盾」から説明しなければならない。理念は利害関心と結びついてイデオロギーと化してしまうものの、葛藤する利害関心のコンテクストと直接・間接に関わることがなければ、イデオロギーのうちに秘められたユートピアのポテンシャリティを救出する機会もとらえられないだろう。

一方、フランス革命のコンテクストにある公共圏では、公衆を啓蒙して討論を公共的なものにし、暗黙の合意ではなく批判と意見を結合させた公論が立法の源泉になる。だが公論の支配は、のちにジョン・スチュアート・ミルが警告したように、状況次第では下手をすると「凡庸な多数者の支配」にもなりかねない。「世論が世界を治める」とき「その名に値する唯一の権力は大衆の暴力」である。「暴力一般にたいする理性の保証とみなされてきた公共性が逆に暴力化」する怖れは、公衆の啓蒙や討論の公開性だけで阻止できるのかどうかは、はなはだ心もとなない。考えてみれば、支配一般の解体という市民的公共性の理念そのものをどのように解釈するのかは、これ自体が依然として開かれた問いなのである。

三　残された問題

公共圏における公的意見は、商品流通の法則と私的利害の追求を自明の前提にした私人たちによる「暗黙の同意」から成り立つものであってはならないが、しかしまた、公論の支配が「くもった世論の暴力支配」[☆68]と化してもいけない。では市民的公共圏の理念が、こうした悪しき傾向から距離をとることができるとしたならば、それはいかにして可能なのだろうか。法理論との関連をべつにすれば、すくなくとも三つの問題場面からその可能性を探ることができる。第一は、政治的公共性と文芸的公共性という理論的な構図の問題、第二は、市民的公共圏にかんする考察が社会史的分析と思想史的分析の二重の結構からなっていた問題、そして第三は、政治と科学とのコミュニケーションをめぐる問題である。紙数の都合上、第一の文芸的公共性と政治的公共性の関係をめぐる議論については別稿を期すことにして、ここでは第二と第三の問題に触れて「公共圏へのまなざし」にかんするテーマのまとめに代えることにしたい。

1

『公共性の構造転換』の目次をみると、同書が〈社会史的〉分析と〈思想史的〉分析という二重の結構からなっていたことがわかる。西欧の近代初頭における公共性の社会的構造と政治的

☆68　H a b e r m a s , *Strukturwandel der Öffentlichkeit*, S. 167f. 訳一八〇頁。ハーバーマスによれば、アレクシス・ド・トクヴィルは、ジョン・スチュアート・ミルが警告したこの「世論の暴力支配」の相補的な現象として、「行政権力の集権化」をも公共性の分析のテーマに加えている。トクヴィルの見るところでは、社会主義も「行政権力の集権化」という傾向の延長にすぎない。「暗黙の合意」と「世論の暴力支配」とは、じつは公共性を崩壊に印しづけている「自由主義モデルと社会主義モデル」に通じている。

機能を説明し、その構造変化と機能変化を考察するのが、社会史的分析であるとすれば、それらの分析に続く章で市民的公共性の「理念とイデオロギー」、「公論の概念」の変化を追跡したのが、思想史的分析である。前者では、私人たちが公衆として議論する公共圏がどのような制度を成立させ、公権力に媒介された政治システムや民間圏として成立した経済システムとどのように関わるのか、さらに構造転換をとげたのちに、公共圏と民間圏との境界があいまいになり、公共性が私的領域の一部であるという条件が成り立たなくなるのはなぜかを考察する。後者では、市民的公共圏の自由主義モデルが十八、十九世紀という同時代の哲学者や思想家たちにどのように認識され議論されたかを追うなかで、その理念として析出されるのは何かを確認し、イデオロギーとして卑下されるのはなぜかを説明する。「暗黙の同意」(ロック)や「心情の共鳴」(ルソー)とは袂を分かちながら、「批判の支配」(ベイル)や「公開性」(カント)の原理に棹さすかたちで、その理念が浮き彫りにされる一方、やがては、「恣意的な公共性そのものの暴力」(J・S・ミル)や公論による「画一化の強制」(トクヴィル)がイデオロギーとして批判の対象になる。こうした二重の構成をとるかたちで、ハーバーマスは、私人たちが公衆として担った公共圏の歴史について議論するのみならず、公共圏の現実と変容にかんする哲学者・思想家たちの議論の変遷についても議論している。いいかえれば、市民的公共圏について論じるのみならず、公共圏について論じられてきたことを論じている。市民的公共圏が社会的なコンテクストのなかで、支配一般の解体を理念にかかげながら支配関係を不要なものにしなかった歴史的経緯を描くことと、市民的公共圏の理念とイデオロギーの「内的弁証法」を明らかにすることとが、二つの基本的モティーフとされたことも、こうした二重の結構と無縁ではない。

このように二重の意味で公共圏について議論するとは、その現実を歴史学的・社会学的に記述するのみならず、過去にありえた理想・現在あるべき規範・今後ありうる理念について、その可能性を吟味すること、その可能性に関する議論を吟味することでもある。ハーバーマスは、公共圏を分析する方法論について語った一節で、『市民的公共性』を特定の時代に固有の類型的カテゴリーとしてとらえ[☆69]ながらも、それが「ある普遍性のレベルを保持して」おり、「一回かぎりの過程や事件は範例として引用される」にすぎないと明言している。一度だけの歴史的出来事が「個別ケースの枠をこえた歴史的発展の証拠例として解釈される」とすれば、それは厳密な歴史学の方法ではない。しかし他方、あくまでそれが「歴史的観点に立つ」以上、構造‐機能分析に代表される社会学の形式にしたがうだけでもない。公共圏の歴史のなかで現にあったこと（現実）を「社会総体の連関の構造分析」にもとづいて歴史学的・社会学的に分析することは、そこにありえた可能性（理念）との対比で批判的に吟味することをともなう。

だがこの二重の構成には、ハーバーマス自身の分析方法の次元にとどまらない面がある。この構成が方法論の次元にとどまるかぎり、それは公共圏を考察する観察者がとるべき視点のあり方の問題である。しかしこの構成は公共圏で議論する当事者としての公衆がとるべき視点のあり方の問題でもありうる。すくなくとも当事者たちが彼らにとって有意味な視点として受け入れる可能性がないかぎり意味がない。西欧近代の初頭に、公共圏に公衆として参与する私人

☆69 この段落の引用はすべて Ebd., S. 7f. 訳一―二頁。

たちは、彼らにとって普遍化可能な利害にかんする公論形成をおこない、社会的交易にかんする一般的ルールについて公権力と交渉する。公共圏が立法的機能をもつのは、一般的ルールにかんするこの折衝が、議会での法制定にいたる前提となるからである。だが市民的公共圏での公的な議論は、同時に支配一般の解体を理念にかかげた批判的機能をそなえている。立法的機能も批判的機能に裏打ちされないかぎり、公共圏を社会的交易にかんする一般的ルールが普遍化可能かどうかを吟味し確証する制度たりえない。しかしそうした批判的機能が十分に発揮されるには、公共圏での私人たちによる議論のあり方そのものが、批判的な議論の俎上にのせられる余地がなければならない。つまり私人たちが公衆として公共圏で批判的な議論を展開できることは、そうした議論の形式・手続き・制度等について、人々が批判的に議論できることを条件にしていなければならない。公共圏の批判的機能には、公共圏での議論の仕方にたいする批判も含まれるのである。

だがもしそうならば、市民的公共圏の理念とは何か、それがイデオロギーにおとしめられるのはいかなる「弁証法」によるのかを問題にすることは、その理念が何であるべきかを特定するよりも、むしろ理念がいかにありうるのかについて議論すること自体により多くの意義を見いだすことになるだろう。といっても理念の内実はどうでもよいというのではない。その理念の内容析出やイデオロギーにたいする批判は、あくまで公共圏の議論そのものが議論の対象になるという自己言及性の循環を前提にしてはじめて結実するということが肝要なのである。議論の場における批判が、自分自身をテーマ化するSelbstthematisierungというかたちをとること自体が、「批判」という構え自体にとっても、その内実にとっても構成的である。
では『公共性の構造転換』のなかで、市民的公共圏における議論のあり方そのものについて議論するという自己言及的な循環が、公共圏内での歴史的事例として取り上げられていただろうか。私の知るかぎりひとつだけ例がある。十八、十九世紀に「政論本位の新聞」「主義主張の新聞」として登場してきたジャーナリズムの類型がそれである。

公衆の論議のなかから発達してきて、その討論の延長にほかならなかった新聞は、あくまでもこの公衆の機関でありつづけた。それは……もうたんなる情報伝達機関ではなく、かといってまだ消費文化のメディアになってはいなかった。この類型の新聞が典型的に姿を現わすのは革命期であって、この時期には、きわめて小さな政治連合や政治結社の新聞がまるで雨後の筍のように簇生する。……政論本位の新聞というようなものの存続さえ危険にさらされた時期にあっては、新聞はたえまなく自分自身をテーマ化 **Selbstthematisierung** せざるをえなくなる。政治的機能をもつ公共性が恒久的な合法化を手にするまでは、政治新聞を発行し維持することは、とりもなおさず、公論の自由範囲をめぐる闘争に加担することであり、原理としての公共性をめぐる闘争に参加することであった。[☆70]

ハーバーマスは、十八、十九世紀ヨーロッパの新聞の変遷を商業化が進められるプロセスか

☆70 Ebd., S. 219f. 訳 二五一—二五二頁。

ら「情報新聞」・「主義主張の新聞」・「商業新聞」という三つの段階に分けている。「政論本位の新聞」は、その第二段階にあたる。情報を売ることを営利的におこなう第一段階の「情報新聞 Nachrichtenpresse」とは違って、この段階では、営利経済上の目的は影がうすくなり、ときに損得抜きで文筆家あるいは編集者自身の政治的見解を表明し、主義主張に立つことを活動の指針にした新聞、「主義主張の新聞 Gesinnungspresse」が登場する。[☆71] それはまだ広告業務が大きなウェイトを占める「商業新聞 Geschäftspresse」になってはいない。独立した専任の編集局では企業の利潤追求が公論的志向を牛耳ることはない。編集者たちは企業家としての役割を発行者に譲り渡し、編集人と発行人との間には公論機能と経済機能との分業が成立していた。そこでは社説が新聞の主眼になる。もはやたんなる「情報伝達の機関」でもなければ、いまだ「消費文化のメディア」でもない。「編集局本位の」「文筆家のジャーナリズム」は、あくまでも「公衆の機関」でありつづけた。

そこでは新聞自身が公衆の機関としていかに論議すべきかもテーマにされ、そのことで自由な公論形成をめぐる闘争に参加することにもつながっていた。こうした「主義主張の新聞」の編集者の一人に歴史上もっとも著名な思想家がいる。最初期のカール・マルクスである。三月革命前の一八四二年、若きマルクスは『ライン新聞』の編集長になった。D・マクレランの表現を借りれば、彼はまだ「マルクス主義以前のマルクス」である。マルクスがその当時、ジャーナリストとして素材にした資料は、政治新聞としては当たり前かもしれないが、まことに味気ない論材、ライン州議会の議事録である。ただ議事録を取り上げることのできた背景には興

☆71 Ebd., S. 218. 訳二五〇頁。

味深い当時の政治的事情が介在している。なによりも指摘に値するのは、州議会での議事録の公開が初めて許可されたことだ。州議会の歴史的実情を考えれば、ある意味でこれは画期的な出来事だった。市民的公共圏にとっての不可欠の条件となる「公開性の原則」がここではじめて芽吹いたからである。マルクスは「出版の自由」をめぐる議論に結びつくかたちで、議会討論の公開性にかんする議論を展開する。

州議会がその討論を省略せずに公表するときには、州議会は州議会議員の特権ではなくなって州民の権利となるであろうということ、いまや直接に公衆の精神 öffentlicher Geist の対象となった州議会は、それ自身、公衆の精神を対象化したものとなる決心をつけなければならないであろうこと、州議会は、いまや普遍的意義の光のもとに引き出されて、自己の特殊な本質を捨て、普遍的な本質を獲得しなければならないであろうということ、これらのことをこの演説者が感じ取った気転は、みとめてやらなければならない。☆72

議事録が非公開で議論が秘密裏におこなわれるかぎり、その討論は議員の特権に封じられて州民の権利に開かれることはない。しかし議事録が公開され、マルクスもその一人であった政治ジャーナリストの手で公共の論議に付されるようになると、身分制議会のなかで秘密裏にされていた論戦が市民の眼にさらされ、討論への参加は議員の特権ではなくなる。「中世の身分制議会は、国民のすべての権利をみずからのうちに吸収して、それを特権として国民に対抗し

☆72 Karl Marx, Debatten über Preßfreiheit und Publikation der Landständischen Verhandlungen, in: *Karl Marx/Friedrich Engels Werke*, Bd., I, Berlin: Dietz Verlag, 1956, S. 43.

て行使した。」「討論の公表がもはや州議会の英知の恣意にゆだねられないで法律上の必要事となったときはじめて、州議会は州民の手中におかれたことになる。[☆73]」マルクスは私人たちの手中となる政治的公共圏がようやく芽を出した場面に逢着していたのである。[☆74]

ここでわたしたちは政治的公共圏の成立に関連して、マルクスの論議が幾重にも重なった脈絡からなっていたことに気づく。時代はまだ十分に自由な出版が認められていないまま、議会で出版の自由をめぐって論が闘わされた頃である。そこでは、討論の前提として、はたして議会討論を公表してよいものかどうか、また公表するとしても、はたして議事録を省略せず公開してよいものか、一部にとどめるべきではないかという議論も当の議会での論議の対象となった。まずマルクスは議会そのものが、まだ身分制議会ながらも討論の公開性を原則にした議会にこれからようやく変貌しようとする場面に立ち会っている。つぎにマルクスは、出版の自由をめぐる州議会での討論にコメントするかたちで、「ライン新聞」という自由な出版のあるべき姿を主張する。当然ながらそれは出版の自由にかんする意見形成で、あるべきでない出版に対する批判のかたちをとる。公開性の原則にかかわる議会全体のあり方を批判し、議会内での自由な出版にかんするさまざまな見解を批判し、議会外での出版の自由にかんする新聞ジャーナリズムの見解を批判する。これをマルクスは民間の公論の場で議論の俎上に載せていた——こうした一連の言論活動が、『ライン新聞』時代のマルクスの仕事の一角をなしていた。公共圏で論議する公衆の営みをジャーナリストとして身を挺して突き進んだ面持ちがする。

☆73 Ebd., S. 41.

☆74 「公共性とは、現実の事物を公衆に報告するということにすぎないのだろうか。むしろ、この現実の事物を現実の公衆に、すなわち、仮想上の、読者としての公衆ではなく、生きた、目のまえの公衆に、報告するということではないのだろうか?」(Ebd., S. 44)。

2

市民的公共圏の議論のあり方について公共圏で議論するということ——議論することとそのものを議論するという自己言及的な関係が、ジャーナリストとしての若きマルクスの活動にもはっきり現われていたことがわかる。マルクスは、公開性の原則が議会のなかに芽生え、「主義主張の新聞」が簇生しつつあった歴史的現実に遭遇していた。新しい政治的・社会的条件を問うことは、公共圏の制度的な条件について議論することと密接に結びついていた。なるほどマルクスが直面していたプロイセンの「検閲令」は、今日の多くの先進社会ではもはや過去のものに属するだろう。しかし情報通信技術、インターネット空間、メディアの世論操作、マスメディアと政治の新たな関係など、公共圏の議論をめぐる問題はかたちを変えて多様化し拡大しこそすれ収まる気配はない。そうした諸問題をなんらかの公共圏で議論の俎上に載せることも、公共圏の「理念とイデオロギー」の何たるかを確認し見直すうえで不可欠の討議《ディスクルス》の部類に入るのである。

　ところで市民的公共圏における議論のあり方を公共圏において批判的に議論することは、制度化された既存の市民的公共圏から距離を取りながら、内部に市民的なモデルとは異なった公共圏を創出する結果にいたることもある。たとえば西欧近代の初頭に出現した市民的公共圏の担い手が、財産をもち教養をそなえた市民《ブルジョア》たちであり、☆75市民的教養を欠いた無産の平民はこの圏から排除されていたことはすでに触れた。もちろんハーバーマスも無産の人民たちによる公共圏の可能性を否定したわけではない。「この人民的公共圏は、チャーチスト運動においても、

☆75「財産をもち教養をそなえた市民」は、ここでは教養を欠いた無産の人民との対照で扱うが、市民的公共圏の理論では財産と教養は、もうひとつ別のコンテクストを背景にしている。カール・シュミットは、「闘争という政治的概念」を、経済的領域の「競争」と倫理的領域の「討議」から区別すべきものと論じているが、財産と教養は、この後二者の条件となったものである。シュミットが政治的領域から峻別し排除した、財産と教養、競争と討議の契機は、ハーバーマスにとっては、文芸的公共圏の条件として、政治的公共圏の前提となる。財産をもち教養をそなえた市民たちを文芸的公共圏と政治的公共圏の担い手とみることは、シュミットの政治概念にたいする批判を内に秘めたものである。これについては別稿を期すことにしたい。

とりわけ大陸の労働運動の無政府主義的伝統においても、ひとしく底流として生きつづけている」[☆76]というのが彼の基本的認識である。ただこの種の人民的公共性は「市民的公共性の志向を規準にして」成立していたので詳しく立ち入る必要はないというのが、当初の見解でもあった。だがその後、ハーバーマスはこの考えを変更している。『公共性の構造転換』新版のために書き下ろした序文には、ギュンター・ロッテスの次の一節を好意的に引用したくだりがある。「〔人民的公共圏は、〕一方で、市民的公共圏を自らの範にしている以上、市民的公共圏の一変種である。他方でそれは、市民的公共圏の解放の潜勢力を新たなコンテクストで展開させている以上、市民的公共圏をしのいでいる。[☆77]」下層民は市民的公共圏から排除される以上、彼らが創出するのは別の公共圏でなければならない。「人民的公共圏は、ヘゲモニーをとっている公共圏と並んで、またそれに制約されながら、形成される[☆78]」——われわれがここで眼にできるのは、公共圏の多元化現象である。

市民的公共性は圏 Sphäre としての性格を備えていた。しかしそれは私人たちが公衆として参集すると同時に、この圏から排除される人々が存在するということをも意味した。排除は誰にでも開かれているという「公開性の原理」にもとる。市民的公共圏の議論にかんする議論には、現実に照らしてこの「公開性の原理」に疑義を呈することも含まれる。たとえば公開性の原則を歴史的な成果としてとりあえず認めると、誰にでも開かれていると言いながら、実際には財産と教養を資格にして特定の市民だけに限定されてしまうという矛盾に気づくものも少なくないだろう。実のところ「マルクスが目の前にみた公共性は、万人に近づきうるというそれ

☆76 Habermas, a. a. O., S. 8. 訳二頁。
☆77 Ebd., S. 16. 訳vii頁。
☆78 Ebd. 訳vii頁。

自身の原理と矛盾[☆79]」していた。ただしこの矛盾からはマルクス主義流の社会主義的な結論だけが引き出せるわけではない。公共圏がみずからの歴史的前提にたいして無反省にとどまることなく、そこでの議論にかんする議論という自己言及的な性格を備えていることは、公共圏の創設が市民的な形態の内部を越えて、オルタナティヴな外部の形態の可能性に開かれることをも意味していた。ナンシー・フレイザーは、「階層社会においては、参加の同格性という理念は……単一の包括的な公共圏よりも多元的に競争しあう公共性の競合を受け容れた編成のほうが、実現に近いところまでいっそうたどりつく[☆80]」と言っているが、彼女の言う「下位の対抗的な公共性」は市民的公共圏の自己言及性を端緒においたとき可能になると考えたほうがよい。外的な多元性は内的な自己言及性との表裏の関係で成り立つのである。

3

公共性の問題圏には、現代の社会状況を念頭に置いたときに看過できない重要な論点がもうひとつ伏在している。「政治と科学との間の新しいコミュニケーション形式[☆81]」にかんする問題がそれである。ハーバーマスは『公共性の構造転換』でこれに立ち入ることをしなかった。同書を上梓したのち、「実証主義論争」で知られる論考を執筆する一方[☆82]、公共圏にかかわる考察として、「民主的公共性」による「技術的進歩のコントロールという課題」に取り組むことになる。政治と科学のコミュニケーションとは、この課題のことである。関連した二つの論考[☆83]は、のちに『イデオロギーとしての技術と科学』に収められたためか、一九六〇年代末の代表作となっ

☆79　Ebd., S. 152. 訳一六七頁。

☆80　ナンシー・フレイザー「公共圏の再考——既存の民主主義の批判のために」（クレイグ・キャルホーン編『ハーバマスと公共圏』山本啓・新田滋訳、未來社、一九九九年、所収）一三八頁。

☆31　Habermas, a. a. O., S. 358. 訳三二〇頁。

☆82　Jürgen Habermas, Analytische Wissenschatstheorie und Dialektik. Ein Nachtrag zur Kontroverse zwischen Popper und Adorno (1963), ders, Gegen einen positivistisch halbierten Rationalismus: Erwiderung eines Pamphlets (1964), in: Th. W. Adorno u. a., *Der Positivismusstreit in der deutschen Soziologie*, Neuwied, Berlin: Luchterhand, 1969.（ユルゲン・ハーバーマス「分析

た『認識と関心』の脈絡で理解されやすい。たしかにそうした面がないわけではない。しかしそれ以前の公共圏論の延長にあることも明らかである。ただハーバーマスにおける市民的公共圏が論じられるさいに、民主的な公共性による「技術的進歩のコントロールという課題」が正面から問われることは、最近まであまりなかったように思う。ところが、近年、科学技術と公共圏との関係が人々の関心を集めるようになってから[☆84]、四〇年以上前の二つの論考にあらためて眼を向ける可能性が生まれつつある[☆85]。科学論や科学哲学のコンテクストと関わりながら科学技術社会論が登場し、社会学のなかで「リスク社会」論が脚光をあびるようになった学問的背景も無縁ではない。もちろんハーバーマスの論考には今日からみれば、あきらかに古くなった部分や素朴な面もある。ここではその基本的な問題意識を確認して興味深い二、三の論点を取り上げ、公共圏論のあらたな可能性を探る手だてにしておきたい。

科学技術が体現する道具的理性の支配に対して文明史的な診断を下してきたところに、フランクフルト学派本来の問題意識を見るならば、『公共性の構造転換』のなかに技術的進歩にたいする類似の言及があまりないことに意外な感を受けるかもしれない。ハーバーマスがこれに関連した問題を正面から取り上げるようになるのは、その直後からのことである。もっとも公共圏と関連して科学技術の発達を論じる場面で、ハーバーマスがフランクフルト学派の伝統と共有しているのは、さしあたっては科学技術的な合理性の支配に対する警戒心ぐらいである。といってもアドルノ／ホルクハイマーなどとは違って、そこに科学技術の合理性にたいするペシ

的科学理論と弁証法」「実証主義的に二分割された合理主義への反論」、アドルノ／ポパー他『社会科学の論理――ドイツ社会学における実証主義論争』城塚登・浜井修訳、河出書房新社、一九七九年、所収）

☆83 Jürgen Habermas, Verwissenschaftlichte Politik und öffentliche Meinung (1964), ders., Technischer Fortschritt und soziale Lebenswelt (1966), in: ders., *Technik und Wissenschaft als »Ideologie«*, Frankfurt am Main: Suhrkamp Verlag, 1968.（ユルゲン・ハーバーマス「政治の科学化と世論」「技術の進歩と社会的生活世界」、『イデオロギーとしての技術と科学』長谷川宏訳、紀伊國屋書店、一九七〇年、所収）

☆84 小林傳司編『公共のための科学技術』玉川大学出版部、二〇〇二年。藤垣裕子「科学技術と公共

ミスティックな論調はない。また彼がテーマにするのは技術的進歩と自然支配ではなく、技術と政治（あるいは民主主義）、技術と社会的な生活世界との関係である。

ハーバーマスは技術的進歩の問題を政治との関連で取り上げるにさいして、まず技術的に利用可能な知識を実践的意識のうちに翻訳しうるのはいかにしてかという問題設定を定式化している。☆86 民主主義を推進する方向で、科学的な技術上の問題を政治的な実践上の問題に翻訳するのはどのようにしてか――簡単にいえば、この問題にたいする解答を模索するのがさしあたっての課題である。もっともハーバーマスのねらいが、技術的な知識の発展に応じて実践的な目標や決断を選択することにつきるのかといえば、話はそう簡単ではない。国家装置内で技術的な専門家と実践的な政治家との関係に照らしてみれば、むしろこれは「一方に、事情に通暁し技術的な教育を受けた官僚制や軍隊の参謀部があり、他方に権力本能と意思のつよさをそなえた指導者がいて、両者が分業体制をとる」決断主義のモデルと似たものになる。

技術的に利用可能な知識を実践上の問題に翻訳し関連づけようとすることは、「技術的に可能なもの、技術的に制作可能なものとの関連で」☆87、自分たちの利害や価値を自己了解しようとすることでもある。その場合「実践上の欲求や、それに対応した目標、価値のシステムそのものでさえ、技術的な実現可能性との関係においてはじめて正確に規定される」☆88ことになるだろう。それは科学的な情報を実践的問題への解答に翻訳するに先だって、政治上の実践的問題をより科学的な問題設定に翻訳することでもある。ではそれは、実践的問題を科学的に精密な技術的問題に還元する技術主義のモデルの採用にいたるのだろうか。

性」（『科学技術社会論研究1』、玉川大学出版部、二〇〇二年、所収）

☆85　さしあたり次を参照。藤垣裕子『専門知と公共性』東京大学出版会、二〇〇三年、八三頁。Arthur Edwards, Scientific expertise and policy-making: the intermediary role of the public sphere, in: *Science and Public Policy*, vol. 26, no. 3, June 1999, pp. 163-170.

☆86　Habermas, a. a. O., S. 107. 訳一〇八頁。

☆87　Ebd., S. 118. 訳一二〇頁。

☆88　Ebd., S. 133. 訳一三六頁。

ハーバーマスに言わせれば、技術の進歩は、かりに社会から自立しているように見えたとしても「そこにはたらく社会的利害の自然発生性に依存している」。[☆89]利害や価値にもとづく実践的な決定は、技術的な助言をすることができるとしても、技術的な解決に代えられるものではない。実践上の目標や欲求は、技術的な実現可能性との関連で規定されねばならないが、技術の新たな発展は、実践的な価値のシステムにもとづいて方向づけられねばならない。「一方で、価値の新しい技術や戦略の発展が、……価値システムの地平にもとづいて方向づけられ、他方で、価値システムに反映した社会的利害が、それを実現させる技術的可能性や戦略的手段の検討を通じて統制される。」[☆90]ハーバーマスはこれをプラグマティズムのモデルと呼んでいる。

もっともここまでの話では、技術的問題と実践的問題の相互規定、専門家と政治家とのコミュニケーションが要請されているだけで、それがどのような制度によって実現可能なのかはさだかでない。この制度として求められるものが公共性である。

政治的実践を科学化するものとプラグマティズムのモデルで見込まれていたコミュニケーションは、科学以前の段階でいつもかならずおこなわれていたコミュニケーションから独立して形成されることはありえない。科学以前のコミュニケーションは、国民という公衆による公的討論の民主主義的形式をとって制度化される。政治の科学化にとって、科学と公論との関係はその本質をなしている。[☆91]

☆89　Ebd., S. 123. 訳一二六頁。
☆90　Ebd., S. 127. 訳一三〇頁。
☆91　Ebd., S. 129. 訳一三二頁。

科学化のレベルでおこなわれる技術的問題と実践的問題の相互規定や専門家と政治家のコミュニケーションは、科学以前のレベルでおこなわれる公衆としての国家市民たちの公的討論に支えられている。とすればここでは、専門家と政治家の二者間のみならず、公衆としての市民を加えた三者間のコミュニケーションを持続的な制度として構築することが不可欠の課題になるだろう。科学化されるレベルでの技術的問題の実践的問題への翻訳は、科学的な専門用語と科学以前の日常言語との翻訳過程をともなうのである。

ハーバーマスの考察はここでも抽象的な次元にとどまり、例に挙げられたものもわずかなので、公共性のこうした機能として一九六〇年代前半の時点で具体的にどのようなプロセスを念頭に置いていたのか、かならずしも明確ではない。しかしハーバーマスが科学化のレベルでの専門家のコミュニケーションと、科学以前の市民たちとの公的討論を分離してはならないと見たとき、のちに「文化的貧困化」の名で定式化するテーゼを、すくなくとも科学技術の領域で先取りしていた。二つのコミュニケーションが分離するとき、科学技術における専門家の文化と公衆とに亀裂が生じて専門文化が自律し、「専門的な加工と反省によって文化にプラスされたものが、すぐに日常の実践の資産とはならなくなる」[☆92]。結果として起こるのは日常の営みにおける活力ある文化的伝統の死滅である。政策立案者と科学技術の専門家に公衆としての市民を加えたコミュニケーションを民主主義的な公共性として制度化することは、こうした文化的貧困化にたいする打開策を探ることでもあった。だがここでハーバーマスの議論をあらためて再考したいのは、たんに文化的貧困化が深刻の度を加えたからだけではない。むしろ科学的な

☆92 *Theorie des kommunikativen Handelns*, Bd. II, S. 482. 訳二一八頁。

専門家、政策立案者と市民とのあいだの関係が、技術的問題の実践的問題への翻訳をめぐって、質的に異なった特徴をもつようになったからである。

科学・技術者と市民との関係といえば、確実で精密な科学的知識を専有する専門家と、時として偏見をともなう常識に染まった素人との非対称的な関係と考えやすい。科学的な知識が厳しい反証のテストに耐えた経験的命題からなる以上、その知識の適用からなる技術的な知識も、真理として確実な基盤を得ているとみなされる。公衆としてかかわる市民にとって、専門の科学技術者の言は無条件に信頼すべき専門知にもとづくものだとされ、専門家との対話では彼らの発言を正しく理解するのが市民の役割だと考えるのが、これまでの通弊だろう。だが技術的に利用可能な知識を適用する領域が拡大する一方で、リスク社会にたいする一般の認識が深まるようになると、公共圏で提起される科学技術のテーマで、専門家の推測や意思決定にかなりの不確定要素があることに一般の眼が届くようになった。なかには、科学者自身にも答えられないのにいますぐにでも市民との合意が求められる問題も出てくる。[☆93] かなり高いリスクをともなう科学技術上の問題が分析の対象とされる機会も少なくない。そうしたリスク分析の一連のプロセス（リスクアセスメント・リスクマネジメント・リスクコミュニケーション）を専門の科学者だけの手に委ねることが不可能になるケースも多々ある。たとえば専門家の時間をかけた冷静なリスク評価より、過敏なまでの素人の即座のリスク認知のほうが、より有効なリスク分析に導くケースもありうる。こうして公共圏は、専門家から素人に科学的なリスク情報を一方的に伝達するのではなく、リスクコミュニケーションの対等なパートナーとして市民を

☆93　藤垣、前掲書、七頁。

位置づける場となる可能性が開かれてくる。専門家文化と公衆の日常文化との溝を埋めることが、文化的貧困化にとどまらず、社会のリスク状況に対処するうえで不可避の課題となりつつあるのである。

フレイザーは、公共性を「弱い公共性」と「強い公共性」に区別したことがある。公衆のあいだの議論がたんなる意見形成にとどまり、法制定や政策立案などなんらかの意思決定にまでいたらないのが前者、意見形成と意思決定の両者をともなうのが後者である。リスク社会の昨今の動きは、弱い公共性と強い公共性を単純に区分するだけではすまないコミュニケーション状況をもたらしつつある。公衆たる市民は、問題の性質によっては、利害関係者として、たんなる意見表明にとどまらず、専門家・政策立案者ともどもなんらかの意思決定にも関わらざるをえないからである。多元化した公共圏は今日、相互の境界を流動化させ架橋する必要にも迫られつつある。

第二章　行為とコミュニケーション

はじめに

『コミュニケーション的行為の理論』といえば、体系的な精度といい理論的な密度といいハーバーマスの主著といってよい労作である。ただしこの書で彼の社会理論の体系が完成を見たと言えるかどうかは、また別の話になる。この点は主なテーマのひとつとなった行為論についても言える。すくなくともこれを最終的な成果と見立て、それ以前の（とりわけ言語論的転回以前の）試みをどれも準備段階に落とし、以後の展開を補足作業の域にとどめるなら、行為論における一貫した彫琢の歩みを理解したことにはならない。ハーバーマスは、「労働と相互行為」と題した論考や『認識と関心』（一九六八年）で立てた行為類型論にたいする自己批判と新たな構想の結果、「コミュニケーション的行為の理論」を再構築した。しかしさらに『ポスト形而上学の思想』（一九八八年）での再考を経たのち、『真理と正当化』（一九九九年）になると、『コミュニケーション的行為の理論』（一九八一年）とはすこし異なった行為類型論を提唱するにいたる。大幅な転換ではないが、他の社会学者や社会理論家に比べると、修正の頻度がわりに高い。彼の行為論の意義を明らかにしようとするなら、この変更が何を意味するのか問う必要がある。他方、ハーバーマスの行為論には、こうした変化にもかかわらず最初期から読み取れる一貫した基本的な構えがある。『コミュニケーション的行為の理論』以後にあった変化を無視するわけではないが、この一貫した構え、そのスタンスとはいかなるものかを、探ってみるのも無駄ではない。初めの節でとりあえず課題にするのは、この基本的な構えを探ることである。

なおハーバーマスの行為論を「行為とコミュニケーション」のタイトルで考察するについて、あらかじめ一言だけコメントしておきたい。ハーバーマスは、自らの批判的社会理論を展開するさいに、コミュニケーション的行為という行為概念を基礎に据えてきた。社会の理論を展開するうえで行為の理論を基盤におくことは、社会学では従来ならごく自明で常識に近い。社会学には、マックス・ヴェーバーにさかのぼる「行為的アプローチ☆1」、「行為の準拠枠☆2」という伝統がある。タルコット・パーソンズは、「行為理論の準拠枠」を「社会諸科学の理論と研究のための、ひとつの統一された概念的図式☆3」のことだと言った。簡単に言えば、社会諸科学にとって、社会は諸個人の行為とその連関からなり、社会の秩序はいかにして可能かを考察するには、まず単位となる人間の行為（単位行為 unit act）を分析することが手始めになるとする立場だ。『コミュニケーション的行為の理論』で検討に付された社会学上の諸説の多くが、この流れに棹さすものだったことからも、ハーバーマスがさしあたりこの「行為の準拠枠」に近い立場にいると理解されやすい。

しかしハーバーマスがニクラス・ルーマンとのあいだで交わした論争を背景に考えると、そこにはすこし違った事情が介在してくる。ルーマンは、ある時期以降☆4、「コミュニケーション

☆1 新明正道『社会学における行為理論』恒星社厚生閣、一九七四年、一頁。

☆2 Talcott Parsons, *The Social System*, with a New Preface by B. S. Turner, New York: Routledge, 1991 (1951), p. 3.（タルコット・パーソンズ『社会体系論』佐藤勉訳、青木書店、一九七四年、九頁）

☆3 Talcott Parsons, Edward E. A. Shils (ed.), *Toward a General Theory of Action*, Cambridge, Mass.: Harvard Unversity Press, 1954, p. 4.（タルコット・パーソンズ／エドワード・シルズ編著『行為の総合理論をめざして』永井道雄・作田啓一・橋本真共訳、日本評論社、一九六〇年、四頁）

☆4 コミュニケーションと行為との概念的な分離が踏み出される第一歩は、一九七五年の論考にあるとする次の見解を参照。長岡克行『ルーマン／社会の理論

は行為とはみなされないし、またコミュニケーション過程は諸行為の連鎖としては捉えられない[☆5]」と主張するようになった。ルーマンの立場では、すくなくとも社会システムの究極の要素（ないしそれ特有の作動）であるコミュニケーションをコミュニケーション的行為だと言いかえることはできない。コミュニケーションが情報・伝達・理解からなる複合的システムである以上「行為を行為として突き止めることは例外なく、……複合性のなんらかの縮減を必要としている[☆6]」のである。彼はコミュニケーションを行為と峻別することで、社会学における行為論的準拠枠の伝統から距離を取るかたちになっている。

今日から振り返ってみると、ハーバーマスの「コミュニケーション的行為」とルーマンの「コミュニケーション」は、それぞれがしのぎを削って彫琢した根本概念でもある。ハーバーマスの行為論にかんする考察を深めるうえで、ルーマンの立場になんらかのかたちで触れてみることも無意味ではない。ここではハーバーマスの根本概念が主な考察の対象になるから、両者の対照と比較を応分の紙幅を割いたテーマにする余裕はないが、当面の課題を果たすうえで、ルーマンとの違いから浮き彫りになる問題点を二つほど挙げておこう。

第一に、ルーマンが事実上、行為を基礎概念にしない社会システムの分析を提唱する以上、はたして行為論という準拠枠は、分析のための枠組みとしてなお有効性があるかどうか、あるとしたならばいかなる意味があるかが問われてよい。ルーマンは社会が行為からなるという常識からでも通用しやすい判断に異を立てた。ルーマンの異論に抗してでも行為が基礎概念として占める地位をなおまだ認めるとしたならば、それはこれまでの「行為の準拠枠」とどのよう

の革命』勁草書房、二〇〇六年、二八一頁。

☆5 Niklas Luhmann, *Soziale Systeme: Grundriß einer allgemeinen Theorie*, Frankfurt am Main: Suhrkamp Verlag, 1984, S. 225.（『社会システム理論（上）』佐藤勉監訳、恒星社厚生閣、一九九三年、二五八頁）

☆6 同前二六二頁。

に異なるのだろうか、これがまず問題になる。

第二に、同じく「コミュニケーション」という言葉を使いながら、ハーバーマスがあくまでそれを行為概念として規定する以上、ルーマンのコミュニケーション概念との違いがどこにあるのか、次に問われてよい。ルーマンはコミュニケーションを情報・伝達・理解という三つの選択が処理される社会的な操作だと捉えるが、こうしたコミュニケーション概念の体系的意味を、ハーバーマスがどのように理解するのかが次に問題になる。

第一に、ハーバーマスが行為の概念に依拠する場合、従来の行為論的準拠枠をどのように刷新しようとしたのか、しかし第二に、その刷新が「行為」概念から（すくなくともルーマン流の）「コミュニケーション」概念に転じるわけではなかったのはなぜか――この章では、ルーマンとの関連で以上の二点に留意しながら考察を進めることにしたい。

一　行為論の基本性格――労働と相互行為をめぐって

1

ハーバーマスは、行為論にかんする初期の論考「労働と相互行為」（一九六七年）で、若きヘーゲルの「イエナ実在哲学」にみてとれる構想の特徴を、次のように記したことがある。

言語、労働、人倫的関係の弁証法は、それぞれ媒介の特殊な形態をとって展開されている。そこでは、まだいくつかの段階を同一の論理形式にしたがって構築していくことが問題なのではなく、構築の異なった形式そのものが問題になる。極端な言い方をすれば、まず精神があり、それが自己自身の反省という絶対的な運動のなかで、とくに言語、労働、人倫的関係となって現われてくるのではなく、言語的なシンボル化、労働、相互行為の弁証法的な連関によってはじめて精神の概念が規定されるのである。☆7

〈労働と相互行為〉という一九六〇年代の行為類型論は、普遍語用論から『コミュニケーション的行為の理論』にいたる展開を見れば、すでに過去の遺物とみなされるかもしれない。だがすくなくともこの一節には、行為論を展開するさいのハーバーマスの基本的な構えとも呼べるものが見てとれる。これは現在の行為理論を捉え直すうえでも見逃せない。ハーバーマスは、カント流の自己意識の超越論的統一に現われた自己反省の経験が、フィヒテにおいて「自己知という主観性の内部での自我と他者の弁証法的な関係」として追究され、やがてヘーゲルにいたって自我と他者の弁証法が「精神の相互主体性の枠組みのなかで考察」☆8されるようになった経緯を振り返る。ただしヘーゲルといってもハーバーマスが着目するのは、『精神現象学』以後のヘーゲルではなく、『イエナ実在哲学』の構想にいそしんでいた若き日のヘーゲルである。この若き日の構想によれば、精神が同一性の基盤としてまず存在し、その自己反省の普遍的な運動から、言語・労働・相互行為の特殊な形態が紡ぎ出されるのではない。逆に、言語・道具・家族という異なった媒介項が弁証法的に関連しあうことではじめて精神の概念が規定される。「精神の相互主体性の枠組み」を可能にするのは、この異なった媒介項の弁証法的な連関

☆7 Habermas, *Technik und Wissenschaft als ›Ideologie‹*, S. 10. 訳六頁。
☆8 Ebd., S. 12. 訳八頁。

であって、自己意識の経験とは、孤独な主体の自己反省というよりも、「むしろ他人の眼で自分を見ることを学ぶ相互行為の経験から派生したもの」[☆9]なのである。

　普遍的な同一の実体から特定の形態をもった行為の諸相が分化するのではなく、行為の異質な諸類型から弁証法的な行為連関が構成される――ヘーゲル解釈から行為論に話を移すなら、わたしたちはハーバーマスの行為論におけるもっとも基本的なスタンスをここに見てよい。行為の「同一の論理形式」が所与とされて、そこから行為一般が分析されるのではない。最初の出発点にあるのは、言語・労働・相互行為という「異質な経験の異なった基本パターン」である。この基本的な構えこそ、パーソンズ流の行為論的準拠枠とハーバーマスの行為類型論を分かつのみならず、ルーマンのコミュニケーション論的な枠組みとも別れる分水嶺のひとつになる。ヴェーバーもパーソンズも、行為を考察するさいに、まずそもそも行為一般とは何かを論じる。たとえばパーソンズは、行為システムの基本的単位を単位行為と名づけ、その一般的な要件に①行為の主体、②行為の目的、③行為主体を取り巻く状況（条件および手段）、④行為の規範的基準の四つを挙げる。単位行為は、だからある行為状況に取り巻かれた行為主体に帰せられる行為志向（目的達成による欲求充足に関連した動機志向と行為者に規範を遵守させる価値指向）の概念として分析の対象になる。しかもこの準拠枠では、規範的基準や価値指向にたいする目配りにもかかわらず、結局は目的‐手段の枠組みが規定力をなし[☆10]、目的合理的行為の実質的な構造が分析の導きの糸になる。行為一般の形式的な分析のはずが実際には目的活動という特定の行為類型を実質的なモデルにした一般化にいたっている。「行為図式は、内在的

☆9　Ebd., S. 13. 訳九頁。

☆10　この点は、とくに行為の要件とされた第三の「状況」と第四の「規範的指向」の説明を見ればよくわかる。行為の「状況」は、行為者の目的に合わせて制御できる状況が「手段」とされ、変えることのできない状況が「条件」と呼ばれる。行為の「規範的指向」とは、行為主体の目的にむけた手段に一定の選択幅が存在した場合に、どれを選択するのかを確定するうえで影響力をもった要因のことである。

に目的論的」なのである。行為一般の設定によって「同一の論理形式」が陥りやすい弊を示した好例ともいえようか。

ハーバーマスが「目的活動からコミュニケーション的行為への転換」を語るとき、これをパーソンズ流の単位行為やルーマン的なシステムの要素と同種のものの変化と解してはならない。ハーバーマスにとっての「行為」は、最初に「同一の論理形式」にしたがった行為一般やコミュニケーション一般といった単位・要素として立てられるのではなく、考察の発端においてすでに複数の基本類型として存在する。労働と相互行為にかんする次の規定はこの複数性を表現した初期の例にほかならない。

〈労働〉もしくは目的合理的行為ということばでわたしが理解するのは、道具的行為ないし合理的選択、あるいは両者の結合したものである。道具的行為は、経験的知識にもとづく技術的規則にしたがっておこなわれる。その規則は、いずれの場合でも、物理的であれ社会的であれ観察可能な事象にかんする条件つきの予測を含む。その予測はあたるかはずれるかのどちらかである。他方、合理的選択は、分析的知識にもとづく戦略にしたがっておこなわれる。その戦略は、選好のルール（価値体系）や一般的な格率から導出された命題を含む。この命題は演繹の仕方が正しいかまちがっているかのどちらかである。目的合理的行為は所与の条件下で一定の目標を実現する。しかしながら、道具的行為が組織する手段は、現実を有効にコントロールできるかどうかでその当否がはかられるのにたいし、戦略的行為がオルタナティヴな行動を適切に評価できるかどうかは、価値と格率のたすけを借りておこなわれる演繹が正確かどうかだけではかられる。

他方、コミュニケーション的行為ということばでわたしが理解するのは、シンボルに媒介された相互行為である。それは強制力をもって妥当している規範にしたがうが、この規範は相互の行動期待を規定し、すくなくとも二人の行為主体によって理解され承認されねばならない。社会的規範は制裁にささえられて効力を得る。規範の意味は日常言語のコミュニケーションで客観化される。技術的規則や戦略の妥当性が、経験的に真であるか分析的に正しい命題に依存しているのにたいして、社会的規範の妥当性は、その意図にかんする了解の相互主観性に根拠づけられており、その強制力の普遍的な承認によって保証されている。[☆11]

『コミュニケーション的行為の理論』では、コミュニケーション的行為の分析が主軸に置かれているとの印象が強く、行為類型論はどちらかと言えば派生的なものだと解する向きがあるかもしれない。しかしこの複数の行為類型を前提にすれば、コミュニケーション的行為は、あくまでも複数の類型のひとつにすぎない。労働ないし目的合理的行為と呼ばれたものに、道具的行為と合理的選択（戦略的行為）の下位分類が設けられている点からも、行為類型の複数性が基本的なスタンスになっていることがわかる。このことは〈労働と相互行為〉に代わって、のちに〈成果指向的行為と了解指向的行為〉が論じられるようになった場合でも変わりはない。

☆11 Habermas, *Technik und Wissenschaft als ›Ideologie‹*, S. 62f. 訳五九—六一頁。

しかしそれにしても行為論をめぐるハーバーマスの議論が、すでにこの一九六〇年代の時点でさえ労働（ないしは目的合理的行為）より相互行為（ないしはコミュニケーション的行為）の方に力点が置かれ、後者により高い価値が与えられているとの印象は拭えない。行為類型の複数性とコミュニケーション的行為のある種の優位という特徴は、ではどのように結びつくのだろうか。

2

ハーバーマスにおける行為論の基本的なスタンスを確認したさいに、異質な経験の基本パターンから異なった行為類型が導かれるのみならず、言語・労働・相互行為の弁証法的な関連が問題にされていたことも指摘した。彼の行為論の基本的なスタンスをさらに明らかにするうえでは、この点も見過ごせない。コミュニケーション的行為（相互行為）の方に目的合理的行為（労働）より強い力点が置かれているという印象が出てくるのは、じつはこの弁証法的に関連しあう場面である。そのさい行為の関連が問題になる局面は二つある。ひとつは言語が労働ないし相互行為と結びつく局面、もうひとつは労働と相互行為が関係する場面である。

　労働ないし相互行為と言語との結びつきは、すでに右に引用した労働と相互行為の定義でもわずかながら読み取れる。道具的行為がしたがう技術的規則には観察可能な社会的・物理的事象にかんする条件付き予測が含まれるが、この予測は経験的な命題の形式で言語化される。合理的選択がしたがう戦略も「選好のルール（価値体系）や一般的な格率から導出された命題」

の言語形式をとる。他方、コミュニケーション的行為がしたがう社会的規範の意味は「日常言語のコミュニケーションで客観化される」。「言語は文化的伝統としてコミュニケーション的行為に入り込む」。また「ひとりで道具を使うという行為にしてもシンボルの使用を前提にしている」[☆12]。労働と相互行為いずれの場合でも、言語が使用されることは疑いない。

ただしここでの言語の使用は、あくまで労働や相互行為が遂行されるさいの特定の知の適用というコンテクストで考えられている点は注意してよい。経験的命題の言語形式で表現された技術的規則は、「技術的に利用可能な知識」を体現している。道具的行為が技術的規則にしたがうとは、この技術知を利用して行為を遂行することでもある。日常言語のコミュニケーションで客観化される社会的規範や文化的伝統には、道徳意識や法規範など「実践的に有効な知識」[☆13]が表現されている。コミュニケーション的行為が妥当している規範にしたがうとは、規範意識にもとづいて行為を遂行することでもある。労働ないし相互行為と言語が結びつくのは、なんらかの言語形式で表現される特定の知が行為にたいする適用のコンテクストに組み入れられることでもある。ハーバーマスは、労働ないし相互行為と言語とが偶然の外的な結びつきからなるのではなく、言語の使用が知の適用というかたちで行為の内部に組み入れられていると見ていた。知を介した行為と言語との内的な結びつき——ハーバーマスにおける行為論のもうひとつの基本的な構えがここに見てとれる。

もっとも言語と行為のこの結びつきからただちに、コミュニケーション的行為を優位させる傾向が表われていると速断することはできない。道具的行為の場合、使用される言語はモノロ

☆12 Ebd., S. 32. 訳二七―二八頁。

☆13 Habermas, *Erkenntnis und Interesse*, S. 235. 訳二〇〇頁。

ーグとして完結しており、そこでは行為が「コミュニケーションから切り離され、目的合理的な手段的使用という孤独な行為へ縮小されている」[☆14]というのが、このときのハーバーマスの見解である。のちにハーバーマスはモノローグ的な言語使用を自己との対話という意味でディアローグ的な言語使用の派生態だと語るようにもなるが、この時点ではこの解釈をまだ採用していない。そのうえ、ハーバーマスのここでの主な関心は、言語と行為の結びつきよりもむしろ知（認識）と行為との関連にあった。「認識論は社会理論としてのみ可能である」という『認識と関心』でのモットーが、行為論を展開するうえで不可欠の動機になっていた。自然科学的な認識と精神科学的な認識は、それぞれ技術的関心と実践的関心という異なった認識関心に導かれている。道具的行為が遂行される機能圏域とシンボルによって媒介された相互行為の伝承連関は、ともに理解される過程を背景にしているというのが、ハーバーマスの主張の眼目である。認識関心論では言語はトリヴィアルな役割しか果たしていないわけでは毛頭ないが、たとえば行為のあり方を考えるうえで言語行為《スピーチアクト》のもつ特有の機能にすでに感づいていたわけでもない。なにより討議という言語的次元が、通例のコミュニケーション的行為から区別された固有の次元として認知されていなかったことを見逃してはならない。

しかしながら、特定の行為類型が特定の認識の形態と結びつき、後者が特定の言語の使用と結びつくという考えは、言語と行為とが内的に結びつくとは何を意味するのかを問う端緒になったことはまちがいない。行為の意味と妥当性、言語行為、討議といったコミュニケーション的行為にかかわる問題群はここから始まる。その意味では、言語が労働および相互行為と内的に

☆14 Ebd., S. 238. 訳二〇二頁。

結びつきながらも、媒介項としては二つの行為類型から概念的に区別されていたことは、行為の文脈に組み入れられた通例のコミュニケーション的行為と行為の文脈の束縛を超えた議論あるいは討議という反省的なコミュニケーションとを区別する潜在的なきっかけを与えたことだろう。労働と相互行為との相違が行為の類型上の区別を明示したものだとすれば、労働および相互行為と言語との差異は、コミュニケーションの次元上の区分を暗示していたともいえようか。ハーバーマスは、パーソンズ的な「行為の準拠枠 action frame of reference」との違いを意識してか、みずからの行為論を「行為‐討議の準拠系 Bezugssystem Handlung-Diskurs」と呼んだことがある。☆15 そこでは行為類型の区別がコミュニケーション次元の区分を伴うことも意味していたのである。

3

行為連関が問題になるもうひとつの局面は、労働と相互行為が関係する場面である。ハーバーマスの考察は、この場面での行為連関にかんして、はるかに具体的な社会的領域に踏みこむ。科学と技術が飛躍的に発達した近代社会以後の現状のなかに、ハーバーマスは社会全体の傾向を捉えて次のように記している。

> 科学技術の支配という背景のもとに、なによりもまずはっきりうかびあがってくるものは、合理化の二つの概念を識別しなければならないということである。目的合理的行為の

☆15 Habermas, *Theorie und Praxis*, S. 33f. 訳六〇二―六〇三頁。

サブシステムのレベルでは、科学技術の進歩が社会的な制度や部分領域の再組織化を強制し、さらにより大きな規模でそれを要求している。この生産力の発展の過程が解放の潜在力となるのは、それがもうひとつ別のレベルでの合理化に取って替わることがない場合であり、しかもその場合だけにかぎられる。制度的枠組の水準での合理化は、言語に媒介された相互行為という媒体のなかでしか実現されない。つまりコミュニケーションの制限を除去することでしか実現されない。行為を方向づける原理や規範が適切で望ましいかどうかにかんする公共的討論、制限のない支配から自由な公共的討論がおこなわれるさいに、目的合理的行為のサブシステムの発達が社会文化的にどのような反作用をおよぼすのかに照らしてそれがおこなわれること――政治的な……意思形成のプロセスのあらゆるレベルでこの種のコミュニケーションがおこなわれることこそが、〈合理化〉というものを可能にする唯一の媒体である。☆16

ハーバーマスはここで社会の分析のレベルとして「目的合理的行為のサブシステム」と「制度的枠組」という二つを分けている。目的合理的行為のサブシステムが道具的行為と戦略的行為のパターンから構成されるのにたいし、社会の制度的枠組は「言語に媒介された相互行為を支配する規範」からなる。制度的枠組はまた「社会文化的な生活世界」☆17と呼ばれてもいることからわかるように、この二つの分析レベルは、「システムと生活世界」という社会の分析レベルに洗練されていくカテゴリーの原型になる。したがって、社会を目的合理的行為のサブシス

☆16　Habermas, *Technik und Wissenschaft als »Ideologie«*, S. 98. 訳九五頁。
☆17　Ebd., S. 65. 訳六二頁。

テムと制度的枠組に分けながら両者の関係の傾向と可能性を論じることは、労働と相互行為の関係を全体社会のレベルで語ることでもある。ただし全体的なレベルで語るさいに、「合理化の二つの概念」が示唆するように、彼は両行為の関連を静的な構造としてよりも動的なプロセスとして描いている。

もっとも目的合理的行為のサブシステムと制度的枠組という社会の水準で描かれた動的な傾向を、労働と相互行為という行為の水準に即して言いかえることは不可能ではない。労働と相互行為が現実に関係する場面で目にする動的なプロセスは、社会的労働の組織化が社会的な規範と相互作用するなかで成立する支配・従属関係である。さらにまたその支配からの解放を求めて繰り広げられる対立と闘争の関係である。科学技術の発達と結びついた労働における目的合理性の論理が相互行為のコンテクストを支配するかたちで、労働と相互行為の関係が組織されるようになると、外的自然にたいする支配が進む一方、内的自然（自然的な欲求）は規制・抑圧され、コミュニケーションに制度的な固定や体系的な歪曲が生じる。目的合理的行為のサブシステムの水準での合理化で予測された結果がこれである。

これにたいし労働の技術的規則と相互行為の社会的規範について支配から自由な公共の討論で吟味がおこなわれ、コミュニケーションの制度的な固定や体系的な歪曲が克服されるかたちで労働と相互行為の関係が調整されると、「反省の一般化」という意味での別の合理化が可能になる。これが「制度的枠組の水準での合理化」と呼ばれたものである。目的合理的行為のサブシステムの水準と制度的枠組の水準での合理化は、のちに「生活世界の植民地化」と「生活世界の合理化」の名で新たに組みかえられることになる。ただしこの時点でのハーバーマスは、マルクスの階級対立と階級闘争の論理を、まず若きヘーゲルの「承認をめぐる闘争」の枠組みにもとづいて解釈するなかで、そこに労働と相互行為の関係とその調整という行為論的なテーマを析出し、さらにその関係と調整に読み取れる動的なプロセスを、フロイトの精神分析的な対話モデルにもとづいて、支配関係によって歪曲されたコミュニケーションと内的自然の抑圧が、対話的な啓蒙と反省化によって克服されるプロセスとして描いていた。

労働と相互行為の関係をめぐる議論が、ハーバーマスの行為論にとってかなり枢要な地位を占めることが十分に察せられるだろう。しかし批判理論の言語論的転回以後、若きヘーゲル・マルクス・フロイトの系譜に沿って描かれた抑圧と解放の弁証法という「大きな物語」は後景に退くことになる。では労働と相互行為の関係と調整という行為論の基本的な構えそのものも意味を失ったのだろうか。次にハーバーマスの行為論のその後の変化をこの問題から振り返ることにしよう。

二　行為論の転換①――成果指向と了解指向

これまで、ハーバーマスにおける行為論の基本的な性格を、一九六〇年代の理論的試みに即しながら三つの点にわたって描いてみた。第一に、行為は同一の論理形式にしたがう行為の単位として分析されるのではなく、異質な経験のパターンにもとづいた行為の類型（労働と相互行為）として考察されること、第二に、言語の使用と労働および相互行為との結びつきが指摘されるなかで、特定の行為類型と特定の知の形態との結びつきが論じられること、そして第三に、労働と相互行為の関係が論じられる場面で、異なった行為や行為類型同士を調整するための社会的合理化のありかたが考察されること——行為類型の異質性、言語と行為と知の結びつき、異なった行為の関係を調整するという問題の重要性といった論点が、行為論の基本的な特徴である。こうした特徴は、のちに重要な変更を加えながらも、やはり基本的なスタンスとしての地位を維持しつづける。普遍語用論にもとづいた「行為-討議の準拠系」で認識関心論の分析を修正するにいたったあとでも、変わりはない。

とはいえその後、自己批判をへて☆18行為論は大きな再編に向かった。第一に、行為類型の分析が、言語の使用法の違いを組み入れて洗練されたのみならず、そこに同時に行為調整という問題を射程に収めたかたちで行為論が展開されるようになったことだ。〈労働と相互行為〉に代わって〈成果指向と了解指向〉が類型概念の軸として登場したことは、この再編の現われのひとつと解してよい。しかし第二に、それ以上に注目されるのは、〈行為と討議〉のレベルの相違を明らかにすることが、ハーバーマスの行為論にとって枢要な地位を得るようになったことだろう。異なった行為を関係づけ、行為類型同士を調整するという問題は、このレベルの違いをはっきりさせることで初めて解決の道筋が描かれるようになる。行為調整の問題は、じつは〈成果指向と了解指向〉という類型分析のうちに暗に含まれていた。だが正面から論じられるようになったのは、やはりコミュニケーションの反省形式として議論・討議のレベルが明確に

☆18　たとえばハーバーマスはすでに七〇年代半ばに、〈労働と相互行為〉の対概念について次のように自己批判していた。「'労働'と'相互行為'にかんする私のこれまでの分析は、道具的行為と社会的（およびコミュニケーション的）行為とをもっとも一般的に区分しうるメルクマールを十分に捉え切ってない。」(Jürgen Habermas, Was heißt Universal-pragmatik?, in: K. O. Apel (Hrsg.), *Sprachpragmatik und Philosophie*, Frankfurt am Main: Suhrkamp Verlag, 1976, S. 224.)

されるようになってからである。ここでは最近の行為論の展開をも念頭におきながら、〈成果指向と了解指向〉および〈行為と討議〉という概念装置の意義について簡単にまとめておくことにしよう。

1

〈成果指向的行為と了解指向的行為〉の考えを知るうえでは、J・L・オースティンの発語内行為と発語媒介行為との区別にたいするハーバーマスの解釈を見るのが近道だろう。オースティンの言語行為論には、言語行為のなかに三つの異なった行為が含まれていることを指摘した著名な議論がある。[☆19] ある言語行為が遂行されるさいには、第一に何かを語るということがおこなわれ (act of saying something)、第二に何かを語るなかで何かがおこなわれ (act in saying something)、第三に何かを語ることによって何かがおこなわれる (act by saying something)。たとえば、会社をやめるかどうか迷っている聞き手にたいして、ある話し手が「君がやめるのを勧めるよ」と言って、聞き手を励まし安堵させたとき、話し手は、実際にこう語る行為をおこない、こう語るなかで聞き手に辞職を勧める行為をおこない、さらにこう語ることによって聞き手を安堵させる行為をおこなう。第一が発語行為 **locutionary act**、第二が発語内行為 **illocutionary act**、第三が発語媒介行為 **perlocutionary act** である。[☆20] ハーバーマスはオースティンのこの後二者の区別を手がかりに、彼一流の解釈を加味しながら、了解指向的行為と成果指向的行為の類型化をおこなう。

☆19 J. L. Austin, *How to do things with words*, 2nd ed., Cambridge, Massachusetts: Harvard University Press, 1977, p. 94.（『言語と行為』坂本百大訳、大修館書店、一六四頁）

☆20 ハーバーマスとオースティンの違いについて、さしあたり次の点を指摘しておきたい。第一に、オースティンが発語内行為を慣習《コンベンショナル》的行為とみるのにたいし、ハーバーマスはストローソンにならって基本的な言語行為には慣習から自由なものがあり、普遍語用論の分析単位は制度に拘束されない言語行為だと見ていること、第二にオースティンが発語行為に意味 **meaning** を割り振り、発語内行為に力 **force** を割り振ったのにたいし、ハーバーマスは、両者を同じ語用論次元での意味の二つのカテゴリー的な区分とみていることである。

発語内行為では、何かを語るなかで何かがおこなわれる。たとえば「明日行くと私は君に約束をする」と言うとき、話し手はこう語ることで、聞き手に実際に約束をしている。「約束をする」と語る行為（発語行為）は、現に「約束」をする行為（発語内行為）でもある。発語内行為とは何かを語ることが何かをおこなうことになる行為である。「明日行くと私は君に約束をする」と言えば、話し手はそこで約束する行為をしており、「会社をやめるのを勧めるよ」と言えば、実際に勧める行為をしている。「約束する」「勧める」という発言では、〈約束〉や〈勧奨〉という行為遂行の効力が話し手と聞き手とのあいだで発生している。この効力をオースティンは「発語内的力」と呼ぶ。[☆21]〈約束〉や〈勧奨〉といった発語内的な力が効力を発揮するのは、話し手が「約束する」「勧める」と語った内容を聞き手が受け入れて、両者のあいだで相互の了解にいたったときである。

これにたいし、発語媒介行為では、話し手の発語行為によって、聞き手の感情や行動、思考にどのような効果をおよぼすかが問題になる。そこには話し手がなんらかの目的や効果を意図して発言がなされる場合もあれば、話し手の意図しない効果や結果が生まれる場合もある。[☆22]ハーバーマスが注目するのは、前者の意図・目的をもって発言がなされる場合である。たとえば、話し手が「あなたの最近のお仕事は本当にすばらしい」と聞き手を褒めそやすとき、話し手の本当の意図は、聞き手の「最近の仕事」にたいする高い評価を伝えることよりも、むしろ聞き手をおだてて胡麻をすり、彼に好い印象をもってもらい、それでなにか利を得ようとしているのかもしれない。そこには発言自体に現われることのない言外の意図が隠れている。相手

☆21 Austin, op. cit., p. 100. 訳一七三頁。
☆22 ibid., p. 101. 訳一七五頁。

を褒めることは、その仕事を高く評価するという発語内行為自身が目標なのではなく、むしろそれを手段に用いて話し手の隠れた意図を目的として達成しようとの魂胆が働いているわけである。

ハーバーマスは、言語行為のこの二つの契機にそって、行為類型の基本的な区別をおこなう。発語内的な力は、発言で表現された内容を聞き手と話し手が相互に了解しあうことにささえられて、発揮される。こうした発語内的な力にもとづいて遂行される行為が、了解指向的行為 Verständigungsorientiertes Handeln である。これにたいし、右で描いた発語媒介的な目標は、言語行為を手段にして話し手の隠された意図が目的・成果として達成されるか否かにある。このような発語媒介的行為は、話し手のもくろむ成果指向的行為 Erfolgsorientiertes Handeln のコンテクストに組み込まれている。なるほどオースティンのいう発語内行為―発語媒介行為とハーバーマスのいう了解指向的行為―成果指向的行為は、なんのズレもなく完全に一致するわけではない。ことに発語媒介行為と戦略的行為のあいだにズレがあることは、ハーバーマスも批判を受けたためか、[☆23] のちには発語媒介行為にかんするより厳密な腑分けを試みている。[☆24] とはいえたしかに両者に重なりがあることもたしかで、この共通する部分に着目して成った類型論が、従来の行為論における基本的な姿勢をさらに発展させる結果になったことも事実である。

まず指摘してよいのは、成果指向的行為と了解指向的行為の相違が、言語の使用法の違いのかたちで明らかにされている点である。これは労働と相互行為がいずれも特定の言語の用法に

☆23 Jürgen Habermas, Entgegnung, in: Axel Honneth und Hans Joas (Hrsg.), *Kommunikatives Handeln*, Frankfurt am Main: Suhrkamp Verlag, 1986, S. 363f.

☆24 Jürgen Habermas, *Wahrheit und Rechtfertigung: Philosophische Aufsätze*, S. 126ff.

結びつくものとみなされていた基本的な考えが、言語行為論という概念の導入によって新たな展開をみたといってもよい。もっとも言語用法の違いを必要以上に強調しすぎると、行為類型を対立的な構図に還元して理解してしまうことになりかねない。じつはハーバーマスの説明にも、両者の相違を示すことが両者の対抗を語ることだと誤解されやすい節がある。ハーバーマスのいう発語媒介行為では、話し手がその隠された意図を聞き手との関係で戦略的に達成しようとはかるさいに、故意の欺瞞行為が介在している。あえていうならば例示された発語媒介行為による目標の追求はあまりよろしくない行為である。これにたいし発語内行為では、話し手のそうした戦略的行為が介入する余地はない。その意味で発語内行為による了解の達成は望ましい行為である。成果指向的な目的合理的行為と了解指向的なコミュニケーション的行為との相違は、この場合、目標追求と了解達成、あまりよろしくない行為と望ましい行為、悪いものと善いものの排他的な対立の構図で解されている。

だがハーバーマスのいう成果指向と了解指向の相違は、こうした対立の構図だけでは捉えられない面がある。彼の行為論にはむしろこの二項対立を単純に許容しないところにある。二項対立の構図ではなく類型的な多数性をよりいっそう明確に浮き彫りにするかたちで、行為論の展開の跡をたどってみること――ハーバーマスの類型論の意義を探るうえで、見逃せない点はかえってこの方向に見てとれるのである。戦略的行為が、コミュニケーション的な相互了解のメカニズムによって媒介されないと、同じ戦略的行為でも、戦略的であることを明らかにした行為（顕かな戦略的行為）が戦略的であることを隠した行為（隠された戦略的行為）と化し、さらには戦略的であることを意識的に隠した行為が戦略的であることを無意識に隠した行為に転じてしまう事態が、たとえばなんらかの権力関係によって構造的に生じてしまうことにある。成果指向と了解指向は、こうした類型的な多数性をもたらす基本的な契機にすぎない。ともあれそうした側面に眼を向けるためにも、あらかじめ了解指向性と成果指向性の概念にもう少し立ち入っておくことにしよう。

ハーバーマスのいう了解指向的なコミュニケーション的行為は、厳密にとればたんなる了解の達成と同じものではない。☆25 ハーバーマス自身が注意したように「コミュニケーション的行為は、解釈のためにおこなわれる了解の営みと一致するわけではない」☆26。コミュニケーション的行為の重要な一角には、むしろ了解達成によって方向づけられながら、同時に一定の目標追求を予示したり指示したりする行為が含まれる。たとえば話し手が「明日までに仕事をやるよう君に命令する」と語るケースを考えてみよう。聞き手がこの申し出を受け入れるには、「明日までに仕事をやる」ことが実行可能で、「命令する」行為が規範的に正当で、話し手の発言が嘘のない誠実なものであるといった事柄にかんする了解が、話し手と聞き手のあいだで達成されねばならない。そうした事柄にかんする相互の了解が達成されたならば、聞き手は「明日までに仕事をやる」という目標追求の行為を義務として果たさねばならないだろう。ここに現われた言語行為は、じつのところ「明日までに仕事をやる」という話し手が立て、聞き手とのあいだで同意した行為プランと、聞き手によるその実現のための目標追求の営みを結びつける要となっている。「明日までに仕事をやるよう君に命令する」という了解指向的行為は、明日ま

☆25　たんなる了解の達成とコミュニケーション的行為（了解指向的行為）との違いについて、ハーバーマス自身は次のように言っている。――たとえば、ある命令の行為をそれ自体として考察しようとすると、それを了解達成の行為として論じるのか、それとも了解達成を必要とするコミュニケーション的行為として論じるのかで、異なった局面が現われてくる。「目的に向けられた活動の構造がそれ自体として立ち現われてくるのは、それをコミュニケーション的行為として論じる場合だけであって、その場合にのみ、自分がこの命令行為によってなんらかの目標追求をするのだと想定しているのである」。これにたいし、同じ命令行為をたんに了解達成の行為とだけ見る場合、「行為の担い手がまず関心を向けるのは、……むしろ自己が発言と結びつける妥当請求を

での仕事の実現という目的合理的行為を行為プランのかたちで聞き手とのあいだで確立し、そのことで将来の成果指向的行為との関連を予示している。コミュニケーション的行為はこうした行為の一連の流れで考えられるのであって、そこでは、了解達成のためのコミュニケーションと目標達成のための目的活動とが、言語形式の次元で二つの契機として結びつけられている。発語内的行為を例にした了解指向的行為は、じつは了解達成と目標追求とのあるべき関係を示した行為類型のことである。

これにたいし、発語媒介行為を例にした戦略的行為は、これと逆の関係にある。ハーバーマスが考える発語媒介的な戦略的行為は、一見すると話し手と聞き手による了解達成の行為でありながら、話し手の発言そのものには現われない話し手の隠された別の意図が目標として追求されるといった事態を意味している。先の例を引いていうなら、話し手は「明日までに仕事をやるよう君に命令する」と言明しながらも、じつは仕事を成就させることが目的ではなく、明日までにはとても実現できそうにない仕事を強要して、聞き手を窮地に追い込み、あわよくば彼をクビにしようと意図しているだけかもしれない。この場合、聞き手の方は、コミュニケーションにもとづく了解の達成を話し手が目指していると信じ込み、了解せざるをえないなら目標追求の義務を果たさねばならないと覚悟しているのにたいし、話し手の方は、たんに了解達成の行為を装っているにすぎず、聞き手に伝えてはいない別の意図を目標として追求しているわけである。ここでは聞き手と話し手とのあいだで発語内行為として現われる了解指向的行為が、発語媒介的な契機として背後に隠れた話し手の別の目標を追求するという成果指向的行為

他者が受け入れるかどうかにある。」(John B. Thompson and David Held, *Habermas: Critical Debates*, London: Macmilan, 1982, p. 265) つまり了解達成の行為では、他者が自己の命令を正当だと受け入れるかどうかだけが問題とされるのにたいして、コミュニケーション的行為では、他者が命令を正当と受け入れかつ目標の追求によって命令を成就するかどうかが、同時に問題となるのである。

☆26 Habermas, *Theorie des kommunikativen Handelns*, Bd. I, S. 151. 訳(上巻)一五二頁。

のコンテクストに組み入れられ、了解達成と目標追求のあるべきでない関係、了解の達成を相互了解されていない目標追求（話し手と聞き手とのあいだで成立していない、話し手の自己中心的な行為プラン）の手段にするという事態が生じているのである。

2

ハーバーマスが労働と相互行為の対概念を提起して以来、一貫してあったモチーフのひとつは、たんに労働と相互行為の相違を示すことだけではなく、両者のあるべきでない関係とあるべき関係の対立を明らかにすることにあった。「合理化のふたつの概念」に関連して触れた議論がその好い例である。このモチーフは、発語内行為と発語媒介行為の区別にそった新たな行為類型論でも変わりはない。コミュニケーション的行為と戦略的行為をかりに対照的な関係として捉えるならば、それは了解達成と目標追求のあるべき関係とそうでない関係の対立のことである。ここではこの点の理解についてより正確を期するためにも、了解指向性と成果指向性の相違に若干のコメントを付け加えておこう。

ハーバーマスのいう了解指向的行為は、しばしば了解を目指す行為とか了解を目的にした行為だと解される。相互了解の達成にかんするこのような理解を前提にして、ハーバーマスのコミュニケーション的行為の理論は「合意」や互いの「一致」を目標にするもので、そのために互いの意見の違いや不同意の可能性を抑圧する恐れがあると批判するものがある。しかしこれは実際には、了解指向的行為を批判しているのではなく、成果指向的あるいは目的合理的行為を批判しているのである。この点はシュルフターによるヴェーバーの行為論の解釈を援用して考えればわかる。

シュルフターの解釈によれば目的合理的行為・価値合理的行為・感情的行為・伝統的行為というヴェーバーの四つの行為類型は、どれも目的—手段関係を軸にして区別された行為である。☆27 目的合理的行為以外の行為類型でも、それぞれ価値合理的な目的・感情的な目的・伝統的な目的を追求し、その追求に必要な手段を選択する。ただあとの三者は手段・価値・目標・結果といった諸契機をすくなくともひとつ以上欠いている点で、純粋な目的合理的行為と比べて不完全である。シュルフターのこの解釈の枠組みにしたがってハーバーマスの了解指向的行為を理解してみるなら、それは相互了解に価値をおいた価値合理的な行為で、了解という価値を目的として追求し、そのために効率よい手段を選択する行為だということになる。しかしじつはこのように解釈すると、了解指向的行為を目的合理性の枠組みで理解することになる。了解指向的行為は、了解という目的を追求するのだからその目標達成のために必要で効率的な手段や戦略を選択し駆使する。たとえば意見の不一致や不同意を余計なものだとしてできるだけ効率的に排除し、この排除を戦略的な手段としてともかく合意や意思疎通を効率よくはかることが、了解指向的行為の目標になるというわけである。しかしこのことで批判されているのは、実際には了解指向的行為ではなく、相互了解を目的とみなした成果指向的行為なのである。

なるほどハーバーマスも「発語内的目標」について論じるとき、しばしば了解の達成をその目標の実現のごとく語る。しかしこれを目的合理性や成果指向性の意味での目標達成と同じだ

☆27 シュルフターの解釈については、次のハーバーマスによるその紹介とコメントを参照。Ebd., S. 379ff. 訳（中巻）一七頁以下。

と見ることはできない。たとえば話し手が「明日までに仕事をするよう君に指示する」と聞き手に言ったとき、彼は自分の語ったことが指示であることを聞き手に理解し受け入れてもらいたいと考えている。これが「指示」であることを理解し受け入れてもらうという了解を獲得するには、実際にはさまざまな手段がありうる。指示を受け入れることはこれまでの慣例だと説明する手もあれば、巧みな説得術で聞き手が受け入れる気になるような発語媒介的な効果を考えることもある。権限と金銭をちらつかせてみることも相当有力な手段だろう。了解の達成を目的に立てて考えられるさまざまな手段を講じることは、いうまでもなく発語内的目標を聞き手に了解させる強力な方法である。しかし了解指向的であることは、自己中心的、他者中心的のいかんにかかわらず、このように選択可能な手段をあれこれ模索することとはおよそ異なる。それら選択的手段は、慣例をもちだす例を別にすれば、いずれもほぼ成果指向的で、了解の達成を目標の追求と同じものと考えるか、目的合理性のコンテクストに還元して考える態度である。

了解指向的な態度は、たとえば「明日までに仕事をするよう君に指示する」という言語行為が妥当なものたりうる条件とはいかなるもので、その条件が充たされているかどうかを気づかう姿勢から始まる。予定にある仕事量や明日までの期限、聞き手の労働能力、補助のスタッフなどを考慮したとき、聞き手なら「明日までに仕事をする」ことができるという話し手の予測が間違いではないと話し手は主張できるのかどうか、おそらくこれが妥当たりうる第一の条件だろう。さらに、明日までの仕事が実行可能かどうかとは別に、「指示する」行為が正当かどうか、話し手と聞き手が所属している組織のルールや規範に従った正当な指示たりうるかどうか、あるいは当のルール、規範そのものが納得いく正当性を保持しているかどうかが、妥当としうる第二の条件になる。さらにまた、話し手の発言自体に嘘がないかどうか、別の意図を隠してはいないのかどうかも妥当たりうる第三の条件に加わる。

話し手が言語行為による申し出をしたさいに、こうした姿勢を最初に示しうるか否かが、了解指向的態度のいわば出発点である。ただしこれはあくまで出発点であって、話がこれに尽きるわけではない。了解指向性は話し手と聞き手との相互主観的な関係で成り立つ。話し手は、彼の言語行為による申し出にたいして、受諾や拒絶など聞き手の示すなんらかの反応に接する。そしてそのつど、それに対応する必要が出てくる。たとえば「明日までに仕事をするよう君に指示する」という話し手の申し出にたいして、聞き手が、時間と仕事の量から考えて明日までに仕事をするのは無理だと反論したり、話し手はルールに合わない不当な指示をしていると批判したり、話し手の発言は信頼できないと拒否したりしたとき、話し手は明日までに仕事が実行できると考えた理由、指示の行為が不当ではない理由、彼の発言が信用できる理由を聞き手に説明する必要が求められる。了解指向的態度のなかでとりわけ重要で不可欠の契機は、こうした理由を挙げて論証する姿勢である。ちなみにこうした了解指向的なコミュニケーションでは、言語行為の申し出に込められた話し手の意図は、話し手の個人的な意図であることをやめて、話し手と聞き手の共有物になる。主観の内に秘められた自己中心的な〈意図〉であることをやめて、両者の間で共有された相互主観的な〈行為プラン〉に転じる。行為プランは、主観の内にではなく、主観の間で形成されるのである。了解指向的態度において、了解達成と目標達成のあるべき関係が体現されているのも、その間接的な証左だといえるかもしれない。したがってたとえば「明後日、会社に伺います」と話し手が聞き手に約束し、その約束を聞き手が理解して受け入れたとき、話し手には明後日、訪問することを実行に移すという行為（行為プラン）の義務が聞き手との間で生じる。この行為する義務を義務として受けとめることも了解指向的態度の最後の段階に含まれるのである。

了解指向的なコミュニケーション的行為において、了解の達成が目標の追求と結びつく関係は、この行為の義務を果たすことでいったん閉じられる。了解指向的行為を了解達成と目標追求とのあるべき関係として説明したのは、こうしたプロセスのなかに位置づけられるからである。なかには、了解の達成も目標の一種だと見て、聞き手に「明日までに仕事をすることを指示する」という全体の〈目的 **Zweck**〉のなかに、☆28 話し手の聞き手に対する「指示」の了解を達成するという〈部分的な目標 **Ziel**〉と「明日までに仕事をする」という〈部分的な目標 **Ziel**〉とが区分され結合されていると解するものがいるかもしれない。ヴェーバーの行為論にたいするシュルフターの解釈に近いが、そう考えると、了解達成のために遂行される言語行為、その正当化のためになされる理由づけなどは、そうした目標を追求するために選択可能な手段のひとつだとみなされるだろう。それは言いかえるならば、発語内的な力以外に発語媒介的な効果を了解達成の別の機能的に等価な手段として認めることにもなる。「指示する」に代わる言葉

☆28 成果指向的行為に関連して、ハーバーマスは、目的 **Zweck** と目標 **Ziel**、成果 **Erfolg** と効果 **Effekt**、効果における、行為の結果 **Handlungsergebnissen**・行為の帰結 **Handlungsfolge**・副次的結果 **Nebenfolgen** などより細かい概念区分をおこなっている。Ebd., S. 384f. 訳（中巻）二二頁。

としては、「依頼する」「お願いする」「命令する」など考えられるが、効率よい手段としてなら「明日までにこの仕事ができないとクビにするよ」という脅迫めいた行為もありうる。しかしこれは発語媒介的な行為であって、発語内的効力とは異なる。「指示」にかんする了解の達成という目標を、全体の目的にとっての手段のひとつにすぎないとみなすと、このような違いが隠蔽されて、同じ全体の目的を実現する選択可能な手段のひとつに帰されてしまうだろう。

あらかじめ断っておくならば、こうした見方が十分に成り立ちうることを、われわれは無下に退けるつもりはない。それどころか行為を分析する一観点として、限定つきながらではあるが、かなり有効な視点を提供してくれる可能性があると考えることもできる。なによりもそれは、話し手と聞き手とがおこなう現実の一連の行為を、当事者にとってはしばしば認識の困難な、それとは別の行為の可能性から捉え返し、行為と体験の現実性と可能性という地平の設定にもとづいて行為の意味にかんする分析を深めていくうえで、はなはだ興味深い見方を提供してくれるからである。当事者のパースペクティヴにもとづく合意形成ではなく、（当事者も含んだ）観察者の視点からの機能分析である。いうまでもなくこれはニクラス・ルーマンが「行為」以前の「コミュニケーション」レベルで設定した分析の手法と似ている。☆29 しかしかりにその有効性を認めるとしても、それには限定的なただし書きが要る。その限定をつけるか否かは、ハーバーマスの行為論にとって、その基本的なスタンスを保持するかどうかと深く関わっているのである。

☆29 Niklas Luhmann, *Soziale Systeme*, S. 100. 訳（上巻）一〇一―一〇二頁。

3

さきに〈成果指向と了解指向〉について考察したさいに、ハーバーマスが発語媒介的行為をモデルにして成果指向的行為の説明をしていたことに触れた。そのモデルでは、発語媒介的な目標を追求するために了解達成の行為が手段のひとつにされて目的論的な連関のなかに組み込まれる。話し手は、聞き手に隠した自分の意図を目的として達成するために、コミュニケーション的な言語使用を手段として用いる。ここでは発語内的行為における相互了解の関係が発語媒介的行為の目的‐手段の関係のなかに組み入れられてしまう。もっともハーバーマスは、『コミュニケーション的行為の理論』を刊行してのち、発語媒介的行為について、この捉え方がいささか一面的にすぎたことを自己批判するようになった。

すでにオースティンの指摘にもあるが、発語媒介的な効果には異なった種類がある。ハーバーマスはそれを三つに分類するようになる。言語行為《スピーチアクト》が遂行されるかぎり、原則として発語媒介的な効果は、どのような場合でも生じる。発語内的目標を主眼にした了解指向的行為でも、なんらかの発語媒介的な効果が起こりうる。「明日までにこの仕事をすると君に約束する」と語る話し手の説得力ある口調から、話し手のこれまでの仕事ぶりからして十分に実現可能で、約束としても正しく誠実な態度が聞き手に伝わるとき、聞き手に安心感や好印象といった発語媒介的効果をもたらすことがある。これは発語内的行為の内容からごく自然に生じうるケースである。ハーバーマスはこれを発語媒介的効果1と呼ぶ。また発語媒介的な効果には、言語行為の偶然の結果、ときに話し手には予期しえない結果として生じる場合がある。発言のコンテクスト次第で、聞き手を驚かせたり、喜ばせたりなど、なかには話し手の意図しない予想外の結果をもたらす場合がある。これはハーバーマスが発語媒介的効果2と分類するものにあたる。これらはいずれも、前に成果指向的行為の例に上げた発語媒介的行為の場合、すなわち聞き手には隠された意図として発語媒介的な効果を実現するために了解達成の行為を手段に利用する場合とは明らかに違う。聞き手に気づかれないようなかたちで戦略的にしか達成されない場合を、ハーバーマスはさらに発語媒介的効果3に分類している。

これらはいずれも発語内的行為の目標に依存したかたちで発揮される発語媒介的効果で、言語行為が遂行される場合に付随する効果である。ハーバーマスはこれら発語媒介的効果とは別に、発語内的な目標の表面上の優位が後景に退いて、特殊な類型として発語媒介行為 ***perlocution*** が自立した様相をとる例を挙げているが、ここではこれ以上、細かな区分にはこだわらないことにしたい。

それよりもハーバーマスのこの新しい分類で注目しておきたいのは、発語媒介的な効果として現われているものに、たんに目的－手段の関係ではなく、むしろ原因－結果の関係のコンテクストで捉えられる側面が現われていることである。たとえば発語媒介的効果2は、あらかじめ意図した目標ではなくときに予想外の結果としてもたらされたものである。この場合、発語媒介的な行為も、意識して選んだ手段ではなく、あとで気づくか、さもなければ気づくことさえない原因の部類に入る。一般に行為の効果 Handlungseffekte と呼ばれるもののなかには、目的として定められていた行為の結果 Handlungsergebnisse のみならず、それ以外の結果も含まれるのが通例である。それ以外の効果には、目的以外に予想されていた行為の帰結 Handlungsfolgen（目的達成のためにはやむをえないとあらかじめ認められていた帰結）もあれば、ときには予想外の副次的結果 Nebenfolge もある。

　こうした点を踏まえながら「成果指向性」の概念を振り返ってみると、ハーバーマスにおける「成果」という言葉は、たんに「目的」や「目標」と同じものではないことがわかる。ハーバーマスは、成果 Erfolg という概念を、「与えられた状況で目標をめざして何かをおこなったりおこなわなかったりすることで因果的に引き起こすことのできる望ましい状態が、世界内に出現することだ☆30」と定義している。この定義では「目標」と「因果的に引き起こすことのできる望ましい状態」とがかならずしも完全に一致すると限られてはいない。だがもしそうならば、「目標」ではなかったが起こると予想できた行為の帰結が「望ましい状態」のひとつだといえる場合には、それも「成果」のひとつに含めてよい。また予想外の副次的結果でも、望ましくない状態ではないかぎり、成果の一部に加えてもよいだろう。もちろん望ましい状態とは言いがたい帰結や副次的結果ならば、成果には含まれない。いずれにせよ成果は目的という側面と同時に結果という側面をともなう。

　ただしここで興味深いのは、目標や目的の概念そのものが広い意味での結果（効果）という視点からも捉えられうることである。すでに触れたように行為の効果《エフェクト》は、目的以外の行為の帰結《フォルゲ》や予想外の副次的効果《ネーベンフォルゲ》とともに、「目的が実現されているかぎりでの」行為の結果《エアゲプニス》からなる☆31。目的は効果（広い意味の結果）のひとつである。もしこうした行為のさまざまな効果と

☆30 Habermas, *Theorie des kommunikativen Handelns*, Bd. I, S. 384f. 訳（中巻）二一―二二頁。
☆31 Ebd., S. 385. 訳（中巻）二一―二二頁。

いうものを、成果の概念ともども広い意味での結果という概念の一種と考えることが可能なら、ここでは目的－手段関係を原因－結果関係のひとつと捉え直す知的操作、目的論的連関を因果連関に組み換える認識上の操作がおこなわれていることになる。いうまでもなくこれは目的合理的行為を外から観察する者だけではなく、行為を遂行している当事者もおこなうことのできる知的操作である。ハーバーマスは成果指向的行為で成り立つ合理性の類型を、認識的－道具的合理性 kognitiv- instrumentale Rationalität と呼んでいるが、「認識的」とは目的にたいする手段選択の適不適だけではない。目的の達成にともなって起こりうる他のさまざまな結果の予測と判断、その可能性と現実性にかんする判断をも射程に収めた認識のありようを語ったものである。

ところで目的の概念がこのように広い意味での結果のひとつと考えられるならば、目的を目指して遂行される行為は、目的の実現という結果以外にさまざまな別の複数の結果をもともなうことになる。この別の結果には現実に起こるものもあれば、たんに可能性の域にとどまるものもある。行為が遂行されたあとから振り返れば、(実現された目的のみならず帰結・結果・副次的結果など)現実的となったさまざまな結果以外に、可能性のままに終わった結果もありうる。いずれにせよ、目的活動におけるひとつの手段の投入を一個の原因としてみれば、そこからは行為の担い手が定めた目的としての結果以外にも複数の結果が起こりうるということ、そしてそれは現実になるものもあれば可能性の次元にとどまるものもあるということがわかる。またこれは逆のことも言える。ひとつの目的の実現を結果としてみれば、そのために行為の当事者が選択した手段としての原因以外に複数の原因を探りうるということ、しかもそこには現実に起こりうるものもあれば可能性にすぎないものもあるということである。ニクラス・ルーマンが行為における「因果図式」として次のように解釈したものは、ほぼこうした事態を語っていた。

> われわれは因果図式を、因果性の「本質」ではないにしても、その機能の基礎と見なしている。この図式のうちでは、二つの方向においてオルタナティヴの存在が仮定されているのである。第一に、ある特定の結果を同じように実現することができる、別の諸原因がつねに存在する。そして第二に、ある特定の原因から同様に生じえたであろう、別の結果がつねに存在する。……因果図式のこのオルタナティヴ構造は、次のことと密接に関連している。すなわち、どんな原因もそれだけではある結果を実現するのに十分ではないし、どんな原因（単独であろうが多数であろうが）もひとつの結果だけをもつわけではない。ひとつの原因ないしひとつの結果という観念はつねに抽象にすぎない。この観念は、特定の秩序づけ機能を果たすのである。むしろ、あらゆる事実的な因果事象において結びつけられている原因と結果が多数であることによって初めて、ひとつの原因ないしひとつの結果を抽象化しつつ同定することが可能になる。[☆32]

ルーマンのこの見解は、成果指向的行為の範囲にとどまるかぎり、ハーバーマスの行為理論

☆32 Niklas Luhmann, *Zweckbegriff und Systemrationalität: Über die Funktion von Zwecken in sozialen Systemen*, Frankfurt am Main: Suhrkamp Verlag, 1977 (1st 1968), S. 26.（『目的概念とシステム合理性』馬場靖雄・上村隆広訳、勁草書房、一九九〇年、一七—一八頁。）

と相容れないわけではない。ただルーマンは、成果指向的行為という範囲に限定することを認めないだけで、むしろこの因果図式が行為のいずれにとっても「同一の論理」として前提されると唱えるだろう。この違いはささいなズレではない。のちに見るように、ハーバーマスの了解指向的行為の意味を見直すうえで重要な手がかりとなるひとつがここにあるからだ。

ところで目的という概念は、複数の原因と結果からなる連鎖の構造に組み入れられ還元されてしまうかといえば、けっしてそうではない。因果図式はあくまでも目的という概念にとっての前提のひとつにすぎない。すでに触れたようにハーバーマスは広い意味での行為の結果に目的・帰結・副次的結果などさまざまな種類があることを指摘していた。原因と結果の関係からみれば、さまざまな結果のあいだに違いを見ることは一種の事実認識と解されるかもしれない。だが複数の可能な結果のなかからいずれかを目的として設定し、他を副次的結果と判断したり、可能だが現実的でない結果として放棄したりすることは、行為のもろもろの結果を、「因果的に引き起こすことのできる望ましい状態」から価値評価していることでもある。「望ましい状態」という表現自体が価値評価を含意している。この点についてもルーマンの次の指摘は見逃せない。

目的概念の「主題」は……、その結果のもつ価値と副次的諸結果の価値との関係である。……目的設定が意味するのは次のことである。行為を根拠づけることができるのは、めざした結果の価値であり、そのさい、副次的結果がもつ価値あるいは非価値、また（別の結

果がもたらしたであろう）放棄された結果の価値ないし非価値は無視されるのである。[☆33]

ある行為の結果を「因果的に引き起こすことのできる望ましい状態」と見て目的に定めることは、その結果を望ましい価値あるものとみなし、それ以外の結果よりも善いものだと「諸価値の関係を想定する」[☆34]ことである。ルーマンのこの指摘もまた、成果指向的行為に限定するかぎり、ハーバーマスの行為論と相容れないわけではない。「目的指向という戦略は、複雑性を因果図式と価値規制によって解釈することを前提にしている。」[☆35]ハーバーマスの「成果」という概念は、目的の概念が因果図式と価値規制を前提することを考慮に入れながら、目的とより広い結果の一部を含んだ概念から構成されている――われわれは彼の成果概念をこう解釈しておきたい。こう理解したときにこそ、（とりわけルーマンとの違いで）了解指向性の意義もより明らかにできるからである。

三　行為論の転換②――討議と行為

前節ではハーバーマスの成果指向的行為の概念を、初期ルーマンの目的概念に引きつけるかたちで解釈してみた。しかしそのさいルーマンの議論に簡単に触れながらも、あまり注目しなかった原因・結果が存在する。同じく価値規制でも、行為の目的として実現された結果や副次的結果の価値以外に、潜在的なままにとどめられた価値、ルーマンの言い方を借りれば「中和」された潜在的な価値が存在している。可能性と現実性、潜在性と顕在性は、ルーマンの場合、

☆33　Ebd., S. 44. 訳二八頁。
☆34　Ebd. 訳二九頁。
☆35　Ebd., S. 53. 訳三六頁。

意味というメディアを定義するさいの核心にある形式概念である。

意味という現象は、体験や行為のそれ以外の諸可能性を過剰に指示するという形式において現われる。……意味の指示それ自体は、現実を捉えようとしておこなわれているのだが、その指示には現実的なもの（または現実的と推定されるもの）のみならず、可能的なもの（条件つきで現実的なもの）と否定的なもの（非現実的なもの、不可能なもの）が含まれている。……意味は、これまで実際になされた体験と行為に、それとは別の体験や行為の諸可能性を提供するものである。☆36

ここでいう意味の概念は、当然ながら行為の意味にも当てはまる。ルーマンのこの意味概念は、意識がいま与えられているものをつねにかならず超えて他のものを指示するという意識の地平性の考え（フッサール）に由来している。ハーバーマスが現象学由来のこの見解をそのまま認めることはないが、ハーバーマスにおける行為論のもうひとつ重要な側面を考察するうえで、この観点を発端に据えてみることは無駄ではない。行為ないし経験の可能性と現実性という差異の地平を確認することを出発点に据え、そこからハーバーマスにおける討議（議論）の概念にアプローチする手がかりを模索してみることが、以下の課題である。

☆36　Luhmann, *Soziale Systeme*, S. 93f. 訳（上巻）九三―九四頁。

1

個々人は、一定のなんらかの行為を遂行しようとする場合、それとは別のさまざまな行為の可能性があることを、ある程度知っている。また当の行為を断念したり中断したりする可能性があることも知っている。行為ないし体験に現実性と可能性、顕在性と潜在性からなる地平があることは、現象学の知見をもちだすまでもなく、日常世界での経験にもとづいて知ることのできる事実である。しかし実際には、わたしたちが日常のルーティンと化した活動をとくに意識しないままに続けている場合、行為や体験の別の可能性を模索したり選択したりする必要に迫られることはほとんどない。現実とは違った別のさまざまな可能性があったとしても、あえてそれを追求しようという意欲がおいそれと湧いてくるわけではない。行為ないし体験における現実性と可能性の差異といっても、大方の日常世界の地平ではほぼ潜在化したままにとどまる。

行為の別の可能性に挑んだりするのは、これまで通例のことや慣例のこととみなされてきた営みが、なにかの事情で困難に逢着し、それまで実際になしてきた行為に変更が迫られるようになる場合である。このとき、行為や体験における現実性と可能性の差異と統一が意識され顕在化される。たとえばひとりで特定の目的をめざす活動がなされる場合、首尾よく目的を達成することができなかったとき、現に遂行されている活動とは違った行為の別の可能性を探る必要に迫られる。それまでの通常の目標追求が失敗し挫折したとき、目的達成の手段として別の選択肢を試みたり、当初の目的を変更したりするなど状況に即した対応が求められる。ではコミュニケーション的行為の場合はどうか。これもまた目標追求が挫折した場合と同じ対応に帰するのだろうか。あるいはまたそれとは別に、むしろ目的合理的行為とコミュニケーション的行為の双方にたいして共通する同一の論理形式が考えられるのだろうか。ルーマンが「複合性 **Komplexität**」と「偶発性 **Kontingenz**」というキー概念を駆使しながら自己言及的な意味システムの論理を構築したのは、この同一の論理形式を洗練させることに目的がある。いうまでもなくハーバーマスがこの立場をとることはない。「行為の同一の論理形式」ではなく、「異質な経験のパターン」にもとづいた行為の類型的な差異を捉えるのが、彼の基本的な姿勢である。コミュニケーション・システムに独自の「観察者のパースペクティヴ」[☆37]ではなく、コミュニケーション的行為に関与する「参加者のパースペクティヴ」により強い力点を置いた立場が表面に出てくるのも、この姿勢に由来している。その「異質な経験のパターン」として浮き彫りにされるのが、「討議 **Diskurs**（議論）」という概念である。では討議ないし議論の空間はいかなる意味で「異質な経験」たりうるのだろうか。以下、日常的な会話の具体例にそくしてその意味を明らかにしてみよう。

了解指向的行為といえば、しばしば合意の達成を目標にする強い傾向があると考えやすい。しかしわたしたちが「理解する」という言葉を使う場合、互いの意見や立場の違いを理解するというコンテクストで用いられる例がしばしばある。このような意味での理解 **Verständnis** もじつは了解 **Verständigung** のひとつのあり方である。同一の理由や根拠にもとづいて合意

☆37　Ebd., S. 155. 訳一六九頁。

Einverständnis の形成にいたるのは、了解のもうひとつ別の形式にすぎず、後者をあえて特権視する必要はない[☆38]。いやむしろ了解指向的態度は、合意の形成より以前に互いの相違の理解、互いの理解より以前にそもそも理解の不一致が生じる場面こそ、その本領が試されるときだと言ってもよい。了解指向性が成果指向性との違いを際立たせるのは、理解の不一致が表面に出て、経験の別の可能性が意識的に顕在化されるようになる局面である。

たとえばいま、「明日までにこの仕事を完成するよう君を指示します」と話し手Aが聞き手Bに言ったとしよう。「君を指示します」は話し手Aの文法的な言い間違いである。この発言を耳にした聞き手Bは、これを同音異義の「君を支持します」と思い、そのため彼にはAの発言の意味がよくわからないでいる。Bは少し考えをめぐらして、「きっとAは、もし明日までにこの仕事をしあげたならば、私の出した企画を支持するといっているのだ」と勘違いし、「えっ、私を支持するって、昨日出した私の企画を支持してくれるのですか？」と早とちりをする。Bの誤解を察したAは、「いやごめん。『君を支持する』ではなく『君に指示する』と言っただけです」と言い間違いを認めたとしよう――日常ではよくある会話だが、ここには出発点として確認しておきたい興味深い論点がある。

ちょっとした言い間違いをして誤解を招いたり、理解が行き渡らなかったりする例を、私たちは日常よく体験する。このような体験がひんぱんに繰り返されると、伝達したい情報が相手には伝わっていないのではないか、相手が本当に理解できているのか不安に感じることもある。伝達や理解が話し手の思った通りに十全に成就するというのは、たしかにありそうにない

☆38 了解指向的態度には、したがって下位区分として理解指向的な場合と合意指向的な場合とがあり、コミュニケーション的行為もこれに応じた強弱の違いがある。Habermas, *Wahrheit und Rechtfertigung*, S. 116ff.

ことだろう。しかしすこし視点を変えてみると、誤解が起こったことは、話し手Aと聞き手Bにとって、予期しない行為や体験の別の可能性が顕在化したことでもある。言い間違いや誤解は事実として起こりうる。そうした事実そのものを認識上、予想せざるをえないのも、コミュニケーションにおける合理性の契機である。しかし誤解があればそれを正して理解に努めるという指向性 Orientierung があることも、コミュニケーションの否定できない側面である。誤解と理解は実際にどちらも起こりうるという点では等しいが、誤解されたならばそれを正して理解に努めるためのコミュニケーションが起こりうるというのも見逃してはならない。誤解と理解の双方が起こりうる可能性と、誤解を理解に転じる可能性――コミュニケーション的行為における経験の可能性として確認しておくべき次元がここにある。

ところで話し手Aと聞き手Bとの右の会話をすこし注意深く追ってみると、言語行為《スピーチアクト》が遂行されるプロセスにある興味深い転換の生じたことがわかる。話し手Aは「指示する」と発言をすることで、「指示」という行為をしている。「指示する」と語ることが「指示する」おこないをすることだという言語行為の二重の側面が現われている。ところが聞き手Bがこれを受けて「私を支持する」と解したことを口にし、Aがこれにたいして「支持する」ではなく「指示する」の意味だと訂正したとき、この二重性が逆の方向で捉え返されたかたちになっている。つまり「指示する」と語ることが「指示する」おこないをすることではなく、逆に「指示する」おこないをすることが「指示する」と語ることになった点がきっかけをなして、次の会話が進行しているのである。ここでは話し手Aが聞き手Bに「指示する」行為を遂行するプロセスが、AとBがこの「指示する」行為について了解するプロセスに転換している。

ここにはコミュニケーション的行為の二つの形式が明瞭なかたちをとって出現している。ひとつは、「指示する」と語るコミュニケーションが「指示する」行為になる通例の形式である。かりにこのコミュニケーション的行為が首尾よく達成されたならば、聞き手Bには「明日までに仕事を完成させる」目的合理的行為をおこなう義務が発生し、一連の行為連関が形成される。もうひとつは、「指示する」という行為が「指示する」と語ったコミュニケーションでもあることを起点にして、「指示」の行為を「指示」にかんするコミュニケーションに転じる反省の形式である。これが議論 Argumentation（討議 Diskurs と批判 Kritik）と呼ばれるコミュニケーション形式に導くことは、すでに触れた。コミュニケーション的行為とは、この二つの形式をつねに可能性として保持した行為類型にほかならない。ちなみに議論のかたちでコミュニケーション的行為が進行する場合、行為を遂行することに代わって、行為を議論するプロセスが生まれ、その結果、話し手が指示するという行為の遂行そのものが一時的に差し控えられることになる。議論に転じることで、行為の遂行がひとつの可能性として潜在化され、行為の中断が現実のものになる。コミュニケーション的行為は行為の遂行と中断の双方を可能性として保持した行為である。行為の遂行自身が中断される可能性——議論というコミュニケーション的行為における経験のもうひとつの可能性がここにある。

ところで、いまコミュニケーション的行為の反省形式を「議論」という訳語で表わしたが、右に挙げた例を見ると、議論と呼べるほどの争いなどないのではないかと疑う向きがあるかもしれない。ちょっとした言い違いが、聞き手に理解できない表現と感じられ、思わぬ誤解を生んだというだけのことで、議論といえるほど大仰なものではあるまいと反論するものもいるだろう。なるほどこれはハーバーマスのいう理論的討議にも実践的討議にも入らない。聞き手Bは、「君を指示する」という話し手Aの発言に反論するというよりも、「えっ、私を支持するって?」と問い返すかたちで発言の内容の理解を確認している。ただ両者のコミュニケーションによる了解のプロセスを結果から見れば、聞き手Bの問い返しが、実質的には話し手Aによる発言が理解可能かどうかを問うている。「君を指示する」という表現が文法に一致しているかを問い、話し手Aはそれに気づいて「君に指示する」と訂正をしている。このプロセスで問題になったのは、話し手Aによる発言の理解可能性 Verständlichkeit と文法的な整合性 Wohlgeformtheit である。こうした理解可能性や文法的な整合性をテーマにする議論の形式を、ハーバーマスは説明的討議 explikativer Diskurs と呼んでいる。

自分の発言が相手に十分理解されているかどうか、誤解を生んではいないかどうかを考えるとき、わたしたちはこのかなりプリミティヴなレベルでの発言の理解や表現の整いが問題になることを見逃してはならない。ハーバーマスが主に分析の対象にする理論的討議や実践的討議（さらには美的批評や治療的批判）で問題になることは、この発言の理解可能性と表現の整合性が話し手と聞き手とのあいだで承認されていることを前提にして成り立っている。その意味では、理論的討議や実践的討議は、前提条件としてプリミティヴな次元での説明的討議というコミュニケーションの別の可能性にあらかじめ開かれてもいるのである。

2

ハーバーマスの真理論が「真理合意説 Konsensustheorie der Wahrheit」と名づけられたせいか、コミュニケーション的行為の概念は、狭い意味の「合意」を目指す行為だと誤解しがちである。「理想的発話状況」という概念も、この種の誤解を招くのに一役買ったかもしれない。ハーバーマスはのちに自身の真理論をむしろ「真理討議説 Diskurstheorie der Wahrheit」と呼ぶようにもなるが、それは「了解」という言葉が「合意」への強い指向性をもつかのように解されかねない点に配慮したためともいえようか——ともあれ、前節でも指摘したように、ハーバーマスの「了解」概念を適切に理解しようとするなら、合意を得る場面よりどちらかと言えば了解の不一致や拒否を起こす局面に注目した方が、真意をつかみやすい。また少しばかり見方を変えてみればわかるが、ハーバーマスの「了解」概念は、一様には語りえない複数の層からなる。複数の層を弁別できる局面は、じつは了解の不一致が起こるさまざまな局面でもある。了解指向性と成果指向性、対話的合理性と目的合理性を二項対立と見て、前者を価値として善いもの後者を悪しきものとみなすのではなく、両者の重なりや絡み合いに、複数の行為と合理性を弁別し、それぞれのあり方により慎重な価値づけの可能な道を探ること、この点に立ち入って整理してみるのが、ここでの課題である。

「了解」の行為にはさまざまなレベルがある。前節では、話し手の語っていること自体が文法的に間違っていたり聞き手が誤解したりしたために、聞き手が理解不可能になった例を挙げたが、理解可能性が話し手と聞き手とのあいだで成立したときでも、さまざまなレベルがある。極端な場合、たんに相手の言ったことを相手と同じように理解している *verstehen* だけで、その内容をまったく受け入れる *akzeptieren* ことのない例がある。ハーバーマスはこれを「最小限の意味」での了解だといった[☆39]。たとえば、いま話し手Aが「明日までに仕事を完成させるよう君に指示します」と聞き手Bに語ったとき、その場に居合わせたCが、理由をあれこれ考えるとAの指示はかなりおかしいと思ったとしよう。Aが指示した仕事の数やBの多忙な様子を顧慮すると、「明日までにこの仕事を完成させる」ことはBにはとうてい不可能だ。それに話し手Aの指示は、どうもなにか悪意があってのことらしく、BにたいするAの指示は明らかな越権行為ともいえる。だがCは、AとBのことは別の部署の話だと言い訳して、事を荒立てずに特別なんの行動も起こさなかったとしよう。この場合、CはAが語った内容を理解しているが、心中では受け入れていないわけである。

ハーバーマスの概念にしたがって言い換えれば、Cにとっては、Aが何を言ったのかは理解可能だが、その発言の内容に示されている「明日までに仕事を完成させる」という予想は真理となりえないし、Aの指示行為が正当かどうかもあやしい。そのうえ、彼の発言には悪意が見て取れるから、誠実だったかどうかも疑わしい。ここに挙げた理解可能性・真理性・正当性・誠実性を、ハーバーマスは妥当請求 Geltungsanspruch と呼ぶ。あとで振り返るが、AがBに

☆39 Habermas, *Theorie des kommunikativen Handelns*, Bd. I, S. 412. 訳（中巻）四八頁。

「明日までに仕事を完成させるよう君に指示します」といったとき、彼はその発言について暗黙のうちにこれら妥当請求を掲げているというのが、ハーバーマスの見解である。Cは発言の理解可能性を認めてはいるが、その予想の真理性、指示行為の正当性、意図の誠実性は否定している。発言内容を理解Verständnisはしているが、他の妥当請求には合意Einverständnisしていない極端な例である。ここで理解可能性が他の妥当請求から区別される例を挙げてみたのは、ハーバーマスがここで四つの妥当請求を同じレベルのものとは見ずに、「一方でのコミュニケーションの前提である言語表現の……理解可能性と、他方での誠実性、命題的真理性、規範的正当性を階層的に区別[☆40]」しているからである。理解可能性は、言ってみれば同じく妥当請求といっても、誠実性・真理性・正当性にたいするコミュニケーション上の前提たる地位にある。そもそも話し手と聞き手が「ある言語表現を同じに理解する[☆41]」ことが先になければ、理解した内容を受け入れるかどうかも決められないわけだ。

ところで、Cの傍観者的な態度はさておくとして、右のような強要まがいのAの発言に直面したとき、当事者たるBはいったいどうするだろうか。もしBがCと同じようにAの発言を理解したならば、このような事態に立ち入ったとき、指示された当事者であるBがAの無理な要請をなんの抵抗もなしに受け入れる可能性はかなり低い。もちろんBが病的なまでに気が小さいことはないとしての話だが、彼はそれなりの理由を挙げて「あなたが何を言っているかわかるが、とても受け入れられません」と拒否するだろう。ではAがそれでもその無理な要請を押し通したいと思ったらどうだろう。その発言が誠実でもなく、指示が正当でもなく、そこでの

☆40 Ebd., S. 416. 訳（中巻）五二頁。
☆41 Ebd., S. 412. 訳（中巻）四八頁。

予想が真理にもなりえないときは、誠実性・真理性・正当性のいずれについても妥当だとは主張できない、つまり妥当請求を掲げられないということである。妥当請求を掲げられないとき、無理にでも押し通したいと思った彼ができることとしたら、かなり露骨に力ずくの要求 Machtanspruch を掲げることだ。たとえば「明日までに仕事ができなかったら、君をクビにするよ」と、制裁を課すような仕打ちを条件に加えて、自らの指示行為に力ずくの要求を重ね合わせることである。こうした事態に直面したBは、Aの指示を妥当だと受け入れることはないが、妥当請求に代わって制裁条件に裏打ちされた力ずくの要求が加わったため、それに従わざるをえないという可能性も出てくる。

　さてここまでの場面を振り返ると、AとBに、局面の違いに応じてはっきり異なった態度が現われていたのに気づく。Aが妥当請求に代えて力ずくの要求を掲げたとき、彼は、正当とはいえない指示・命令を無理に押し通してでも、聞き手に「明日までに仕事を完成させる」よう強要し、時に悪意ある意図を目標として実現しようとする態度に出ている。Aの発言をBが理解できたとしても、その内実を規定しているのはAの成果指向的で自己中心的な態度である。もしBがそのAに従ったとしたならば、彼は、妥当請求を是認しない代わりに力ずくの要求に服従せざるをえなくなる。他方、Aがこうした力ずくの要求を重ねる前に、BがAの発言を率直に拒否した局面では、両者は明らかにそれとは異なった態度で、コミュニケーションに臨んでいた。BはAの発言の真理性・正当性・誠実性など妥当請求そのものを問題にし、Aの言語行為が妥当条件を満たしていない点に異議を立てていたはずである。この局面にかんするかぎり、Bのとった態度は了解指向的である。もしかりにこの拒否の態度を表わしたBにAが応じて拒否した理由を問い、その理由に納得して自らの発言の非を認め、指示の行為そのものを撤回した場合、Aもまた了解指向的な態度を取ったことになるだろう。

話し手と聞き手とのあいだで話し手の発言の理解可能性が承認され前提された場合、その発語内的目標を達成するために、話し手が妥当請求だけを掲げるのかそれとも力ずくの要求を重ね合わせるのか、聞き手にとってのテーマが前者か後者かで、了解の局面に大きな違いが出てくる。「妥当請求は理由と内的に結びついており、発語内的役割に合理的に動機づけを与える。これにたいして、力ずくの要求が貫徹されうるには、制裁《サンクション》の潜在的可能性によって援護されなければならない。」[☆42]発言の理解可能性の承認を前提にしたとき、行為の現実性と可能性の地平に現われてくるのは、話し手の発言が妥当請求と力ずくの要求のいずれと結びつけられるのかという選択である。ただし、この妥当請求にもとづく了解指向的態度と力ずくの要求にもとづく成果指向的態度には、単純な二者択一では話にけりがつかない場合もある。

たとえばある男が、だしぬけにピストルを取り出して「手を挙げろ」と誰かに向かって怒鳴ったとき、彼はその命令に文字通り力ずくの要求を結び合わせている。しかし直後に黒い手帖を差し出して「警察だ」と叫んだなら、彼は力ずくの命令を法によって正当化することになる。たんなる命令には「二次的な規範化の道が拓かれている」[☆43]のである。「明日までに仕事ができなかったら、君をクビにするよ」という制裁条件にも、状況しだいでこの「二次的な規範化の道」が拓かれている。たとえばBが会社の資金を使い込んだことが発覚して解雇寸前に陥っ

☆42　Ebd., S. 408. 訳（中巻）四四頁。
☆43　Ebd.

ていたとしよう。Aには条件がそろえばBを解雇できる正当な権限がある。彼がBに最後のチャンスを与えるつもりで、「明日までにこの仕事を完成させてみたまえ。できなかったらクビだよ」と半ば言い含めるように告げていたとしたら、この命令には、条件のととのった正当な権限の行使として規範的な妥当請求が具わったことになるだろう。力ずくと思われた指示や要請も、なんらかの正当な規範的権威に支えられれば、妥当請求を立てた行為に転換できるわけである。[☆44]

力ずくの要求をもった言語行為のこの「二次的な規範化」は、右の例に示唆されるように、ある意味で法規範のコミュニケーション論的な基礎づけに通じている。警官の力ずくの公務執行で正当な規範的権威となるのは刑法であり、上司の解雇予告ではそれは社則になる。法規範は「事実的な強制力と同時に正統的な妥当性」[☆45]からなる。法的な要求は「強制力のある権限と結びついているが、しかしつねにその規範的な妥当請求をもつからこそ遵守されうる」[☆46]のである。しかしこれは裏を返せば「正当な規範的権威」の不当なまでの拡大解釈によって、力ずくの要求と結びついた言語行為が、規範的妥当性をもったもののように見せかけられただけにすぎなくなる恐れがあることを意味してもいる。なんらかの意味で優位した権限をもつ者、より大きな権限や高い地位をもった者が、規範的権威の妥当請求を笠に着て、結果的にはたんに（支配や暴力を含んだ）力ずくの要求を押し通そうとしているにすぎないのか、権力や強制力によって特定の法的規範を貫徹させることが、社会的コンテクストのなかで特定の行為の妥当請求を実現させることになるのか——言語行為における妥当請求と力ずくの要求との選択は、

☆44　Ebd., S. 409. 訳（中巻）四五頁。
☆45　Habermas, *Faktizität und Geltung*, S. 45. 訳（上巻）四五頁。
☆46　Ebd., S. 47. 訳（上巻）四七頁。

具体的な社会的コンテクストでは、こうしたより複合的な状況のなかに現われてくるのである。

3

コミュニケーション的行為における聞き手は、話し手の語った発言内容を、話し手とおなじように理解できなければならない。誤解を避け、理解可能性を確かめるための議論が説明的討議で、これが行為から議論に転換するさいに最も基本的な第一の層にあるコミュニケーション形式である。これにたいし、話し手の理解可能な発言が(露骨なあるいは巧みな)力ずくの要求を立てているのか、それとも妥当請求を掲げているのかを聞き手が弁別し、必要とあれば発語内的目標から力ずくの要求を原則として排除するための営みが、行為から議論への転換の第二の基本的な層をなしている。

サールのいう行為拘束型 commissive や行為指令型 directive の言語行為が、議論に転じることなくスムーズに進んだ場合、話し手あるいは聞き手になんらかの行為を遂行する義務が生じる。「明後日に君の家に行くよ」と話し手が聞き手に「約束する」行為拘束型の言語行為では、話し手に聞き手の「家に行く」行為を遂行する義務が生じ、「明日までに仕事を完成させなさい」と話し手が聞き手に「指示する」行為指令型の言語行為では、聞き手に「仕事を完成」させる行為を遂行する義務が生じる。発語内的行為が「発語内的な力」をもつとは、このような行為の義務を生みだす力があるということにほかならない。通常のコミュニケーション的行為が反省的な議論に転換すると、コミュニケーション的行為がスムーズに進んだ場合の結果として生じるこの義務がいったん差し止められる。すでに前節で触れたように、コミュニケーション的行為は、将来における行為の遂行のみならず現在における行為の中断をも可能性として保持した行為である。この中断によって、現実に起こりえた行為とは別の可能性が話し手と聞き手とのあいだで吟味される。だからこそそれは互いの行為を調整する機能をもつ。しかしさらに議論には、力ずくの要求と妥当請求を区別し、前者を阻止することで、この別の行為の可能性を切り開くという側面も兼ね備えている。では話し手の理解可能な発言で、力ずくの要求が阻止されて妥当請求を掲げることが前提として成立するようになった場合、行為から議論への転換は、次にどのような基本的な層を重ねることになるだろうか。

コミュニケーション的行為の脈絡で発語内的目標が追求されるとき、話し手の語ったことと意図として抱いていることとは、原則として一致しているとされるのが条件になる。だが話し手が現に語ったこととは違った別の意図を秘めながら言語行為を遂行する例はごく普通に見かけられる。発語内行為と発語媒介行為の違いにもとづいて了解指向的行為と成果指向的行為を区別したさいに、話し手が隠れた意図を発語媒介的な目標として追求するケースを例に挙げたが、これがそれに当たる。この隠れた意図は言語行為において言葉で直接に明かされることがないから、なんらかの議論によって隠された意図をすべて問題にすることは難しい。しかしコミュニケーション的行為の脈絡で言語行為が問題になるとき、発語行為は真理性・正当性・誠実性という妥当請求のいずれの面からも問題にしたり拒否したりすることができる。実際に言葉にされた命題内容の部分が真か否か、発語内の成分が正しいか否かだけではなく、話し手の発言がなにか別の意図を隠さずに、誠実な態度にもとづいているかどうかもまた議論に付すことのできる対象である。たとえば「明日までにこの仕事を完成させなさい」という話し手の発言が、明日までにはとうていできそうにない仕事を聞き手に押しつけて、彼を窮地に追い込もうとしているのが明らかな場合、話し手の指示が誠実さに欠けるのを理由に聞き手がそれを拒否することは十分にありうる。

もっとも第二節で類似した例をあげながら、ハーバーマスの成果指向的行為と了解指向的行為の相違を発語媒介行為と発語内的行為の区別にそくして説明したさいに、彼がその区分に、目標追求と了解達成とのあるべき関係とあるべきでない関係とを重ねあわせていたことを指摘した。発語媒介行為には、話し手が隠れた意図を戦略的に達成しようとするさいに、故意の欺瞞行為を介在させる恐れがある。のちにハーバーマスが発語媒介的目標3として分類したケースで、発語媒介的目標3の追求は、聞き手にとって話し手の誠実さを疑わせる事態が起こりうる。発語内行為では話し手のそうした戦略的行為が介入する余地はない。聞き手が話し手の誠実性を疑問視することは、コミュニケーション的行為に悪しき意味での戦略的行為が介在したり、コミュニケーション的行為がそのような戦略的行為の脈絡に組み入れられたりすることを阻止する結果を導く。

コミュニケーション的行為における話し手と聞き手が、話し手の発言内容にかんする理解可能性を前提し、さらに力ずくの要求を排して言語行為の妥当請求だけが掲げられていることをもうひとつの前提にしたとき、行為から議論への転換にとってさらに第三の基本的な層をなすのは、コミュニケーション的行為に悪しき意味での戦略的行為が介在したり、戦略的行為の脈絡に悪しきかたちで組み入れられたりするのを阻止する営みの存在である。ハーバーマスはコミュニケーション的行為と戦略的行為そのものについて、前者を善い行為類型として後者を悪しき類型としてあらかじめ価値評価を下していたわけでは毛頭ない。複数の行為が結びついて当事者同士で行為を調整する必要が生じたとき、それをコミュニケーション的行為と戦略的行為のどちらの脈絡に委ねてよいのかが、問われるべき課題なのである。そして戦略的行為が悪しきかたちで介在するのを阻止するために、妥当請求のうちでもまず誠実性要求が議論の対象に付されるわけである。

もちろんこれは発言内容の真理性や発語内行為の正当性が副次的にしか問題にならないということを意味しない。むしろ『コミュニケーション的行為の理論』のハーバーマスは、「最小限の意味」での了解である理解 Verständnis を超えて合意 Einverständnis にいたるのは、妥当請求の受け入れが「三つのレベルで同時に達成される」ときだと言っていた。もっともハーバーマスは、その後、この考えにいささかの修正を加えたように思う。そしてその修正に沿ってみたとき、誠実性要求の確認・吟味がすくなくとも論理的に他の妥当請求に先行すると見た方がごく自然な解釈になるように思われる。この修正を伺わせるものが、「弱い意味でのコミュニケーション的行為」と「強い意味でのコミュニケーション的行為」という新たな区別である。[☆47]

☆47 Habermas, *Wahrheit und Rechtfertigung*, S. 122f.

コミュニケーション的行為における話し手の発言が、第一に聞き手に彼と同じように理解され、第二に力ずくの要求を排して妥当請求だけが掲げられ、そして第三に話し手の誠実性が聞き手にも承認できたとしよう。これらを前提にしてコミュニケーション的行為が聞き手と話し手とのあいだで成立する場合を考えると、論理的に見てそこに二つの可能性のあることがわかる。ひとつは妥当請求のうち真理性要求までで話し手と聞き手の相互承認が終わるケース、もうひとつは真理性要求と正当性要求にまで両者の合意が及ぶケースである。弱い意味と強い意味のコミュニケーション的行為の違いは、この二つのケースに該当している。「弱い意味でのコミュニケーション的行為では、アクターは真理性要求と誠実性要求だけに方向づけられる。強い意味でのコミュニケーション的行為では、相互主観的に承認された正当性要求にも方向づけられる。後者の場合には、選択的意志の自由のみならず、彼ら自身の意志を規範的認識にもとづいて結びつける能力という意味での自律性をも前提にしている。☆48」

たとえば「明日までに仕事を完成させなさい」という指示行為を例にして、この二つの違いを考えてみよう。いま話し手Aと聞き手Bとのあいだでこのコミュニケーション的行為が成立するならば、すくなくとも聞き手Bは、話し手Aの発言に嘘がなく、明日までに仕事を完成させるという予想も真となりうることを承認していることになる。ただそのさいに話し手Aは、前述したこれまでの経緯も含めて「この仕事を指示したのは、クビにするかどうかを決めるためだからね」と指示した理由を語ったとしよう。他方、聞き手Bは「でも仕事をうまく片づけたなら、私が昨日提出した企画を検討していただけますね」と応じてAの指示を受け入れた彼

☆48 Ebd., S. 122.

なりの理由を率直に（かなり図々しく）語ったとしよう。Bは Aの理由を理解しているが受け入れているわけではなく、またAもBの理由を理解しているが受け入れているわけではない。つまり両者は自分の都合に合ったそれぞれの理由にもとづいてコミュニケーション的行為に関わり、それを成立させているわけである。ここでは、両者がそれぞれの都合を超えた同じ理由にもとづいて、指示行為の正当性を承認しているのではない。つまり妥当請求のうち誠実性と真理性を承認するにとどめている。弱い意味でのコミュニケーション的行為は、このようなかたちで成立するケースである。

いうまでもなくこれと同じような場面で、強い意味でのコミュニケーション的行為が成り立つケースを考えることもできるだろう。たとえばAはBに解雇される恐れが十分にあることを社則にもとづいて説明し、Bがその説明に納得した場合、あるいはまたAがBの企画を優れたものとみなし、明日までの仕事を片づけることができるならば、それを採用することに同意した場合、あるいは両者が同時に成立するような場合である。ただここで注目してよいのは、弱い意味でのコミュニケーション的行為と強い意味でのそれとのあいだで、成果指向的行為と了解指向的行為との関連づけに興味深い違いが現われていることである。

右の例にそくして言えば、弱い意味でのコミュニケーション的行為の場合、Bが「明日までに仕事を完成させる」のは、自分の立てた企画を認めてもらう条件になると考えているからであり、Aがそうした仕事を指示したのは、仕事の完成度でBをクビにするかどうかを決めることにしているからである。「明日までに仕事を完成させる」という同じ目標にそれぞれ各自の理由のかたちで異なった価値や利害関心が付与されている。「明日までに仕事を完成させる」行為は目的合理的行為である。しかもそこでコミュニケーション的行為が成立したとすれば、この同じ目的合理的行為にたいして、AとBとで価値の違いを理解しながらも、その目的活動を指示する行為について、両者で同じ規範に合意しているわけではないということになる。これにたいし強いコミュニケーション的行為では、両者が個々人の都合を超えた同じ理由にもとづいて、同じ規範的な妥当請求の合意にまで及ぶ。たとえば、Bが会社の金を横領した証拠が見つかったとき、AがBにたいしてその証拠を示しながら「君は出頭すべきだ」と警告したとしよう。BがこのAの警告を受け入れて出頭したとすれば、それは「横領を犯した者はその罪を認め刑に服さねばならない」という法規範の正当性が両者に受け入れられたからである。

　ここでは「仕事を完成させる」「出頭する」といった目標を追求する行為について、それぞれに一定の了解が達成されている。ただしそこには、誠実性要求と真理性要求で合意を得ながらも、価値の違いについて理解する次元にとどめるのか、それとも正当性要求にまで合意を及ぼし、同じ規範を受け入れる次元にまでいたるかで、コミュニケーション的行為のあいだにまぎれもない相違が見てとれる。第二節でわれわれは、ハーバーマスのいう了解指向的行為とは、了解達成と目標追求とのあるべき関係を示した行為類型のことだと言った。しかしこの両者の関係を相互了解によってどのように調整するかについても、行為状況や行為主体のあり方に応じて異なり、そこにある一定の幅がある。話し手の発言内容を聞き手が同じように理解し、また力ずくの要求が介在せず妥当請求だけが掲げられていると前提しよう。もしその発言の誠実性要求とその内容の真理性要求が両者のあいだで承認されていたとき、行為から議論への転換にとって第四の基本的な層をなすのは、価値と規範の相違に依拠して、価値の違いの理解にもとづく弱い意味でのコミュニケーション的行為か、それとも同じ規範の受け入れにもとづく強い意味でのコミュニケーション的行為かの選択を吟味する営みである。

すでに触れたように議論ないし討議と呼ばれるものには、さまざまな形態がある。それは複数の合理性と行為類型から帰結する多様な形態でもある。しかしそれはいずれも、通常のコミュニケーション的行為が議論・討議というその反省形式に転換することで可能になるさまざまな営み、その基本的な諸層の重なりのなかに垣間見えるものでもある。最後に、合理性の多様な形態を整理することで、この基本的な層の重なりの意味するものを問い直すことにしたい。

むすびにかえて——言語使用の諸相

ハーバーマスの行為論を考察していくなかで、「労働と相互行為」にかんする初期の構想以来、ほぼ一貫したモティーフとでもいえるものがあったことを指摘した。第一に、人間の行為は、行為一般にかんする同一の論理に規定されるのではなく、異質な経験のパターンで構成されていること、第二に、行為はいずれの場合でもなんらかの言語の使用と結びついていること、そして第三に、異なった行為類型は、相互に関連づけられるなかで、一定の調整がおこなわれるなんらかのメカニズムに規定されるということ——この三つがハーバーマスにおける行為論に確認できるモティーフである。「批判理論の言語論的転回」以来、言語行為論など新たなアプローチを導入することで行為論を理論的に深化させ展開させた結果、これら三つの契機に実質的な変化が生じたことは言うまでもない。しかし内実の変化にもかかわらず、モティーフの骨格そのものが揺らぐことはなかった。行為類型が〈労働と相互行為〉から〈成果指向的行為と了解指向的行為〉に転じたとしても、両者が異質な経験的パターンにもとづく点に変わりはない。言語の使用法との一定の結びつきが、言語行為論の導入によって新たな様相を呈するようになっても、言語と知の類型との関連が行為類型のあり方を制約する点は同じままである。そしてコミュニケーション的行為と戦略的行為の相違が発語内行為と発語媒介行為との区別に従って新たに定式化されるようになった場合でも、行為調整のメカニズムにおいてそれぞれの果たす役割が決定的な差異となる点に違いはない。

　とはいっても、そのモティーフを維持し基本的な姿勢を徹底させていくうえで、実質的な変化が大きな役割を果たしたことも否定できない。「言語論的転回」とともに通常のコミュニケーション的行為と議論の水準の違いが自覚されるようになったのは、よい例である。[☆49] さらにまた道具的行為と社会的（およびコミュニケーション的）行為をもっとも一般的なかたちで区別しうる十全なメルクマールが、この転回にともなった言語行為論の導入によって、明らかにされるようになったことも見逃せない。[☆50] ただしそのさい、この言語論的転回の成果として位置づけられる『コミュニケーション的行為の理論』が、彼の行為論の問題点をすべて解決するにいたったのかといえばそうではない。体系的な整備を進めたせいで、かえってあいまいな点が浮き彫りにされるようになった点も見受けられるからだ。ハーバーマスが、『コミュニケーショ

☆49 Habermas, *Erkenntnis und Interesse*, S. 393ff. 訳三七六頁以下。

☆50 Jürgen Habermas, Was heißt Universalpragmatik?, in: ders., *Vorstudien und Ergänzungen zur Theorie der kommunikativen Handelns*, Frankfurt am Main: Suhrkamp Verlag, 1989, S. 395ff.

ン的行為の理論』でコミュニケーション的合理性の概念を導きの糸にしながら行為論を展開したとき、基本的なところである両義性がまとわりついていた。目的合理性（認知的－道具的合理性）とコミュニケーション的合理性との関係にかかわる両義性である。以下ではハーバーマスの行為類型論に再度立ち入ることで、この点を明らかにし、最後にそれと関連して合理性の概念について簡単な考察を加えることで、本章のむすびにかえたい。

1

ハーバーマスは、コミュニケーション的行為の概念を考察したさいに、了解指向的行為と成果指向的行為を下位的な類型概念に細分する試みをおこなっている。細分するさいの基準になるのは、その行為類型が客観的世界・社会的世界・主観的世界のどれと直接にかかわるのかによる。客観的世界とは「真の言明が可能となる実在の総体」、社会的世界とは「正しいとされた規制にもとづく個人相互の関係の総体」、主観的世界とは特定の個人だけに独自の体験の総体のことで、初期のハーバーマスでは外的自然・社会・内的自然に当たるものである。客観的世界に関係する成果指向的行為が「目的論的行為」と呼ばれるのにたいし、了解指向的行為については、客観的世界に関連する「事実確認的言語行為（会話）」・社会的世界に関連する「規範に規制された行為」・主観的世界に関連する「ドラマトゥルギー的行為」の三つに区分される。

いま「タバコをやめる」という事態を例にしてこれら行為類型を描写してみよう。

①目的論的行為……「タバコをやめる」という目標を達成するために、行為の担い手が状況

に応じて有効な手段を選択する（たとえば、灰皿を探してタバコをそれに押しつける）。

②事実確認的言語行為（会話）……①の行為を観察していた話し手が、他の者に「彼はタバコをやめた」とその真なる事実を語る。

③規範によって規制された行為……ある場所で話し手から「タバコをやめる」よう指示され、その場所での禁煙が正当な社会的規範に一致すると了解して喫煙をやめる。

④ドラマトゥルギー的行為……話し手から「タバコをやめてほしい」と要望され、その発言の意図が誠実な態度にもとづくと了解して喫煙をやめる。

これらの例はいずれも「タバコをやめる」という同じ事態にかかわっている。「事態**Sachverhalt**」とは、ハーバーマスによれば、客観的世界に属する事象である。右にあげた行為は「タバコをやめる」という事態にかかわる以上、類型のいかんにかかわらずいずれも客観的世界に関係している。ハーバーマスが、たんなる「身体運動**Körperbewegung**」や「操作**Operation**」から区別された「行為**Handlung**」にあたえる第一の定義は、「行為の担い手を……すくなくともひとつの世界（ただしつねにまた客観的世界）に関係づけるシンボル的表出」[☆51]のことである。

ただし客観的世界にかかわるといっても、四つの類型のあいだでかかわり方に相違があることは留意してよい。たとえば②の事実確認的言語行為（会話）における「タバコをやめた」という事態はすでに起こった実在の事態であるのにたいし、①③④の場合、「タバコをやめる」とはこれから生みだされるべき事態、その意味でまだ実在していない事態である。前者は実在

☆51 Habermas, *Theorie des kommunikativen Handelns*, Bd. I, S. 144. 訳（上巻）一四六頁。

した事態すなわち「事実 Tatsache」であるが、後者はまだ存在していない事態、つまり事実ではない。前者では、もっぱら「タバコをやめた」という実在した事態の認識、つまり事実の認識は真か否かの了解達成が問題になるのにたいし、後者のうち③と④では、了解達成に「タバコをやめる」という目標の追求が主眼になる。この局面だけに着眼するならば、前者では「彼はタバコをやめた」という出来事としての事態が本当に実在したのかどうか、その事実は真理か否かが、事実確認的言語行為の妥当性を問う基準になる。「彼はタバコをやめた」と語る話し手が、この事実は真理だということを議論（討議）で理由や論拠をあげて立証できるとき、その話し手は理にかなった発言をおこなったとみなすことができる。この意味での合理性を『真理と正当化』でハーバーマスは認識的合理性 epistemische Rationalität と呼ぶようになった。

またこれらのなかでも、②③④とはちがって①では単一の行為主体だけが登場し、話し手と聞き手とのあいだの対話が欠落している。事実確認的言語行為が目標追求を欠いた了解達成となるのにたいして、目的論的行為は了解達成のない目標追求になる。といっても目的論的行為は言語を欠いた行為なのではない。単独の行為主体が目標を意図して達成しようとするさいにおこなう実践的推論には言語的構造が備わっていること、対話《ディアローグ》的ではないが、独白《モノローグ》的な言語がこの推論で使用されていることは否定できない。[☆52] それどころかハーバーマスは、目的論的行為によって目標とされる事態を生みだしうるという予測が真か否かをめぐって、議論という反省的なコミュニケーションの水準での理論的討議が可能であることを認めてもいる。これは

☆52　ハーバーマスはもっとも簡単な例として次のような実践的推論を描いている。「i、所与の選好にもとづいて、アクターAは状況Sのなかで事態pをもたらすことを意図している。ii、所与の諸事情にもとづいて、Aは、一定の蓋然性をもってpをもたらすために、手段Mの投入を（必要条件であれ十分条件であれ）条件を充足するものとみなす。iii、Aは選択された手段を投入する行為を実行する」。（Habermas, *Wahrheit und Rechtfertigung*, S. 122f.）

行為類型	体現されている合理性の型	議論の形式	行為志向
目的論的行為	目的論的合理性（認知的－道具的理性）	実用的討議（理論的討議）	成果志向
事実確認的言語行為（会話）	認識的合理性	理論的討議	了解志向
規範に規制された行為	規範的－実践的合理性	実践的討議	了解志向
ドラマトゥルギー的行為	美的－表現的合理性	治療的批判および美的批評	了解志向

行為の合理性の局面

目的―手段の関係を原因―結果の関係に組み換えて成り立つ命題[☆53]の真偽を、行為の担い手同士のあいだ、あるいは行為主体とそれ以外の他者のあいだで対話的に吟味する議論である。もっとも『討議倫理』のハーバーマスは目的―手段関係そのものが議論にかけられる形式を、実用的討議 **pragmatischer Diskur** と名づけて実践的討議のひとつに加えるようにもなった[☆54]。このような討議との結びつきで成立する目的論的行為の合理性を、ハーバーマスは目的論的合理性 **teleologische Rationalität** と名づけている[☆55]。

しかし話がここまでくると認識的合理性のみならずとくに目的論的合理性について、これらがコミュニケーション的合理性とどのような関係にあるのかを問いたくなるだろう。目的論的行為が、単数の行為主体でも遂行可能なもので、あくまで目的―手段関係を軸にして成り立つとすれば、かりに言語があくまでモノローグ的な使用法にとどまるかぎり、それはコミュニケーション的合理性からは独立した、旧来の目的合理性の概念で足りる。事実、②③④の行為類型は、コミュニケーション的合理性にもとづく行為概念に数えられ、①の目的論的行為とはこの意味で区別されている。しかし目的論的行為の目的―手段関係が理論的討議ないし実用的討議にかけられる以上、行為のあり方自体が討議というコミュニケーションの反省

☆53　たとえば「手段Mを原因Uとしたとき、目的Zを結果Eとして導出することが可能である」という命題がそれである。この命題は、前にルーマンの見解を参照しながら目的概念を「因果図式」で定式化した一例でもある。

☆54　Jürgen Habermas, *Erläuterungen zur Diskursethik*, Frankfurt am Main: Suhrkamp Verlag, 1991, S. 100.（『討議倫理』清水多吉・朝倉輝一訳、法政大学出版局、一一五頁以下）

☆55　Habermas, *Wahrheit und Rechtfertigung*, S. 122.

形式に制約されることになり、この面に焦点を当てて考えるならば、目的論的合理性はむしろコミュニケーション的合理性の一部、その下位概念と見ることも不可能ではない。ハーバーマスは、規範によって規制された行為の合理性を規範的‐実践的合理性、ドラマトゥルギー的行為の合理性を美的‐表現的合理性と呼び、両者をコミュニケーション的合理性の下位概念に分類していた。これと同じように認識的合理性も目的論的合理性も、コミュニケーション的合理性の一側面と見ることも可能ではあるまいか――おそらくこのような見方が出てきてもおかしくないだろう。

しかしながら発語媒介行為と発語内行為にそくして定義された成果指向的行為と了解指向的行為の相違は、現実には戦略的な目的合理性とコミュニケーション的合理性との対立として解釈できる余地を残していたことも否めない。両者は対立関係にとどまるのだろうか、それとも包含関係にあるのだろうか。このように問い直すときわたしたちは、ハーバーマスがもともとどのような社会的現実に批判的姿勢をとり、どのような支配的傾向に異を唱えてきたのかを、あらためて確認しておく必要があるだろう。ハーバーマスの行為論に通底する問題意識は、行為類型が相互に絡みあうなかで、合理性のある特定形態、すなわち目的合理性ないし機能主義的合理性が優位し、それ固有の領域以外や他の次元にまで支配が浸透する傾向にたいして、それを回避し阻止できる理論的戦略を考案することにあった。了解指向的行為と成果指向的行為のあり方にそくして、目標追求と了解達成とのあるべきでない関係とあるべき関係とを区別する理論的戦略は、行為論レベルでのその現われである。

ただし支配的傾向を阻止する戦略は、さまざまな行為が一定の言語使用と結びつきながら、類型的な違いが異質な経験のパターンにもとづくことを前提にしなければならない。これを前提にするかぎり、コミュニケーション的合理性と目的論的合理性は対立関係にあるわけでも包含関係にあるわけでもない。むしろコミュニケーション的合理性と目的論的合理性は、認識的合理性とともに互いに異質な経験にもとづく異なった合理性の一種だと見た方がよい。じつのところハーバーマスは、『真理と正当化』では、コミュニケーション的合理性を認識的合理性、目的論的合理性と並ぶ部分的な合理性と位置づけ、他方、コミュニケーションの反省形式である議論レベルでの合理性を討議的合理性 Diskursrationalität と名づけて、コミュニケーション的合理性とは概念的に区別するようになった。コミュニケーション的合理性はもろもろの合理性を包括する地位にあるのではなく、あくまでも三つの合理性のひとつにすぎない。これにたいし三つの行為類型とそれぞれの合理性の構造が互いに関連しあうのは、討議的合理性のレベルにおいてである。わたしたちは初期以来、一貫して存在した行為論におけるモティーフのひとつが、装いを新たにしながらもここであらためて繰り返されているのに気づくだろう。

2

しかし行為についてこのように複数の異なった合理性が存在し相互に絡みあうとすれば、そもそも行為の合理性とは一般にいかなるものなのかとあらためて問いたくなる。類型的な違いにもかかわらず、行為がいずれも討議や議論のなんらかの形式に結びついているならば、議論のさいに理由や論拠をあげて相手に納得のいく立証がおこなわれる手続きに合理性の一般的な特徴があると言えるかもしれない。適切な理由をあげて説得力ある説明や証明ができる態度にこそ合理性の核心があるというわけだ。合理性が主体—客体の図式を前提にした個人の主観的能力に還元されずに、むしろ相互主観的な関係の場面で成立する構造をもつとみなしている点は、たしかにこの見解の優れたところである。しかしシュネーデルバッハも批判するように、発言の理由づけと議論に体現される手続き的なプロセスにそくして合理性を規定しようとすると、議論や討議で十全に立証できていないものはどれも合理性として不十分なもの、その意味で非合理なものとみる結果にもなりかねない。その結果、合理性の幅をあまりに狭く取りすぎ、その分だけ非合理なものとされる部分が大きく膨れ上がることにもなる。[☆56] その意味では討議に現われた特性はあくまでも合理性の一部分にすぎないとみたほうがよい。

シュネーデルバッハ自身は、個々人のなんらかの表現が「反省的性格を有すること」に合理性の基本的なメルクマールを見ている。彼に言わせれば、個々人が認識したり行為したり発言したりする場合に合理的だと言えるのは、自分の認識や意見が真なるものであるのはなぜか、行為が正しいのはなぜか、発言が妥当といえるのはなぜなのかを、当の個人が意識し反省できるときだけである。シュネーデルバッハのこの見解は、議論での十分な論証をかならずしも不可欠の条件としていない分だけ、合理性がより広い幅で捉えられている。また「反省的性格」を有するか否かに合理性のメルクマールを見ようとした点でも評価してよい面がある。しかし他面では、「反省」が自己による「意識」化を軸に理解されたせいか、合理性が相互主観的な

☆56 Herbert Schnädelbach, Über Rationalität und Begründung, in: ders., *Zur Rehabilitierung des animal rationale*, Frankfurt am Main: Suhrkamp Verlag, 1992, S. 63.

場で成り立つ構造を有する点には、十分な配慮が向けられていない。
　個人の意見の真理性や行為の正当性が十全な理由と論拠にもとづいて議論の場で立証されうることは、狭義の合理性概念を定義したものと見ることができよう。しかしこれでは合理性概念がかなり狭い枠に閉じられてしまうことも否定できない。認識や行為・発言の合理性が、右の意味での「反省的性格」を備えながら、しかも相互主観的な場で成り立つ構造を有すること──合理性の概念を見直すうえでは、むしろこの二つの契機が条件になる。そのさい反省的といっても自己反省を主軸におく必要はないし、相互主観的な場といっても、完全な理由と論拠にもとづいた議論による立証の場面だけに限られる必要はない。こうした条件を考慮に入れながら、わたしたちが自らの認識や行動、発言について反省の場面に実際に立ち会うのはどのようなときかを想像してみると、まず念頭に浮かぶのは、他の人間の反論や予想外の出来事との思わぬ遭遇を経験するなかで、自らの行動や発言になにがしか誤謬があったことに気づくときである。認識や行為・発言が可謬的であることは、理性的であることをいかに自称し誇示する者でも逃れられない経験である。とはいってもわたしたちは、誤謬を犯した人自身をとらえて、ただちに彼を非合理な人間だと決めつけるわけではない。「真ではないとわかった考えを抱いた者は、だからといって非合理的だというわけではない。非合理的であるのは、自分の意見を理由づけできないことが自分でわかっているのに、その意見に固執する者である。」[☆57]
　自分の発言の真理性や行為の正当性を保証するために、考えられる誤謬をことごとく排除しえた強力な理由や論拠にもとづくことだけが合理的な態度なのではない。むしろ発言や行為を

☆57　Habermas, *Wahrheit und Rechtfertigung*, S. 107.

遂行することは、真なる発言や正しい行為の枠をはみ出す恐れに身をさらすことでもある。とすれば誤謬や失敗を犯さないことではなく、挫折や誤謬の経験から学習できることが、合理的な態度を規定する不可欠の条件だと見ることができるだろう。もし個々人が可謬的でありながらも、反省的たりうるとするならば、合理的といえるのは、妥当だとみなしている命題や行為、態度を討議によって完全な根拠づけができるところにあるというよりは、真ではないこと・正当ではないこと・不誠実であること、こうした事態を前にして、必要な撤回をなしうる姿勢のうちにこそある。他者からの批判や反論が重要な役割を果たすのは、こうした経験をうながす重要なきっかけとなるからである。

もっとも誤謬を犯したり反論を受けたりする経験は、自らの行動・発言の撤回や制限を部分的にでも強いられる以上、合理性を可能にする条件だといっても、いささか否定的で消極的な態度にとどまるかのような印象を与えるかもしれない。しかし時と場合によっては、ひとは何かを新たに始めようとして試行錯誤を繰り返し、虚偽や誤謬を積極的に活用する方法を探ることもある。その結果、思い切った仮構の構成や意識的な虚構の作為が、実験的な思考のプロセスにおいて積極的で創造的な機能を発揮することがある。虚構を作る積極的な可能性は、見方を変えれば誤謬を犯す消極的な可能性と表裏の関係にある。それは、知の拡張や意味のズラシによって発言の真理性や行為の正当性における既存の構造から距離をとり、ときとして新しい真理の発見や価値の創造に資することにも通じる。以前に触れたことだが、ハーバーマスは言語の世界開示的な機能にこうした営みの可能性を見ている。

ある意味では討議という議論の形式にも、これと類似した面がある。討議は、理論的であれ実践的であれ、主題にされた発言の内容や現実の行為にたいして仮説的な態度でのぞむ。仮説的とは、実際になされうる行為が妥当であるかもしれないが、そうではないかもしれないと問う姿勢を意識的に選び取ることである。妥当性の概念は、ここでは認識や行為の現実と可能性の双方をまたいでいる。この双方からなる地平で行為の合理的な内実を吟味することが、その仮説的な態度に現われている機能である。それは虚構の創作ではないにしても、一種の仮構を構成するに等しい。

しかし討議があくまで複数の合理性の地平内にとどまるのにたいし、言語の世界開示的な機能は合理性の地平を超えている。この意味でそれは合理性の外部で働く機能にほかならない。合理性の外部といっても、非合理的 irrational というわけではない。ハーバーマスはそれを、「合理的な行動を可能にする条件として合理外的 a-rational である」と言っている。「世界全体にたいするわれわれの見方を言語の創造性によって刷新すること」[☆58]が新しい合理的な行為の可能性を切り開くのである。合理性とその外部との境界は、誤謬や挫折から学習することと、虚構や仮説によって想像することとのあいだに張られた穴だらけの薄い膜のようなものだ。合理的なものと合理外的なものとのこうした解釈にもとづくならば、行為とその合理性は、言語の世界内的な機能と世界開示的な機能の両面を背景においてあらためて整理しなおすことが可能になる。

言語はしばしば了解やコミュニケーションといった営みと等置されてきたが、行為や合理性

☆58　Ebd., S. 133.

の多様な類型と言語使用の諸相との関連に注目するならば、安易な等置は許されないことがわかる。たとえば言語の使用は狭い意味での合意形成だけに限定することはできない。発言の内容がわかるだけの理解と発言の内容を受け入れる合意とでは、言語が媒介する妥当性のレベルに違いがある。言語は双方を区別しつつ、合意指向的態度のみならず了解指向的態度でもその機能を発揮する（コミュニケーション的行為の次元）。言語はまた理解と合意の双方を含んだ了解指向の範囲だけに限定することはできない。発語内的行為と発語媒介的行為は、了解指向的行為と成果指向的行為の言語行為モデルである。言語は了解指向的態度のみならず成果指向的態度においてもその機能を発揮する（社会的行為の次元）。さらにまた言語の使用は社会的行為だけに限る必要もない。道具的行為など非社会的な行為でも言語は構成的な役割を果たす（合理的行為一般の次元）。しかし言語は合理性の地平内で働くだけではない。言語は世界内的な機能のみならず世界開示的な機能をも備えている。言語は合理外的に機能することで合理的な行為を可能にする条件にもなるのである。

言語使用のこうした諸相が、コミュニケーション的合理性・目的論的合理性・認識的合理性、そして討議的合理性の各次元にかかわることは容易に見てとれるだろう。ここにはハーバーマスが自らの行為論の転換と修正を繰り返すなかで行き着いたある結論を垣間見ることもできる。ハーバーマスの行為論といえば、コミュニケーション的行為の概念を主軸に置いて解釈するのが通例である。だがここ二十年近くにわたる理論的営みを振り返ると、全体的な印象として浮かび上がるのは、すくなくとも強い意味でのコミュニケーション的行為の概念が次第に相対化されていく理論的な傾向である。右にみた言語使用の諸相にはその一面が伺われる。もちろんこれは行為論という側面だけに限った話にすぎない。ただし行為論を彼の他の社会理論における変化を敏感に反映しながら修正を重ねてきたことも否定できない。行為論はその意味で依然としてハーバーマスの批判理論のアルファでありオメガである。

第三章　方法としての反省概念

はじめに

ハーバーマスの合理主義と近代主義は、今日の思想界でもあまり評判がよくない。いうまでもなくそこではポストモダンやポスト構造主義の流行が影を落として、理性中心主義批判や近代批判は広く通り相場をなしている。「近代の超克」が戦前からの哲学の話題に上り、一九六〇年代に、近代主義的な戦後知識人が、批判の矢面に立たされた日本では、モダニティや理性の思想にたいする拒否反応も根深い。ハーバーマスの思想に言及する場合、あらかじめ拒絶や批判を見込んだ敵として、ポレミカルな姿勢でのぞむ方が都合がいいらしい。

もっとも、ポレミカルというならば、それは、なにより当のハーバーマスがみずからの理論を発展させるうえで一貫してとりつづけた姿勢でもある。批判的合理主義のカール・ポパー、ハンス・アルバートを相手にした「実証主義論争」、哲学的解釈学のハンス＝ゲオルク・ガーダマーと応戦した「解釈学論争」、社会システム論のニクラス・ルーマンと論争した「システム論争」等、ハーバーマスは、しばしばなんらかの論争に関与するなかで自らの理論的な説得力を鍛え上げてきた。近年では、ジョン・ロールズ、ヒラリー・パトナム、リチャード・ローティ、ロバート・ブランダムとのやりとりが、小規模ながら興味深い。話は哲学や社会学などアカデミーレベルの論争にとどまらない。「歴史家論争」は歴史学の玄人・素人を問わずドイツの世論全体を喚起した。

興味深いことだが、こうした論戦が一段落したあとに理論上の修正や変化を遂げることになったのは、多くの場合、批判された相手ではなく、批判した当のハーバーマスの方である。実証主義論争以後、『認識と関心』でチャールズ・S・パースにたいする立ち入った考察がおこなわれ、その後パース、デューイ、G・H・ミードや分析哲学への言及が増えるが、たぶんこれはポパーとの論争ぬきには考えられないだろう。解釈学論争以後、彼の批判理論のなかでフロイトの地位が後退するが、これもガーダマーからの反論が一役買ったとみてよい。一九七〇年代に「労働と相互行為」の二元論的な行為論が自己批判され、普遍語用論を主軸においたコミュニケーション的行為論にいたったのも、ルーマンの社会システム論との応接が機縁になった。自己批判のかたちをとった自己反省があらたな理論の再構築に向かうというのが、ハーバーマス一流の知的歩みである。同時代の情況へのコミット、学問的なあるいは政治的な公論へのアンガージェが、彼の理論形成を支えてきたといっても過言ではない。

一　自己反省の概念

直接の応戦は別にしても、ハーバーマスの理論的な著作そのものがポレミカルである。『認識と関心』は、ヘーゲル、マルクスから始まり、パース、ディルタイ、フロイト、ニーチェといった思想家の理論的吟味を通じて、理論の組み立てにいどむスタイルをとる。これはハーバーマス自身の理論的構築の習いともいえるもので、『コミュニケーション的行為の理論』や『事実性と妥当性』、『真理と正当化』などの主要著作も、類似の手法を採用している。

ところでハーバーマスが理論的に対決した相手で、筆者にとって現在も気になる思想家が二人いる。一人はジークムント・フロイト、もう一人はカール・ポパーである。フロイト受容は、ハーバーマスの仕掛けた論争ではいわゆる解釈学論争にからんでいる。すでに触れたが「批判理論の言語論的転回」と呼ばれる一九七〇年代の大きな理論的変化ののち、彼の理論体系のなかでフロイトの位置は大きく後退することになった。心理学の分野では以後、ジャン・ピアジェやローレンス・コールバーグがハーバーマスの依拠する潮流になる。この思い切った転換は、ハーバーマスが関わった論争から出てきた自己批判にもとづくのは間違いない。そしてそれはたしかに理論的に大きな成果に導いた。しかしこの事実上のフロイトの「切り捨て」は、同時にハーバーマスの取りえた別の理論的可能性を失わせることにもなったのではあるまいかとの疑いが、どうしても頭から離れないでいる。

フロイトの精神分析にたいする距離が拡大したことと比べると、ポパーとの関係はいささか微妙で複雑である。実証主義論争でハーバーマスがおこなったポパー批判の内容に関するかぎり、研究者共同体の特権視や真理対応説にたいする批判などをふくめて、その後も基本線を変えた様子はない。にもかかわらず批判理論の言語論的転回以後とるようになった基本的なスタンスを考えると、分析哲学やプラグマティズムにたいするハーバーマスの評価が改まるにとももない、ポパーとの距離は縮まった感がある。一定の留保はつくが可謬主義や反証主義[☆1]は、かなり早い段階からハーバーマス自身が認める立場になった。『コミュニケーション的行為の理論』で提起された三世界概念は、もともとポパーの三世界論を批判的に摂取したものだ。究極の根拠の追求を根底においた古典的な意味での合理主義からは距離をとるようになった点、そして同時に、開かれた議論と批判によって適切な理由を求めることに指針を据えるようになった点にかぎっていえば、ポパーやその学派の哲学とは予想外に近いところにいる。

　フロイトとポパーにたいするこの評価の変化には、じつはハーバーマスにおける〈方法としての自己反省〉の変容が反映している。「自己反省」の概念は、『認識と関心』（一九六八年）では類型的な相違が明示されないまま使用されていたが、のちにそこに「合理的再構成」と「自己批判」という違いのあることが自覚され、[☆2]『真理と正当化』では、これに「世界理解の脱中心化と「倫理的な自己規定」が加わるようになった。[☆3]批判理論の言語論的転回と平行して明らかにされたのは、二番目の「自己批判」と「合理的再構成」の区別である。この二種類の自己反省は、じつはそれぞれフロイトとポパーに因縁がある。どちらも『認識と関心』のなかにすでに存在していながら、自己反省という同じ名で括られ、ハーバーマス自身が違いの意味するものをまだはっきり語ることができなかったものだ。「世界理解の脱中心化」も、[☆4]ピアジェを取り上げるようになってから「道徳意識の発達」の議論などに登場していたもので、のちにこれも自己反省のひとつに数えられるようになった。そしてそれは自己批判としての精神分析が大きく後景に退いたことも意味している。こうした自己反省の諸相は、理性的なものや合理主義

☆1　ハーバーマスは、ポパーとの距離を語る場合、ポパー的な反証主義と自らの可謬主義とを意識的に区別している。

☆2　Habermas, *Erkenntnis und Interesse*, S. 411f. 訳三九〇頁以下。なお『理論と実践』の再版に付された序論などでは、「合理的再構成」が「追構成 Nach- konstruktion」といわれることもあり（ebd., S. 411. 訳三九〇頁）、「自己批判」も「自己反省」の言葉で呼ばれたりしている（Habermas, *Theorie und Praxis*, S. 29. 訳五九五頁）。以下では煩雑さを避けて、合理的再構成と自己批判で通すことにする。

☆3　Habermas, *Wahrheit und Rechtfertigung*, S. 192.

☆4　Habermas, *Moralbewußtsein und kommunikatives Handeln*, 訳二一七頁以下。

にたいする基本的な考えが、実際には何を狙っていたのかを知る格好の手がかりでもある。ではそもそもハーバーマスにとって自己反省とは何か。ここではまず「合理的再構成」と「自己批判」の二つに対象を絞り、両者をはっきり区別して語るようになった少し長い一節を引くことから話を始めよう。

……「反省」という言葉の、ドイツ観念論にさかのぼる伝統的な用法は、二つの意味を含んでいる……。一方でそれは、認識し発言し行為する主体一般が有する能力の可能性の条件にたいする反省を意味する。他方でそれは、その時の特定の主体（あるいは特定の主体の集団や特定の類的主体）がその形成のプロセスで従っているさまざまな制限、無意識のうちに生みだされた制限にたいする反省を意味する。前者のタイプの反省は、カントとその後継者たちにおいて理論的知識（および道徳的行為）の可能性の超越論的根拠づけという形式をとった。……やがてこの反省は、生成の諸規則あるいは認知的シェーマの合理的追構成という形式もとるようになった。とくに言語のパラダイムは（フンボルトの言語哲学においてはなお規定的であった）超越論的な思考方法を改革するまでにいたる。その結果、諸条件、カテゴリー、規則の体系に超越論的主観を付け加える必要はなくなった。……ことにウィトゲンシュタインによる「規則に従う」という概念の分析とチョムスキーの「生成規則」および「言語能力」というフンボルトにつながる基礎概念とは、言語、認知および行為の可能性の諸条件にかんする合理的再構成のこうした特殊な理解に役立った。

ヘーゲルは『精神現象学』において、さしあたり単純・素朴に知ったことがなんらかの制約を受けたものであるのを超越論的に分析することで、意識の自己批判的な限定がおこなわれるようになることと、自らが生みだした偽の対象性を批判的に解体するというもうひとつの意味の反省とを結びつけていた。言いかえれば、客観的仮象から分析的に解放することと結びつけていた。次にフロイトは、この自己批判を、認識論のコンテクストから切り離して、強迫的な制限を課された知覚や行為のパターンの下で、自分自身の欺瞞に陥る主体が、その錯覚を見抜くことで自分自身から自己を解放していく主体の反省的経験と関連づけるようになった。☆5

カントからヘーゲルへの展開の跡をその時どきの思想状況において再考してみるのは、ハーバーマスが自らの見解を再考したり、新たな理論を展開しようとするさいに、しばしば習いにしてきた彼一流の考察方法である。冒頭が「ヘーゲルのカント批判」から始まる『認識と関心』はよい例だが、三十年後の『真理と正当化』でも似た考察が顔を出す。右に引いた『認識と関心』第二版の後記は、その考察の手法をもっともよく体現したひとつだ。二つの反省概念のうち、「前者のタイプの」合理的再構成がカントの用法に、もうひとつの自己批判がヘーゲルのそれにあたる。ただしこの自己反省の二類型は、たんにカントとヘーゲルに帰されるにとどまらず、後継の思想家たちの手で錬磨され、他の対象との関わりや別のコンテクストで反復

☆5 Habermas, *Erkenntnis und Interesse*, S. 411. 訳三九〇頁。

される点も見逃してはならない。反復は差異をともなう。合理的再構成がフンボルト、ウィトゲンシュタイン、チョムスキーの基礎概念のなかで反復されるプロセスは、「言語のパラダイム」による「超越論的な思考方法の改革」にみちびく。他方、自己批判がフロイトの精神分析によって反復されるプロセスは、自己反省を「認識論のコンテクストから切り離し」、自己欺瞞からの解放に啓蒙のあらたな可能性を探るにいたる。両者はいずれも徹底した「脱超越論化」の道に通じている。☆6 自己反省の起源ではなく、その反復の差異に着目するのは、そうした道の方向を見定めることでもある。カントの超越論的な問題設定に、「合理的再構成」の類型を取り出し、ヘーゲルのカント批判に「自己批判」の類型を読みとること――これはかえってカントやヘーゲルの思考の枠組みを放棄する道に通じてもいるのである。

二　「自己批判」の優位

1

ところでハーバーマスは、合理的再構成としての自己反省を、カントにはじまりフンボルト、ウィトゲンシュタイン、チョムスキーにいたる展開に見ている。しかしカントとの関連で「合理的再構成」という用語をどこから採ってきたのかは触れていない。わたしの知るかぎりハーバーマスがこの点についてはっきり語ったことはない。しかしカントとのかねあいでいえば、ポパーの『科学的発見の論理』に「合理的再構成」を次のように使用した例がある。

☆6　Habermas, a. a. O., S. 186.

研究者が自分の着想を批判的に判断し、修正したり退けたりする以上、われわれの方法論的分析を当該の思考心理学的な過程の「合理的追構成」だとも捉えることができるだろう。この再構成は、これらの諸過程を実際に起こったとおりに記述するわけではない。それは吟味の手続きの論理的骨組みだけを与えるにすぎない。しかしまさに、これこそが、認識の過程の「合理的追構成」と解しうるものなのである。☆7

ポパーにしてみれば、科学的認識の論理的分析にとっては、新しい着想や思いつきがいかに生じるかという事実の問題ではなく、新しい着想を語る言明はいかにして妥当し正当性をもつのかという問題が対象となる。（ポパーの解釈によれば）それは、カントのいう事実問題ではなく権利問題である。ポパーは、研究者が新しい着想を発見し理論を案出する過程とそれを論理的に吟味しテストする過程とを区別し、後者こそが「合理的追構成」の対象に値すると考えた。エアハルト・シャイベによれば「合理的追構成」という表現は、もともとルドルフ・カルナップが案出した用語で、☆8「実際の認識のプロセスをその具体的な性状にそくして表現するのではなく、その形式的な骨組みにそくして合理的に追構成する」☆9営みの意味で用いられ、ポパーはそれを右の脈絡に転用したという。☆10注目されるのは、「認識の論理学」にとって合理的再構成の対象が、新しい着想を実際に発見するプロセスではないとされていることだ。発見はどれも「非合理的要素」あるいはベルクソンの意味での「創造的直観」を含んでいて、その方法は、合理的再構成の対象たりえない。むしろ実際の発見に続くプロセス、新しく見出した着想から

☆7 Karl. R. Popper, *Logik der Forschung*, Tübingen: J. C. B. Mohr, 1973 (1934), S. 6f.

☆8 Rudolf Carnap, *Der logische Aufbau der Welt*, Hamburg: F. Meiner, 1961 (1926), S. 139.

☆9 Ebd., S. 191.

☆10 Erhard Scheibe, 'Zur Rehabilitierung des Rekonstruktionismus,' in: Herbert Schnädelbach (Hrsg.), *Rationalität: Philosophische Beiträge*, Frankfurt am Main: Suhrkamp Verlag, 1984, S. 95.

論理的演繹にもとづいて結論が引き出されるプロセスに、いかなる論理的関係があるのかが、合理的に再構成可能なものである。ライヘンバッハの表現を借りれば「発見のコンテクスト」ではなく「正当化のコンテクスト」、ライプニッツあるいはヴィーコの表現を引けば発見術ではなく判断術こそが、合理的再構成という意味での自己反省の焦点になる。

正当化とは、適切な理由によって正しいことを立証すること、その意味での理由づけ、根拠づけを内に含むプロセスである。「合理的」とはさしあたりこの「理由に適った」という意味をもつ。そして合理性にかんするこの次元でいえば、じつはハーバーマスもポパーと同じ土俵にいる。もちろん適切な理由の内容を、言明が事実と一致しているかどうか（あるいは一定の目的の実現に必要な手段が適切であるかどうか）に求めるか、議論の相手を納得させるに足るものであるかどうかに求めるかで大きく異なる。しかし発見という事実問題ではなく正当化という権利問題を、自己反省としての合理的再構成の焦点に据えた点では、ポパーとハーバーマスの原則上の違いはさして大きくない。では両者はどこで別れるのだろうか。ここでわたしたちはハーバーマスが立てた「自己批判」というもうひとつの自己反省の概念に眼を移すことにしよう。

2

合理的再構成と自己批判は、前節の引用を見るかぎり、種類を異にするものの格としてはほぼ同レベルにあるように読めるかもしれない。だがこの一節を「後書き」に含んだ『認識と関心』の本論のなかでは、両者の価値づけには明らかな質的落差がある。合理的再構成に一定の役割が認められているものの、自己批判がそれより優位するかたちで、二種の自己反省が位置づけられているのである。

自己反省が合理的再構成のかたちをとった例には、チャールズ・S・パースによる自然科学の自己反省とヴィルヘルム・ディルタイによる精神科学の自己反省がある。ハーバーマスは、両者がそれぞれに各学問の自己反省によって「認識を導く関心」に突き当たるまでにいたったと見る。自然科学の「経験的・分析的研究は、科学以前に道具的行為の機能領域内でおこなわれている累積的な学習プロセスを、体系的に継続させたもの」で、精神科学の「解釈学的研究は、科学以前にシンボルによって媒介された相互行為の伝統の脈絡に根づいた了解のプロセスを、方法的に形式化したもの」☆11である。前者は技術的関心に導かれ、後者は実践的関心に導かれる。「独白《モノローグ》的な言語使用」と結びつく「技術的に使用可能な知識を生みだすこと」が一方で問題になり、「対話《ディアローグ》的な言語使用」と結びつく「実践的に有効な知識を明らかにすること」が他方で問題になる。ハーバーマスのこの解釈と整理にしたがうならば、パースとディルタイは、自然科学と精神科学のあり方を自己反省することで、それぞれの「言語、認識および行為の可能性の条件」を合理的に再構成したことになる。

パースとディルタイは、すでに構築されている自然科学と精神科学という研究分野で、その経験にたいする自己反省をおこなった。構築ずみの科学を事後的に追構成してみるという意味での反省である。ただしいずれも自然科学・精神科学のそれぞれが、実際にどのような探求の

☆11 Habermas, *Erkenntnis und Interesse*, S. 235. 訳二〇〇頁。

プロセスをたどるのかを記述するのではなく、それぞれの科学における言明の意味が解釈され命題の真偽が吟味されるさいの論理的・合理的な骨組みを再構成することが反省の主眼となる。これにたいし、すでに構築ずみの科学を再構成するのではなく、自己反省そのものが新しい学問を切り開くことになったケースが存在する。☆12 フロイトの精神分析である。「われわれにとって精神分析が重要なのは、それが方法上、自己反省を要求する科学のただひとつの実例だからである。☆13」ただしその自己反省の内容は、これまでに構築されてきた科学の論理的構造を合理的に再構築することとはおよそ異なる。

精神分析医は、患者を導いて、患者自身が破損し歪曲した自分のテキストを読むことを学習させ、さらに私的言語に変形した表現法を公的コミュニケーションの表現法に翻訳することを学習させるようにする。この翻訳は、生活史のうえで重要な局面にたいする想起が妨げられていたのに代わって、その想起を可能にし、自らの形成過程を意識させる。したがって……精神分析的解釈学が導いている理解の働きは、自己反省である。☆14

患者自身が「自分のテキスト」を「破損し歪曲」するとは、患者が自らの症状の原因となった原光景を無意識のうちに抑圧するため、患者自身の語る言葉が無意識に自分を欺くものになるということである。この自己欺瞞の言葉を患者と分析医が協同で分析することによって、抑圧された欲望と忘却された原シーンを探り出すことになるとすれば、それは、患者自身が無意

☆12 Ebd., S. 262. 訳二二四―二二五頁。
☆13 Ebd.
☆14 Ebd., S. 280. 訳二三九―二四〇頁。

識に生み出した「偽の対象性を批判的に解体」して意識化する分析医との対話的な営みになる。自己批判としての自己反省は、こうした偽の対象性の批判的解体をモデルにしたものである。

「偽の対象性を批判的に解体」する意識化の営みを、ハーバーマスは、カント的な合理的再構成の意味ではなく、ヘーゲル的な自己批判の意味での自己反省につながるものと見る。『精神現象学』における意識の経験の道程は、ハーバーマスの要約を借りれば、「自己自身を意識する主体」が「自己自身においてそのつどの意識の形態が次々に解体されていく」経験を歩むプロセスである。それは「主体にとってまずはそれ自身として存在するもの〔即自的存在〕のごとく立ち現われてくるものが、実は当の主体自身が客体に前もって付与した形式においてのみ内容をもつものである[☆15]」ことを知る経験でもある。精神分析における治癒のプロセスとは、これと似たかたちで、患者にとって歪曲された自分のテキストとして立ち現われてくる顕在内容に、「作者自身捉えることができずそれから疎外されているにもかかわらず、作者に属していて方向を与えているような[☆16]」潜在内容が隠れているのを知るにいたる自己認識の経験である。それはまた、ヘーゲルの人倫の弁証法において、犯罪者がその犠牲者のなかに自分の破滅した本質を認識するように、「患者の自我が、疾患に表現されている彼の他者を、彼から疎外された自我の自己として再認識し、彼と同一化する」にいたる倫理的洞察の経験でもある。

しかし精神分析の営みが、あくまで患者と分析医の対話によってある種の理解にいたるとすれば、それは日常言語による相互主観性の水準で成り立つ自己反省の運動でもある。ならばそ

☆15 Habermas, *Moralbewußtsein und Kommunikatives Handeln*, S. 5. 訳九頁。
☆16 Habermas, *Erkenntnis und Interesse*, S. 267f. 訳三二九頁。

れはディルタイが精神科学の自己反省で行き当たった実践的関心にもとづく知的営みと同種のものと言えないだろうか。ハーバーマスは同種ではないと見る。同じように理解や解釈を事としながらも、そこには見過ごせない違いがある。精神分析が解釈の対象にするテキストは「破損し歪曲」している。そのなかには文献学的批判や解釈学が扱うテキストともなるほどに脱落や歪曲がないわけではない。だが文献学的批判や解釈学において問題となる脱落や歪曲、外部からの作用で生じた偶然の欠落にすぎない。脱落や歪曲がテキスト解釈上、体系的な意味をもつわけではない。これにたいし、精神分析の解釈では、破損や歪曲は内部の作用で起こったもので、偶然の欠落ではない。毀損しているものは、それなりの意味をもつ。テキストの毀損はその作者による自己欺瞞の産物であって、そこでは過去の事象の忘却・排除という形式をとった対象の偽造が隠れているのである。

したがって精神分析医と患者との対話は、たんに相互理解を拡大させる関心にもとづくのではなく、「苦悩と苦境の経験」を背負った患者がその「障碍状態を止揚し」そこから自己を解放したいという関心に支えられている。それは病からの回復を望みながらも抑圧されたものを意識化することにたいする強い抵抗を患者が感情的に表わす情動的なプロセスである。この抵抗と闘うことにこそ、治療の任務がある。対話を通じて「医者が構成した知識」を「患者の意識に対する知識」に転じていく「啓蒙」のプロセスは、苦悩と情動がまとわりついた「葛藤」のプロセスでもある。ハーバーマスはそこに認知的契機と情動的契機からなる「批判の情熱」を読みとる。「もし批判の情熱によって駆り立てられていなければ、この批判は、虚偽の意識を打破する力をもたないであろう。……患者が医師を訪れるのは、彼が自分の症状に苦しんでいて、そこから回復したいと思うからだ。[☆17]」

精神分析による意識化は反省の過程である。ただし自己批判という反省のこの類型は、複数の異なったレベルから構成されている。まずそれは、患者が歪曲された自分のテキストを読解し、無意識的なものを意識的なものに翻訳する認識的レベルからなる。治癒のプロセスは自己認識の経験である。つぎにそれは、疾患のかたちで表われる患者にとって異他的なるもの、患者にとっての他者を、疎外されたおのが自己として再認識し、それとの同一化を回復する倫理的洞察の経験でもある。分裂した自我を再統合しようとする試みは自我にとって規範的レベルにある。しかしまたそれは、病因となった葛藤状況の想起にたいする患者の抵抗を伴いながらも、病から回復したいという患者の願望が表われる感情的なレベルをも具えている。この自己反省は批判の情熱に駆り立てられた情動的な動機づけをともなうプロセスでもある。そしてこのプロセスが患者一人の孤独なモノローグで成り立つのではなく、あくまでも患者と分析医とのディアローグとして成立すること——これが自己批判という自己反省にとって不可欠の条件である。

3

ところで精神分析が体現する自己批判は、たんに合理的再構成と異なるだけではない。ハーバーマスが「深層解釈学」と呼ぶ精神分析は、実は自然科学にたいする自己反省が対象にした因

☆17 Ebd., S. 286. 訳二四五頁。

果的説明と精神科学にたいする自己反省が問題にした解釈学的理解とを結合させる。「精神分析は、もっぱら自然科学のために留保されていると思われる操作と解釈学を結びつける」[☆18]。自然科学と精神科学の認識作用をディルタイ流に区別するなら、自然科学では所与の事象を仮説の助けを借りて初期条件から「説明」するのにたいし、精神科学では言語や記号のコンテクストを追体験にもとづく解釈によって「理解」することにある。精神分析はこの説明と理解を結びつける。それは心的障碍の因となった過去の葛藤状況と現在の症状との因果的なつながりを説明し、自己認識と倫理的洞察をともなった理解に患者をみちびく。「深層解釈学的理解は、説明の機能を引き受ける。この理解がその説明力を実際に発揮するのは、自己反省においてであり、この自己反省が……抑圧された動機の客体化をも止揚するのである。これは、ヘーゲルが『概念的把握』という名称で呼んだものの批判的な働きである。[☆19]」精神分析の自己批判は、自然科学と精神科学の条件にたいする合理的再構成で捉えられた因果論的説明と解釈学的理解を二つの契機として含む以上に、合理的再構成を不可欠の前提にして成り立つのである。

もっともこれだけでは再構成にたいする自己批判の優位までが明らかになったわけではない。『認識と関心』において自己批判の優位がより明確なかたちで現われるのは、パースとディルタイによる自己反省の試み自体の難点が問題になったときである。

パースとディルタイは、科学的認識の関心の基盤に突き当たったが、彼らは、この基盤をそれとしては反省しなかった。……パースとディルタイが客観的な生の脈絡から諸科学の

☆18　Ebd., S. 262. 訳二三五頁。

☆19　Ebd., S. 328f. 訳 二八七頁。

成立を反省し、こうして認識理論の立場において科学方法論を推進するとき、彼らはその〔正しい――引用者〕道を歩んでいる。しかし、自分たちが何をしているかを、パースもディルタイも見抜かなかった。もし見抜いていたならば、彼らは、ヘーゲルがかつて『精神現象学』において展開したあの反省の経験を避けることはできなかったはずである。☆20

ここでいう「反省の経験」が自己批判という自己反省のモデルを意味することは十分に推測できる。もしそうならば合理的再構成と自己批判は、異なった自己反省の概念として区別されるだけにとどまらない。前者はむしろ後者にいたりつくことでようやく十分な反省の実を結ぶことになる。ではパースとディルタイの両者が関心の基盤そのものを反省することがなかったということは、そもそも何を意味しているのだろうか。おそらくディルタイの「ひそかな実証主義」に触れた次の一節がその意味するものを伝えている。

ディルタイは、解釈学的理解を……この関心の連関から取り除こうとし、また、純粋記述を理想として、観想に退こうとする。ディルタイは、実践的認識関心が解釈学的認識の可能性の基盤となるものであって、それを退廃させるものではないことを見抜く。しかしちょうどそれと同じ地点で、精神科学の反省を中断し、客観主義に退落するのであるから、パースと同様に、結局は実証主義の力にとらわれているのである。☆21

☆20　Ebd., S. 243. 訳二〇七頁。
☆21　Ebd., S. 224. 訳一九一頁。

ハーバーマスは歴史主義を精神科学の実証主義と捉えていた。それは「経験的分析的な学問とおなじように、構造化された現実を理論的立場で記述するという方法意識をもっている」からである。[☆22] ディルタイが「観想」に退いて「精神科学の反省を中断し、客観主義に退落」したことは、パースがその普遍実在論によって、「それ自体として存在する普遍的事態をそのまま観想的に捉え」ようとする「客観主義的」で「観想的な認識概念に退行した」ことと同じ根から出てきたものである。

歴史主義にたいするこの批判は、ハンス＝ゲオルク・ガダマーのディルタイ批判を踏襲してはいるが、[☆23] ガダマーとは違って、ここでいう「理論的立場」を、たんに近代科学の「方法的意味」だけに限定していない。それは同時に古代ギリシア以来の「観想的生活」に見られる「古い存在論」、「認識者から独立した世界の構造という存在論的な基本前提」との結びつきを保持してもいる。古代以来の観想《テオリア》としての認識は、たんなる関心や利害にとらわれない宇宙的秩序の直観をめざす。その意味では利害関心にとらわれない直観はある種の解放を含意してもいた。[☆24] 実証主義は、古代のこの認識モデルにも含まれていた解放という実践的意義を忌避して、認識と関心を分離する。それは、両者の結びつきを分離することによって、一定の認識がいかなる関心に導かれるのかを自己反省せず、むしろ反省を忘却し放棄することでもある。「われわれが反省を否認するというその事態そのものが、実証主義である。」[☆25]

明らかにハーバーマスは、古代から近代にいたるこうした歴史的な趨勢に対抗するかたちで、自己反省の二つの類型を使用している。パースとディルタイがおこなった自然科学と精神

☆22　Habermas, *Technik und Wissenschaft als Ideologie*, S. 149. 訳一五八頁。

☆23　「ディルタイは、精神科学の方法的独立性を正当化しようとは努めつつも、なお、自然科学のモデルに強く規定されていた。」（Hans-Georg Gadamar, *Wahrheit und Methode*, Vierte Auflage, Tübingen: J. C. B. Mohr (Paul Siebeck), 1975 (1960), S. 4. ハンス＝ゲオルク・ガダマー『真理と方法Ⅰ』轡田収ほか訳、法政大学出版局、一九八六年、八頁）

☆24　「利害関心にとらわれない直観とはここではあきらかに解放を意味している。認識の利害関心からの分離とは、理論を主観性のにごりから清めるといったことではなく、逆に、主観を苦悩から純化し超然たらしめることである。浄化作用がここではもはや秘儀によって達成されるのではな

科学の認識の条件にたいする再構成としての自己反省は、認識と関心を分離する動きに抗して、技術的関心と実践的関心の所在を突きとめるにいたった。しかし両者はこれら関心の基盤そのものを反省することがなかったため、観想的で客観主義的な認識概念に退行してしまう。「それ自体として存在する普遍的事態」を観想的に捉えようとすることも、「構造化された現実を理論的立場で記述」しようとすることも、「客観主義的仮象」を「偽の対象性」として偽造することに等しい。

しかしこうした客観主義的な認識概念への退行を回避し、「認識と関心の統一点」を捉えようとするには、もはやカントの系譜を引いた合理的再構成としての自己反省だけでは足りない。「偽の対象性」を批判的に解体し、客観的仮象から解放する方法としての自己反省、すなわちヘーゲルによるカント批判の系譜を引く自己批判がどうしても不可欠になる。それは認識と関心の統一点を見出すのみならず、異なった認識関心がどのように関連しあうのかを反省する地点にまでいたる。それは「反省の解放的力」を経験する地点でもある。

技術的な認識関心と実践的な認識関心とは、理性的反省による解放的な認識関心と関連することによって、まぎれもない認識を導く関心として把握される。いいかえれば、心理学化や新しい客観主義におちいることなしに、認識を導く関心としてようやく把握されるのである。パースとディルタイの科学方法論は、実は科学の自己反省ではあるものの、彼らは、自分たちの方法論を科学の自己反省として把握しないため、認識と関心の統一点を捉

く、個人そのものの意思の内部で理論によって確立されるということは解放の新しい段階をしめしている」(Habermas, *Technik und Wissenschaft als »Ideologie«*, S. 153. 訳一五七頁)。ハーバーマスの近代主義が問題にされるさい、しばしば見落とされがちな点は、彼のモダニティに対する歴史的な理解が、古代ギリシアのポリスにおけるある種の「解放」を前段階の重要なステップとして前提していることである。ただしそれはあくまで前段階のステップの話であって、古典古代への伝統的な回帰でもなければ、一種のネオ・アリストテレス主義でもない。

☆25 Habermas, *Erkenntnis und Interesse*, S. 9. 訳三頁。

えそこなっている。☆26

技術的な認識関心と実践的な認識関心とが真に「認識を導く関心として把握される」には、認識と関心の結びつきを合理的再構成によって自己反省するにとどまらず、二つの認識関心が客観主義の罠に陥らないように、自己批判としての自己反省によって解放的な認識関心と関連づけなければならない。技術的認識関心と実践的認識関心が解放的認識関心に対して「下級の」認識関心であるとされたことと平行して、☆27「再構成」は諸科学の科学主義的自己理解にたいする批判と解放に向けた☆28「自己批判」の前提に置かれていたのである。再構成にたいする自己批判の優位は、たんなる利害関心にとらわれない認識という観想的生活のなかに秘められていた「解放」をまったく別の意味で捉え直し、同時に認識と関心の実証主義的な分離の克服を狙ったものにほかならない。

☆26 Ebd., S. 244. 訳二〇八頁。

☆27 Habermas, *Theorie und Praxis*, S. 27. 訳五九三頁。

☆28 Habermas, *Erkenntnis und Interesse*, S. 12. 訳一二頁。

三 「合理的再構成」の優位

1

「再構成」と「自己批判」のこうした関係は、再構成の名で呼ばれた反省概念が、自己批判概念の優位から影響を受けたためか、文脈によっては少し異なった意味をもって使用されるケースも見うけられる。

精神分析家の仕事は、さしあたり歴史家の仕事と合致するように思える。もっと正確に言えば、考古学者の仕事と合致するように思われる。なぜなら、その課題が患者の原史を再構成することにあるからだ。分析が終われば、分析を始めたときに医師も患者も知ることのなかった忘れられた年月の出来事、病歴に関連のある出来事を、物語のかたちで描き出すことが可能になるとされている。この知的な作業は、医師と患者との間で分担され、一方の医師は、忘れられたことを、患者の夢・連想・反復という患者の欠損あるテキストから再構成するのに対し、他方の患者は、医師が仮説として提唱し構成したものに刺激されて想起する。[☆29]

わたしたちはここで医師と患者のコミュニケーションで、前者の〈再構成〉と後者の〈想起〉の営みが応接しあう場面を目撃する。これは、精神分析的対話の形式で成り立つ自己批判としての自己反省が、再構成と想起という二つの契機を内に含みもつことを意味しているが、自己批判の脈絡内に位置づけられた医者の再構成は、単純に「合理的」と形容することもできないし、「正当化のコンテクスト」にあるともいいにくい。

分析医の再構成は患者自身の病歴というテキストの欠損を埋めるだけではない。テキストの欠損という不合理な結果がなぜ生まれたのかを合理的に再構成してみることも、ここでいう「再構成」に含まれる。その再構成は、公的コミュニケーションから抑圧によって排除され私的言語と化した不合理とも見える潜在的内容を顕在化させる営みである。また分析医は、患者

☆29　Ebd., S. 282. 訳二四一―二四二頁。

が自分だけの営為では想起不可能なものを、再構成という作業の手を借りて実験的に推理し、ときに「共演者」として患者に代わって想起してみる。医者が再構成的に推理し（想起し）たものを患者が自己批判的に想起すること――これが精神分析的対話の課題になる。想起とは、過去のすでに不在となった出来事を思い起こし表象することであって、その意味で「不在を表象する」能力、つまり構想力の一種である。医者と患者双方にとっての意識のレベルで言えば、この営みは病理の原因となった葛藤状況を、医者と患者が共同で発見するコンテクストに置かれている。もちろん結果からみれば患者にとっては、無意識のなかに抑圧され排除されたものを、再発見するというのが正確な表現かもしれない。しかし医者と患者両方の意識レベルでは、新たな発見の営みである。その意味でこの再構成は、正当化のコンテクストではなく発見のコンテクストに位置している。

自己批判の一契機と考えられた再構成が、通例とはかなり異なった意味を帯びることになっているのがわかる。患者の症例という不合理な結果がなぜ生まれたのかを合理的に再構成する試みでは、葛藤の原状況から反復強迫的な症例にいたる因果連関を発見する営みがおこなわれる。その発見が正しかったか否かは、患者が回復するか否かで決まる。この試みでは合理的に分析される対象は不合理な対象である。ただし後に触れるが、この再構成的な営みがいかなる意味で「合理的」なのかは一考を要するだろう。ハーバーマスがこうした意味で再構成という概念を用いるのはあまりあることではなく、おそらくかなり稀なケースである。しかし自己批判の概念がもった拡がりを再考するうえでここには興味深い論点が伏在しているように思う。

この点はのちに立ち返ることにして、その前にわたしたちは、方法としての反省概念が、その後、大きく転換した経緯を追ってみなければならない。

ちなみにこの「合理性の契機」について、ハーバーマスは次のように言ったことがある。「合理性というものは、認識や知識の獲得に関わるよりは、むしろ言語能力と行為能力のある主体が、いかにして知識を使用するかということと関わりをもつ。[30]」合理性は知の獲得や発見のコンテクストではなく、知識を利用する適用のコンテクストに関わる。正当化のコンテクストではなく適用のコンテクストがここでは問題になっている。自己批判とは厳密に区別された合理的再構成という論点に引き戻していうならば、この反省概念は、じつは知識が適用されるコンテクストのなかに、同時に正当化のコンテクストが暗に含まれていることを示してもいるのである。

自己批判と合理的再構成という二つの反省形式は、そのコンテクストを広くとるなら、発見と正当化、そして適用という三つのコンテクストからなっている。しかしそれがあくまで「自己反省」の形式である以上、自らが過ごしてきた生のプロセスや日々の行動について、その正しさや誠実さなどを問いなおし吟味する営みが主軸になる。したがってそのコンテクストを狭くとるならば、正当化のコンテクストがいずれにとっても決定的である。たとえば精神分析的な反省（自己批判）では、分析医の再構成にもとづいて発見した患者の無意識の内容を患者自身が意識化の過程で受け入れ、その結果として病からの治癒にいたったとき、分析医の発見した潜在的内容の正しさが立証されたことになる。治癒のプロセスは正当化のコンテクストにあ

☆30 Habermas, *Theorie des kommunikativen Handelns*, Bd. I, S. 25. 訳（上巻）三〇頁。

る。とすれば正当化のコンテクストを完遂できるかどうかは精神分析にとって決定的である。日常のコミュニケーション的な営みで、個人が行為を遂行するさいになんらかの知識を適用していく場合にも、正当化のコンテクストが重要な含みをもつ。通例の行為能力と言語能力を備えているかぎり行為の主体は、原則としてその知識が適切なものであることをいつでも立証できる用意がある。必要とあれば、理由や根拠をあげてその知識と行為の妥当性を立証できること、あるいはまた他者からの批判や拒絶が正しいと認めて知識や行為を変更できること――合理的再構成という自己反省も、この意味での正当化のコンテクストなしには反省という意味をもち得ない。ハーバーマスが自らの方法論的な反省概念として合理的再構成を駆使するさいにも、諸個人のこうした日常的な反省の営みが重要な源泉になっている。

自己批判が発見のコンテクストに開かれ、合理的再構成が適用のコンテクストに含まれながら、いずれにとっても正当化のコンテクストがその軸になる。しかし正当化のコンテクストが同じように重要な契機をなすとしても、自己批判と合理的再構成とではやはり大きな違いがある。たとえば自己批判のモデルとされた精神分析的対話が、心的疾患というかなり特殊な個人的経験を素材にしていたのに対し、合理的再構成の対象のひとつにされる日常的なコミュニケーションの営みは、原則として万人に開かれたプロセスである。こうした違いを念頭におくならば、自己批判が優位した地位を占めていた「弁証法的社会理論」が、合理的再構成が優位した位置に立つ「批判的社会理論」に転じていった意味は小さくない。ではハーバーマスは何故、自己批判を主軸にした考えをあえて放棄し、新しい理論的再構築の道を選んだのであろうか。ここでは自己反省概念の含意に注目しながら、その理由を探ってみることにしたい。

2

一九七〇年代の「批判理論の言語論的転回」以降、ハーバーマスは、自己批判に代えて合理的再構成を方法論的な反省概念として理論的な体系構築の主軸に据えるようになった。精神分析の「自己批判」は、この結果、後景に退いて、「討議」と並ぶ議論の一類型に加えられて「治療的批判」の名で位置づけられ、すくなくとも社会的な支配関係からの解放をめざす批判的社会科学と変革的実践の原モデルであることはなくなった。むろんこうした変化は言語論的転回にともなったハーバーマス自身の自己批判から出てきた帰結でもある。[☆31]「自己批判」をまだ方法論的な反省概念の武器として保持していたとき、「啓蒙の組織化」を問題にしたコンテクストで、彼は精神分析における「医師と患者」の対話療法的な関係を、前衛党知識人と大衆との関係の規範的なモデルとみなしていたことがある。自己批判はここではイデオロギー批判になる。

マルクスは、ブルジョア民主主義を構築せよという素朴な要請をも、またブルジョア的理想の露骨な弾劾をも、ともに批判している。彼は、民主主義がブルジョア民主主義にとどまるかぎり実現さるべくもない、ということを明らかにしている。この認識は、イデオロギー批判として自己理解している経済学批判に依拠したものである。そしてこの批判を実

☆31　自己批判の他の側面については、拙稿「理性の行方」（藤原保信・三島憲一・木前利秋編著『ハーバーマスと現代』新評論、一九八七年、所収）三六―三七頁、参照。［本書の序章として大幅改稿のうえ収録した。＝編集注］

践に移すことが、共産主義の課題になるのである。ここから発展してくるのが共産党である。この類型を備えた組織化とともに、注目に値するものが制度化されることになる。すなわち、外向きに階級敵に対しては、戦略的行為と政治闘争の立場をとり、内向きに賃労働者大衆に対しては、啓蒙活動を組織化し、自己反省のプロセスを討議によって導くような制度化がそれである。プロレタリアートの前衛は、武器の批判と批判の武器のこの両者に熟達しなくてはならない。[☆32]

ハーバーマスの西欧マルクス主義的な風貌がかなり露骨に現われた瞬間でもあるが、「自己批判」という反省概念がイデオロギー批判の理論的な武器として重要な地位を占めていたことはこの一節からも十分にうかがえる。『理論と実践』新版の序論として一九七一年に書かれたこの論考は、合理的再構成を方法論的な反省概念にした理論的再構築がすでに始まっていた頃で、ちょうど過渡期にあたる時期の著作である。自己批判と合理的再構成はほぼ同格に位置づけられ、両者の調和を図るかたちで模索がおこなわれていた。しかしそこではまだ「医者―患者」のモデルに沿ったまま、前衛知識人と大衆からなる組織集団が実践的な解放の担い手として特定され想定されていた。それら組織集団とそのメンバーは、あくまでもある特定の支配や抑圧を経験し、それを自己反省した特殊な経歴をもつ特殊な集団に限られている。つまり主体であれば誰でもよいというわけではなく、抑圧の反省と支配からの自由といういささか重い課題を引き受けることのできた主体でなければならない。この議論のもつ問題と限界を明らかに

☆32 Habermas, *Theorie und Praxis*, S. 33f. 訳六〇二―六〇三頁。

するためにも、すこしばかりその背景となった事情を確認しておこう。

精神分析的な反省モデルを社会的領域に適用することについては、解釈学論争ですでにガーダマーやギーゲルが疑義を呈していた[☆33]。ハーバーマスはじつはこの批判に応答するかたちで右の一節を記している。彼は『認識と関心』で、マルクスの階級闘争を若きヘーゲルの「人倫の弁証法」にそくして解釈したことがある。近代社会で階級的な分裂と対立が生じたのは、「人倫の全体性」が分裂した結果である。それは人倫の全体を一個の「大型の主体」、「類的主体」として捉え、他者と自己との乖離や対立を、大型の類的主体が分裂しつつ自己自身から疎外されたものと解することでもある。そうした自己疎外状況で自我は「他の生の抑圧のうちに自分の生の欠如を、他の主体からの乖離のうちに自分自身からの疎外を経験する」[☆34]。革命の力はこの疎外を止揚して「分裂した諸党派を宥和する」。すでに触れたように、ハーバーマスはこれと同じような弁証法の構図を、精神分析的対話における心的疾患からの治癒のプロセスにも描いていた。「患者の自我が、疾患に表現されている彼の他者を、彼から疎外された自我の自己として再認識し、彼と同一化する」経験は、だからこそ「倫理的洞察の経験」と呼ばれたのである。

ただしハーバーマスは、社会的次元のプロセスと個人的次元のプロセスとを直接に対応させて、両者の類似性を推理するだけではない。彼はまた両次元をいったん間主観性の次元に還元し、この第三の次元を介在させることで両者の同一性を確認しようとしてもいる。類的なあるいは個人的な主体が分裂し疎外された自己が他者として現われる状況は、コミュニケーション

☆33 Hans-Georg Gadamer, Replik, in: K-O. Apel, H-G. Gadamer, J. Habermas, *Hermeneutik und Ideologiekritik*, Frankfurt am Main: Suhrkamp, 1971, S. 302f., H-J. Giegel, Reflexion und Emanzipation, in: Ebd., S. 278f.

☆34 Habermas, *Erkenntnis und Interesse*, S. 78. 訳六七頁。

関係が制限され歪曲されたために派生してきた結果にほかならない。制限と歪曲をもたらす原因は、生産活動を規定している資本主義的な商品形態である。

マルクスが分析の対象にするのは、階級対立を直接の政治的服従のかたちや社会的暴力のかたちで制度化された社会形態ではない。生産活動に商品形態を覆い被せる自由な労働契約の制度に、階級対立をつなぎとめる社会形態である。この商品形態は、客観的仮象である。なぜならこの形態が、資本家と賃労働者という二つの陣営に彼らの争点をわからなくさせ、また彼らのコミュニケーションを制限するからだ。この労働の商品形態はイデオロギーである。なぜならこの形態が、強制のない対話的関係の抑圧を隠蔽すると同時に表現するからである。☆35

商品形態によって体系的に制限され歪曲されたコミュニケーション関係という抑圧状況を止揚して、支配から自由なコミュニケーションを達成すること――この抑圧と解放の弁証法がこの当時、ハーバーマスの描いていた「大きな物語」である。ギーゲルが異論を唱えたのは、階級関係を（歪曲や制限を伴うものであれ）対話的関係として捉える姿勢そのものである。

革命的闘争は、けっして大型の精神分析療法といえるものではない。この二つの解放的実践の形態のあいだに違いがあることは、次の点からも明らかである。精神分析の患者にと

☆35　Ebd., S. 81f. 訳七〇頁。

っては自分がこうむっている強迫から解放されるさいに医師の助けが得られるのに対して、支配階級にとっては、社会的な強制関係からの解放の試みは、自分が他の階級に行使してきた支配権が脅かされることになると思わざるをえないからだ。後者の場合には対立関係が、精神分析の場合よりもはるかに激しい形式をとる。被抑圧階級は支配階級の対話能力に疑いをいだくだけではない。支配階級との対話関係に入ろうとするいかなる試みも、つまるところ支配階級がその支配を保持するチャンスになるだけだと考えるのも至極もっともなことなのである。[☆36]

ギーゲルのこの批判は、ガーダマーがハーバーマスの批判に反論したさいに依拠した見解でもある。ハーバーマスはギーゲルのこの一節をそのまま引用し、「階級間の戦略的対決と医者と患者の間の相互行為が同一ではない」ことを率直に認めている。にもかかわらず彼は、フロイトの精神分析とマルクスのイデオロギー批判のあり方からなる理論を適用することで、反省のプロセスを導き、コミュニケーションの障害を取り除くことが可能だとの見解を完全に捨てることはなかった。その結果、治療的対話モデルによる自己反省（自己批判）の形式を、支配階級と被抑圧階級との対立関係にあてはめることをやめ、前衛党と労働者大衆とのコミュニケーション関係にもとづく啓蒙化のプロセスだけにかぎるようになる。支配階級と相対する場面では、「啓蒙の戦略か闘争の戦略か、つまりコミュニケーションの保持か、コミュニケーションの断絶かをそのつど選択せざるをえない」とする一方、「政治闘争は、重要な決定はすべて、

☆36 Giegel, a. a. O., S. 278.

当事者たちの実践的討議に付されるという前提」で導かれると語ってもいる。政治闘争の複雑さをそれなりに考慮していると言えばたしかにそうだろうが、しかしそのつどの場面に応じて、啓蒙のための治療的対話、闘争のための戦略的行動、意思決定のための実践的討議のいずれかを選択すべきだと言うのは、ほとんど何も言ったことにはならないだろう。

いずれにしてもこうしてハーバーマスは、階級的な対立関係をも含んだコミュニケーション関係を広く設定していた従来の議論に代わって、自己批判にもとづく啓蒙化のプロセスの対象を前衛知識人と大衆との関係に制限するにいたった。これはガーダマーとギーゲルの批判にたいする応答の表われだと解することもできよう。この応答がガーダマーやギーゲルを納得させたかどうかはさておき、ここでハーバーマスの議論が、自己批判という自己反省の形式を実践的な場面でかなり限定して論じるようになり、理論的および実践的討議《ディスクルス》と並列したコミュニケーションの反省形式のひとつと見るようになったことを見逃してはならない。

しかし、「医者―患者」モデルにもとづく対話を実践場面に適用するうえでは、もっと基本的な点で大きな難点があった。これはすでに実証主義論争で問題となっていた点でもあるが、合理的再構成が優位するようになった経緯との関連でも、ここで一言触れておく必要があるだろう。

精神分析的な医者と患者という非対称的な関係では、医者の精神分析的な知識と患者の日常的な知識とのあいだの落差が制度的に想定可能とされている。診断や治療方針の形式をとる分析医の認識や知見がつねに正しいわけではないが、一定の原理上・実際上の留意事項さえ満たしておれば[☆37]、そうした落差の存在は実際に想定可能である。ところがこのモデルを社会的領域に適用する段になると、そこに特有のアポリアが生じる。たとえば階級関係を体系的に歪曲されたコミュニケーション関係の現われだと理解するハーバーマスの考えを例に見てみよう。商品形態がその全体にまでゆきわたった社会では、社会のなかで生活する意識も物象化されることになる。イデオロギー批判の立場から、そうした社会で生活する人びとの社会的意識を問題にする場合、その歪みや偏り、虚偽意識や倒錯意識が問題にされる。だが商品形態が社会の隅々にまで浸透して物象化現象が人びとの意識を捕らえて離さないとすれば、それに批判的な姿勢をとる人びとの認識も、その社会で生活している以上、物象化による制約を逃れることができない。実証主義論争でハラルト・ピロートがすでに指摘していた言葉を引くならば「社会の規則連関がその時どきの構造を決定する以上、解放的認識関心もその実現過程において、批判の対象とされた諸規則について言われるようなイデオロギー的歪曲の支配[☆38]」を免れないのである。

　精神分析医は患者が精神的に異常であると診断する。しかし当の分析医自身も同じ精神異常の病因となった人間関係に囚われ、そのため同じ精神異常に侵されていたとすれば、彼の診断そのものが疑わしいものになるわけである。これはある意味で、ハーバーマスがフランクフルト学派第一世代から引き継いだ問題だったといってもよい。イデオロギー批判をラディカルに徹底させると、イデオロギー批判の基盤そのものをも批判の対象にせざるをえなくなる――これはのちにアドルノ／ホルクハイマーの『啓蒙の弁証法』を論評したさいに、ハーバーマスが

☆37　Habermas, *Theorie und Praxis*, S. 34f. 訳六〇五頁。

☆38　Theodor W. Adorno, et al., *Der Positivismusstreit in der deutschen Soziologie*, Darmstadt und Neuwied: Luchterhand, 1972 (1969). 『社会科学の論理――ドイツ社会学における実証主義論争』城塚登・浜井修訳、河出書房新社、一九七九年、三二六頁。

彼らに向けた批判である。[☆39] しかしじつは自己批判を方法論的な反省概念の主軸にしていたハーバーマス自身が抱えていたアポリアでもある。

わたしは、ハーバーマスが自己反省の概念として合理的再構成に力点を移すようになった背景には、このアポリアを脱しようとした問題意識があったと考えたい。一九七〇年代初頭の頃は自己批判をある局面に限定しながらも、合理的再構成と同格に扱おうとする傾向が読み取れるが、七〇年代の半ば以降には舵をはっきりと切り換え、合理的再構成をめぐる輸贏《ゆえい》をけっして、のちに「解釈学的再構成主義」の名で呼ぶことになる立場を鮮明にすることになる。

3

自己批判と合理的再構成が自己反省の概念として機能するという場合、そこに二重の意味があることに注意しておきたい。自己反省の担い手となるのは、自己批判と合理的再構成のいずれでも、ある社会のなかで生活する行為主体であると同時に、その社会について分析する認識主体でもある。以前に引用した一節からもわかるように、合理的再構成とは、任意の主体が認識し発言し行為する可能性の条件について反省し、そのための諸規則を把握しようとする試みである。これは、自己批判の場合と同じく、発話し行為する当事主体がおこなう自己反省の類型であると同時に、そうした当事主体の営みを追跡し分析する認識主体がおこなう認識の方法でもある。たとえばジャン・ピアジェは、成長の途上にある子どもが自身の行為構造を反省的に抽象する学習のメカニズムについて論じているが、ハーバーマスによればこの「反省的抽象

☆39 Habermas, *Der philosophische Diskurs der Moderne*, S. 130f. 訳（I巻）八五頁以下。

化」は当事主体がおこなう合理的再構成の例である。「反省的抽象化」とは、「個体発生において認知のある段階から次の段階への移行を説明しうるような学習モデルとなるもので」、「認識内容においてはとりあえず隠されている形式的な諸要素を認識主体の行為シェーマとして意識化し、細密に把握し、次のより高い反省段階において再構成しようとする点」[☆40]にその意味がある。コミュニケーション的行為論や社会進化論など、今日ハーバーマスの思想の中核に位置している一般理論は、認識主体である彼がこうした合理的再構成を認識の方法にして構築した理論的な成果である。では合理的再構成は、自己批判と比べてどのような特徴をもつのだろうか。以下、これまでの議論に関連づけながら、二、三の特徴を明らかにしてみよう。

　合理的再構成が分析の対象にする発言や行為の担い手は、任意の主体である。それはなにか特殊な心的状況や意識状況に規定された存在ではない。これに対し、「医者―患者」の対話モデルからなる自己批判が対象にするのは、「ある個別の主体の（あるいは集団的アイデンティティによって結束しているある集合体の）特殊な形成過程」[☆41]であり、その「特殊なあり方」である。精神分析では患者個人の特殊な心的葛藤から引き起こされた特異な経験が対象となり、イデオロギー分析では近代に特有の物象化現象によって生み出された虚偽意識が批判の対象となる。合理的再構成は、もはやそうした特殊な個人や集団の特殊な自己形成に視野を狭めることはない。それは一定の言語能力と行為能力さえ身につけていれば、誰でも従うことのできる匿名の諸規則を把握することに努める。それは特定の集団による特殊な経験の地平にとどまるのではなく、可能なすべての経験にとっての必然的な条件、「万人に共通する」という意味で

☆40　ハーバーマス『道徳意識とコミュニケーション行為』、一四―一五頁。
☆41　Habermas, ***Theorie und Praxis***, S. 29. 訳五九五頁。

普遍的な可能性の条件に向かう。

こうした合理的再構成を主軸にすえるようになった以後の理論で、以前と大きく違う例をひとつあげるならば、討議 Diskurs（広くは議論 Argumentation）というコミュニケーション的行為の反省形態が区別され明示されるようになったことだろう。この討議に参加できる個人には、精神分析の治療的対話とは異なって、特殊な抑圧を経験した特異な個人が分析医と共同して特別な自己反省の過程に入ることが条件になるわけではない。それは、一定の言語能力と行為能力をもつならば、原則として誰もが参与できる反省的なコミュニケーション形式である。このことはハーバーマスのいう普遍性や普遍主義の意味を考えるうえでも、見逃せない側面である。

ハーバーマスの批判理論については、フランクフルト学派第一世代の批判理論とは違って、その普遍主義的な色彩がしばしば批判の的にされてきた。だが、ハーバーマスの言う普遍主義は、個別的なものや非同一的なもののあり方を否定したり差異を抹消したりすることを意図したのではない。解放の担い手をある特定の個人や集団に限定し、解放のプロセスを抑圧と反省の特定の経験に求めることから距離を取るようになった自己批判に由来していた。このことは普遍主義という言葉を前面に出すようになったのが、七〇年代以降の再構成主義と平行していたことからもある程度見当がつく。それは同時にまた、特権的なエリート主義や貴族主義、さらにはナショナリズムなどのある種の局地主義的な戦略と一線を画する姿勢にも通じていた。差異や個性、非同一性を抹消するのではなく、差別や特権性、エリート主義・局地主義を拒否することが、その基本的なトーンである。むろん、彼の普遍主義が、差異や特異性、単独性といった存在のあり方に焦点を当てたものではないことは明らかだ。だがしかし、それらの排除を意図した普遍主義でなかったこともまた明らかなのである。

　ところで精神分析では、すでに触れたように自然科学や精神科学とは違って、自己反省そのものが新しい学問を成立させたというところに特徴があった。パースやディルタイがすでに確立した自然科学や精神科学を所与の前提にしてその自己反省をおこなったのとは異なり、フロイトにとってはみずからの学問の前提を反省することが、新しい学問の構築に結びついていた。[☆42] 精神分析医による「解釈のひとつの特殊な形式」[☆43]に導かれて、患者がその不透明な無意識のライフ・ヒストリーそのものを意識化する対話的な営為は、精神分析の核心に位置している。それは患者と分析医である当事者たちが共同でおこなう自己反省の営みである。フロイトは、当事主体たちのこの実践的な反省のプロセスをメタ心理学のレベルから認識主体として理論的に反省することで、新しい科学の構築に乗り出した。

　では合理的再構成を優位させるにいたったとき、自己批判が模範にしたこの一個の「科学としての自己反省」[☆44]はもはや枢軸としての地位を失ったのだろうか。おそらくそうではあるまい。ハーバーマスはむしろ「科学としての自己反省」に違った可能性があることに気がついた――これがここで明らかにしたい解釈である。ではそのオルタナティヴとは何か。そのひとつが「議論の理論」にほかならない。[☆45]『コミュニケーション的行為の理論』は、形式語用論にもとづいた「コミュニケーション的行為の反省形式」の類型論としてまとめられたもので、フロイト

☆42　Habermas, *Erkenntnis und Interesse*, S. 262. 訳二二四頁。
☆43　Ebd., S. 263. 訳二二五頁。
☆44　Ebd., S. 262. 訳二二四頁。
☆45　これ以外にもうひとつ挙げるとすれば「道徳意識発達の理論」がある（Habermas, *Moralbewußtsein und kommunikatives Handeln*）。史的唯物論を社会進化論として再構成したさいの原モデルとなったもので、「解釈学の普遍性要求」では、その理論的な萌芽の一側面が精神分析における抑圧概念を分析するさいにすでに前提されていた（Vgl. Jürgen Habermas, »Der Universalitätsanspruch der Hermeneutik«, in: ders., *Kultur und Kritik*, Frankfurt am Main: Suhrkamp Verlag, 1977, S. 264-301.）。紙数の都合上、

の精神分析的な自己反省は「治療的批判」として議論の一形式に数えられることになった。討議と批判（批評）の形式からなる「議論」は「コミュニケーション的行為の反省形式」である。つまり議論の理論はモノローグ的な自己関係から解放された自己反省の理論なのである。

精神分析の治療的対話を啓蒙化のモデルとみた立場から議論の理論を対話的合理性の主要な契機とみる立場に転じたといっても、「科学としての自己反省」のうちに秘められた理念そのものには連続性がある。ただし方法としての反省概念が自己批判から合理的再構成に転換したことは、この連続面が同時に切断面を伴っていたことをも意味している。まず注目しておきたいのは、対話的治療における分析医の解釈の妥当性についてある時期まで、ハーバーマスが次のように考えていたことである。

〔精神分析医による〕解釈が的確であったかどうかは、自己反省が成功するかどうかで確証する必要がある。成功した場合には真理性が誠実性と収斂する。言いかえれば、患者自身が最終審になるわけである。さらに精神分析医は、……職業倫理上の要求と職業実務上の要求を満たしていなければならない。☆46（傍点は引用者）

精神分析医の解釈が正しかったかどうかは、患者が実際に治癒するかどうかにかかっている。患者が病から回復するとは、分析医との共同による患者の自己反省が巧く運ぶということを意味する。分析医の側から言えば、このプロセスでは、患者を束縛していたライフ・ヒスト

ここでは「議論の理論」に限定して論じることにする。

☆46 Habermas, *Theorie und Praxis*, S. 35. 訳六〇五頁。

リーの解釈にたいする分析医の解釈変えが妥当かどうか、つまり真理たりうるかどうかが問われている。他方、患者の側から言えば、同じプロセスで、無意識の動機にもとづいた自己欺瞞を意識化することで、患者自身が自己自身に誠実になりうるかどうかが試される。「真理性が誠実性と収斂する」とは、このプロセスの二面性を語ったものだ。さらに分析医は、その職業規範から見て彼の患者にたいする処置が正当なものであることを求められてもいる。方法的な反省概念としての自己批判は、分析医の解釈の真理性と患者の心的意図の誠実性のみならず、さらに医師の処置の正当性がそれに収斂している。自己批判は、真理性・誠実性・正当性が収斂することによって成立するという意味で、統合的な反省概念である。

合理的再構成を方法的な反省概念にして得られた議論の理論は、これと明らかに違った理論的傾向をそなえている。ハーバーマスによれば、コミュニケーション的行為そのものは、十分に複合的で包括的である場合、真理性・誠実性・正当性という三つの妥当請求を暗黙のうちに掲げる。しかしコミュニケーション的行為の反省形式である議論（討議と批判）では、三つの妥当請求のうちどれかひとつがテーマにされ、問題になる妥当請求の違いにおうじて、理論的討議・実践的討議・治療的批判に区分される。これら三種の議論が同じ自己反省のプロセスでひとつに結合したり、真理性・誠実性・正当性がそこで収斂したりするということはない。合理的再構成は、真理性・誠実性・正当性が分化することに重点が置かれるという意味で、分節的な反省概念である。

4

とはいえ合理的再構成という方法の特徴を描くのに議論の理論だけに話を限定するのは得策ではない。一九七〇年代の代表的な論考のひとつである「普遍語用論とは何か」で、ハーバーマスは合理的再構成の方法についてコメントした一節を設けている☆47。ここではその一節を手がかりにしながら、合理的再構成が自己反省の方法概念としてどのような意味をもつのかについて簡単に触れておくことにしたい。ハーバーマスはその一節で次のように言っている。

> 再構成の方法は観察可能な対象や事象にかんする法則定立的な仮説を立てる科学の特徴をなすものではない。むしろその方法は、前理論的な知識を系統立てて追構成する学問の方法の特徴をなすものである☆48

ハーバーマスはあきらかにここで合理的再構成の方法を、観察という操作で対象に接近し因果的な法則仮説を立てる科学に属するものではないと語っている。社会科学の対象領域は「シンボルによってあらかじめ構造化された領域☆49」である。この領域に「意味理解の方法」で接近すること、感覚によって知覚可能な事物や事象の「観察」ではなく、シンボルによって表現された意味の「理解」という営みが、再構成という方法の経験的な基盤である☆50。

しかし意味理解を経験的基盤にするというのなら、ハーバーマスはガーダマーの哲学的解釈学の立場を無批判に継承するように変わったのかといえば、そうではない。ハーバーマスの言

☆47 Jürgen Habermas, Was heißt Universalpragmatik?, in: ders., *Vorstudien und Ergänzungen zur Theorie des kommunikativen Handelns*, Frankfurt am Main: Suhrkamp Verlag, 1984, S. 363-370.

☆48 Ebd., S. 363.

☆49 *Zur Logik der Sozialwissenschaften*, 5. Erweiterte Auflage, Frankfurt am Main: Suhrkamp Verlag, 1982, S. 2.（『社会科学の論理によせて』清水多吉・木前利秋・波平恒男・西阪仰訳、国文社、一九九一年、五頁）

☆50 Habermas, Was heißt Universalpragmatik?, S. 363f.

葉遣いはすくなくともガーダマーの哲学的解釈学をそのまま継ぐものではない。彼は「先入見〔事前の判断 Vorurteil〕」や「事前の了解 Vorverständnis」といったガーダマー固有の表現を採用せずに、「前理論的な知識 vortheoretisches Wissen」という概念を選択している。「前理論的な知識」は分析哲学系統に由来した言葉で、ギルバート・ライルの「方法を知ること」を言いかえたものである。ライルは「内容を知ること knowing that」と「方法を知ること knowing how」を区別して次のように言っている。

たとえば、われわれは、あることが事実であることを学ぶという言い方をする一方で、同時にまた、楽器の演奏方法を学ぶという言い方もする。また、ローマ軍がある場所に野営したという事実がわかったという言い方をすると同時に、木の刈り込み方がわかったという言い方もする。また、ドイツ語では「ナイフ」が'Messer'であることを忘れたという言い方をすると同時に、本結びの結び方を忘れたという言い方もする。要するに、われわれは「……か否か」whether と尋ねることができると同時に「いかにして」how と尋ねることもできるのである。[☆51]

わたしたちが何ごとかを「知っている know, wissen」と語るとき、何かの内容を理解しているだけではなく、その何かができることを意味する場合がある。たとえば「わたしは車の運転を知っている」と言う場合、それは自動車運転のマニュアルを読んでそれを覚えているこ

☆51　ギルバート・ライル『心の概念』坂本百大・宮下治子・服部裕幸訳、みすず書房、一九八七年、二七―八頁。

と、つまり「内容を知っている」ことを意味することもあれば、運転方法を身につけて実際に運転できること、つまり「方法を知っている」ことを意味することもある。ハーバーマスが「前理論的な知識」と呼ぶものは、前者のノウ・ザットではなく後者のノウ・ハウのことである。実はこの「ノウ・ハウ」の意味での「知っている know」とほぼ同じことを、ハイデガーは実存範疇としての「理解 verstehen」という言葉で考えていた。たとえばハイデガーは、「何かを理解している etwas verstehen」とは日常言語の用法では「あることに長けている」「何かができる etwas können」ことだということを、実存範疇としての「理解」にたいする説明の糸口にしている。[☆52]

もっともその後、ハイデガーの系譜を引くガーダマーが、理解の対象は「言語的性格」をもつだけではなく、「理解そのものが根源的に言語性と関係している」[☆53]と主張するようになったせいか、すくなくとも哲学的解釈学においては、「理解」の概念でノウ・ザットから区別されたノウ・ハウという暗黙《インプリシット》な知の次元がかえって見えにくくなった。ハーバーマスがガーダマーの「先入見〔事前の判断〕」や「事前の了解」という概念を避けて、むしろライルのノウ・ザットとノウ・ハウの区別にしたがったのも、哲学的解釈学のもつこの種の「言語性の観念論」と無縁ではなかっただろう。

ノウ・ハウは、たとえば楽器の演奏法や自動車の運転の方法のように知識 Wissen としてある程度人々のあいだで認められ共有されたものだから、個人の勝手な思いこみや意見 Meinung ではない。ノウ・ハウとは、むしろそれを共有する者のあいだでは、言葉であえて

☆52　Martin Heidegger, *Sein und Zeit*, Tübingen: Max Niemeyer Verlag, 1986, S. 143.
☆53　Hans-Georg Gadamer, *Wahrheit und Methode*, S. 373.

語らずとも知られていること、言葉で明示しないでもわかっている知識である。複数の人々のあいだで内に存在が知られている能力、存在が理解されている知識のこと、その意味でインプリシットな知である。といって言葉で語ることのできないものでもなければ、言葉では到達することのできないものでもない。言葉で語ることもできるが、必要のないかぎりあえて言葉で説明される必要のないものである。

ただし、合理的再構成の方法という当面の課題に引き戻していうならば、ノウ・ハウをノウ・ザットから区別するだけでは話が終わらない。なるほどノウ・ハウとは、わたしたちが言葉であえて語らずとも身につけている何かの能力、インプリシットな知である。しかしわたしたちが自分の知らないノウ・ハウを誰かから得てそれを知りたいと思い、また自分が身につけているノウ・ハウを誰かに伝えて理解させたいと思うとき、そのノウ・ハウについて言葉やシンボルであえて語る必要が出てくる。インプリシットな知であるノウ・ハウを、言葉で明示し説明することで共有しようとするとき、そのノウ・ハウは明示《イクスプリシット》的な知、つまりノウ・ザットに転じる。言葉で語らずともその「方法を知っていた knowing how」ものが、言葉にされることで、他者がその方法の「内容を知る knowing that」もの、イクスプリシットな知に変わる。この「第二段階のノウ・ザット」、これこそが「再構成的な理解の課題」☆54なのである。

「前理論的な知識」は、反理論的でも非理論的な知でもない。理論以前だが、言葉や概念で順序立った明確化 explication がおこなわれればより理論的な知識に変わる可能性を秘めたものである。「より理論的」といっても、ただちに科学的な概念や専門の用語で体系づけられた知

☆54 Habermas, Was heißt Universalpragmatik?, S. 368.

だと考える必要はない。より明瞭な言葉で系統立った説明ができた知だと考えれば足りる。ただしノウ・ザットだとはいっても、観察された事実の内容を記述した知識という意味でのノウ・ザットではない。同じく他者に「内容を知らせる」といっても、観察の対象となった事態を文に記述して beschreiben、その事実を再現してみせることと、理解の対象とされた方法について書かれたマニュアルでその意味を明確にして explizieren、その方法を解釈してみせることとは異なる。「内容を知ること」でも、前者の事実の記述がときとして因果関係の説明という形式をとるのに対し、後者の方法の解釈は意味の明確化を問題にする。

ただし意味の明確化 Bedeutungsexplikation といっても、右のようにノウ・ハウを対象にした明確化と、たとえば芸術作品の意味の明確化とでは違いがある。芸術作品で問題になるのはあくまでその特定の内容を理解することである。この世でひとつしかない作品の表面に表われた意味や意味の兆候、理解不可能な部分を新たな言語表現に結びつけて、パラフレーズし翻訳することでその意味を解釈する。これに対して、ノウ・ハウを前提にした「第二段階のノウ・ザット」では、特定の（場合によっては唯一の）具体的な内容を理解するというより、特定の内容や状況に限定されずいろいろな場面で適用される方法、他者がもっているノウ・ハウを理解することである。方法を知るとは、それがなんらかの規則で成り立っていることを意識することでもある。その意味で誰かのノウ・ハウを理解することは、相手の規則意識を理解することでもある。

観察という操作ではなく理解という営みの対象となるものについて、その事実を記述するのではなくその意味を明確にすること、さらにその意味の明確化が、内容の理解にとどまらず規則意識の理解にまでいたること、第一段階のノウ・ザットではなく、ノウ・ハウを前提にした第二段階のノウ・ザットは、このようにして獲得される。「前理論的な知識を系統立てて追構成する」とはこのような方法のことである。ただしこれまでのわたしの説明には、ハーバマス自身と違った点がひとつだけある。ノウ・ハウの概念をわたしはライルにしたがってかなり広い意味で理解してきた。ハイデガーが「理解」概念を明らかにしたさいに、日常言語にそくした意味でその説明の糸口をつけた場合もそうである。だがハーバーマスがノウ・ハウの説明をするさいに、彼は言語そのものがひとつのノウ・ハウであること、否すぐれた意味でのノウ・ハウであることを前提にした「合理的再構成」の説明をしている。ノウ・ハウとはしたがって伝承された文書、身についた文法的な知識や言葉の使い方、コミュニケーションの場面に応じた日常言語の使用法など、ガーダマーと同様に、言語的性格をもった対象である。わたしの考えでは、そこにはハーバーマスのいう「合理的再構成」の長所と短所の両面が表われているように思う。ここではその優れた面に立ち入ることにして、欠点を補うべき面については最後のまとめとなる節で触れることにしたい。

話し手と聞き手とのあいだで交わされる言語それ自身が、一個のノウ・ハウだとした場合、このノウ・ハウを前提にした「第二段階のノウ・ザット」とはどのようなものであろうか。この脈絡でまず注目してよいのは、日常言語のコミュニケーションでは、語られた言葉そのものが大方の場合、インプリシットな内容をともなっているということである。つまりあえて語らずにいる内容、あるいはいちいち語る必要がないとみなされた内容をともなっているということである。たとえば、東京にいる話し手が電話で「今日は雨が降っているよ」と大阪にいる聞き手に話した場合を想像してみよう。もしこれが、たんに今日の天候を描写した事実確言的な言語行為だとしたならば、これを合理的に再構成してよりイクスプリシットに言いかえてみると次のようになる――「私は君につぎのことが真であると主張する：今日は東京で雨が降っている」。「今日は雨が降っているよ」と話し手が語る場合、彼はその発言において、〈東京の今日の天候という事象について、雨が降っているという事実を語り、大阪の聞き手に対して、真であると主張している〉という諸契機を、ある部分はイクスプリシットに、ある部分はインプリシットに語っているわけである。①ある事態について、②ある事実を、③ある相手に対して、④真であると主張をしている――合理的な再構成にもとづくならば、こうした諸契機からなる構造がこの発言を成り立たせていることがわかる。

この合理的再構成は、さしあたっては話し手が語った内容を第三者の立場から事実確言的な言語行為としておこなったものである。しかしたとえば話し手のこの発言を受けて、大阪の聞き手が「えーっ、君それ本当かい？」といかにも疑わしげに問い、話し手が「嘘ついてるんじゃないよ、僕は事実を言っているだけだよ」と応答した場合、さらに別のインプリシットな内容が問題にされて、イクスプリシットに語られていることがわかる。大阪の聞き手は「私は君が嘘をついていると疑う：君は私に真なる事実を主張すると見せかけて、何か不誠実な意図を隠しているのではないか」――聞き手はここで、話し手の発言が真なる事実を主張した言語行為ではなく、話し手の悪しき意図を秘めた言語行為ではないかと疑い、それを言葉にしている。最初の話し手の発言のうちに語られずにあったインプリシットな内容について、聞き手はイクスプリシットな疑いを口にしているのである。これに対して、東京の話し手が、それは「嘘」ではなく「事実を言っている」と応じたのは、この言語行為の異なった類型を聞き手が取り違えていることをただそうとしているからである。

話し手と聞き手のこうしたコミュニケーションの展開では、さきほど第三者の立場からイクスプリシットに再構成したインプリシットな内容と同種類のものが、部分的ながら両者の発言のなかで顔を出す。つまり内容の理解であれ規則意識の理解であれ「意味の明確化」という営みに参与しているのは、話し手・聞き手という当事者たち自身である。話し手と聞き手はいずれもコミュニケーション能力というノウ・ハウをもっている。彼らが共有するこのノウ・ハウを理解しようとする解釈者は、それをイクスプリシットな知識、つまり第二段階のノウ・ザットに転じようとする。しかしこの転換の営みを実施する解釈者とは、じつは第三者的な認識者だけではなく、それ以前にあるいはそれ以上にコミュニケーションの当事者たちでもあるのである。

そうだとすれば、合理的再構成の方法とは、前理論的な知識を、観察の対象とみなすのではなく理解の対象と捉え、その対象の事実を記述するのではなくその意味を明確化し、その意味の明確化を内容の理解から規則意識の（価値評価をともなった）理解にまで深化させる営みが、日常言語によるコミュニケーションにおいて部分的ながら不断に遂行されているプロセスを確認しつつ、それをより体系的に概念化する試みだということになるだろう。とはいえ、こうした「言語論的転回」にもその成果ゆえに失われたものもありはしなかっただろうかと問うてみることも不可能ではない。最後に、フロイトが投げかけた問題を再考してみることで、簡単にこの点に触れることにしよう。

四　合理的再構成と自己批判の補完関係——結びに代えて

1

自己批判から合理的再構成への方法論的な反省概念の転換が、批判理論の言語論的転回とともに、ハーバーマスにとって実りある成果をもたらしたことは否定できない。思い切ったこの転換は、批判理論を狭い枠組みに封じ込めることなく、多くの知的潮流からさまざまな着想を吸収するきっかけにもなった。だが合理的再構成が枢要な地位を得て、理論的な体系構築の全体を制約するまでになると、自己批判に含まれた固有の契機は、相対的に自立した反省概念として機能しにくくなる。かつての自己批判が議論の一形態として「治療的批判」と位置づけられるようになった点もさることながら、自己批判そのものが合理的再構成のうちに含まれうるとも解されかねない。実のところハーバーマスは、一方で自己批判を依然として合理的再構成とは別個の自己反省と解しながら、[☆55] 他方でヘーゲルの精神現象学的な自己批判を学習プロセスにおける合理的再構成に組み入れることが可能だと見るようにもなる。[☆56] 合理的再構成がまるで自

☆55　Habermas, *Wahrheit und Rechtfertigung*, S. 192.
☆56　Ebd., S. 279.

己批判を飲み込む勢いである。

ハーバーマスの合理主義や普遍主義、さらに近代主義が、「解釈学的な再構成主義」との結びつきで徹底されていったことは十分に想像がつく。しかし再構成主義の濃い色彩が、たとえば近代に特有の物象化のメカニズムから完全に自由であるかどうかは、なお依然として疑問が残るだろう。人間の認識・行為・発話を可能にする普遍的で必然的な構造を合理的に再構成できたとしても、物象化にもとづく「偽の対象性」がその理論的構成に混入してしまう恐れもないとはかぎらない。合理的再構成の方法が説得力をもちうるには、ある種の自己批判、あるいはそれに類した自己反省による補完を必要としているのである。では補完はどのような局面で必要とされるのだろうか。考えられるケースは複数ある。ここでは興味深いものとして三つほど挙げておこう。

第一は、精神分析的な自己反省が社会理論としてもつ意味に関係する局面である。フロイトの精神分析をモデルにした自己批判が、「偽の対象性の批判的解体」を狙ったもので、『精神現象学』の「意識の自己批判的な限定」にも読み取れる自己反省と同種のものとされていたことは注意してよい。ここでいう「批判」は、もともと認識の主体がなんらかの理由で自己や世界の錯視的な誤解に陥った事態を、対話的な吟味によって解消することに主眼が置かれていた。「自己批判」は、広い意味での「批判」のうち自己欺瞞の批判的解消を狙ったものだ。この批判を社会的関係のコンテクストで理解するならば、それは、個々人がこうむる構造的な暴力や権力、支配関係のせいで、なんらかの無意識的な錯誤や欺瞞が横行する社会的現実に、認識批判的に対処する自己反省のあるべき姿を探ったものである。そうだとすればその批判は、フロイトの精神分析に範をとる場合でも、医者と患者との治療的対話やその類似分野への転用だけに限定されない範囲で応用することも可能だろう。あるいはまたフロイトの方法以外に類似の「批判」のモデルを見いだすことも可能かもしれない。

精神分析の「医者—患者」モデルの「知識人—大衆」関係への安易な転用を、ハーバーマスが理論的に放棄したことは積極的に評価してよい。だがそれは精神分析の意義を精神疾患の「治療的批判」という範囲に限定する以外にないことを意味するわけではない。精神分析における分析医と患者との関係は、フーコーの言い方を借りれば「理性と狂気との対話」として成り立つ。もともと対話不能と思われた関係に、臨床的な対話的技法を持ち込んだところに精神分析学の意義があった。それは夢の解釈に見られるように特殊な言語分析を必要とする。ただしこの特殊な言語分析は、たんに異常な狂気を正常な理性に戻すまで治療することだけを意味しているのではない。特殊な言語分析は新しい概念や言語の用法を考案して合理的解釈の新たな様式を確立する。ハーバーマスはそれを「一般的解釈」と呼んだ。それは、現実の狂気に接することで、合理的な判断にかんする従来の基準そのものを問うてもいる。自己批判が求められるのは、患者の狂気だけではない。歴史的に特殊な条件下で成立してきた医師の理性そのものも自己批判による吟味が必要とされているのである。

アドルノは『ミニマ・モラリア』に次の一節を書き記している——「弁証法的理性は支配的理性にたいしては非理性という姿をとるのであり、支配的理性の罪状を暴き、支配的理性を廃棄することによって初めてそれ自体理性的となるのである」[☆57]――試みにアドルノのいう「支配的理性」を、ハーバーマスのいう「対話的理性」に置き換えてみてもよい。ハーバーマスにとっての対話的理性は、合理的再構成の方法でその輪郭を描き出すことが可能だろうが、しかしそれでもいまだ未明の部分を残した理性である。近代から現代にいたる歴史が依然として道具的理性の支配から完全に脱しきれていないとすれば、対話的理性のユートピア的なポテンシャリティが「非理性という姿」をとるほかない場合もおそらく十分に想像できる。

理性と狂気とのあいだの境界設定は、歴史的事実を見れば、コミュニケーション的合理性にもとづいて実施されたのではなく、目的合理性あるいは機能主義的合理性にもとづいて支配的な諸制度によっておこなわれてきた。とすれば既存の境界設定がどこまで理に適ったものであるのかを吟味することは、「支配的理性の罪状を暴き、支配的理性を廃棄する」ための不可欠の知的作業となる。それは物象化がもたらす錯誤や欺瞞に向かう批判（自己批判）の力能に俟つほかない。その批判は、「支配的理性を廃棄」しようとするかぎり、一種の理性中心主義批判である。自己批判に補完された対話的理性は、理性とは別のものと対話するなかで、ことと次第では境界侵犯の試みをあえてする必要に迫られるだろう。

2

第二は、いま指摘した目的合理性（ハーバーマスの表現を借りるならば認知的‐道具的合理性）にたいする批判の別の局面に関連している。それは技術的認識関心に関連づけられていた

☆57 Theodor W. Adorno, *Minima Moralia*, Frankfurt am Main: Suhrkamp Verlag, 1984 (1951), §45.

経験的対象の「客観性」の概念をどう理解すべきかにかかわる。「批判理論の言語論的転回」以後、ハーバーマスは認識関心論を主軸にした社会理論という構想を放棄するにいたるが、といっても、個々の論点でかつての考えの多くが継承されてきたことは否定できない。そのなかで、「真理性」の概念と関連づけられながら、それと区別されるようになった「客観性」の概念は[☆58]、いささか微妙な位置を占めている。

技術的認識関心とは「対象化されたプロセスの技術的処理にかかわる認識関心[☆59]」のことである。この技術的関心にもとづいて経験的・分析的科学が構成され、その社会的前提として、対象化されたプロセスが技術的に処理される領域では、道具的行為からなる機能的連関が成立している。道具的行為、たとえば労働がかかわるプロセスで、対象化され客観化された存在として現われるのが、自然である。

> 社会的労働に相関連するものとして、客観化された自然は、これを処理する主体に抗して自立性と外在性の両方を保持している。自然の自立性は、われわれがただ自然のプロセスに従う程度に応じてのみこのプロセスを支配するようになる、という点に表われている。この基本的経験は、われわれが自然の「諸法則」に「服従」しなければならないと語るうちにうかがわれるものである。自然の外在性は、自然の究極的な持続性が偶発的なものであることに示されている。つまり、われわれがどれほど自然にたいする技術的な処理能力を拡大してみても、自然には、われわれに開示されない実体的な核がやはり残るのであ

☆58 Habermas, *Erkenntnis und Interesse*, S 382f. 訳三六八頁以下。

☆59 Habermas, *Technik und Wissenschaft als »Ideologie«*, S. 157.

る。[☆60]

ハーバーマスがここで「客観化された自然」の二つの特徴[☆61]としてあげたものを字面だけ読むならば、はなはだ両義的であいまいなものが残る。自然の「自立性」に力点を置いて理解するかぎり、自然の客観性は人間が服従するほかない自然法則に根拠づけられている。しかし自然の「外在性」を強調して理解するかぎり、同じ客観性が人間には開示できない実体性に規定されていると解することもできる。前者は近代的な自然法則観に依拠し、後者は形而上学的な実体概念に由来するかのような印象をすら与える。だが実証主義と科学主義にたいする批判を意図した『認識と関心』の基本的なモティーフを考えるならば、いずれの読解もハーバーマスの真意にもとるだろう。なぜなら認識関心論の基本モティーフのひとつは、実証主義や科学主義が招いた「対象性の偽造」を批判的に解体することにあったからだ。ハーバーマスは、引用した一節の前後で、自然の「自律性」「事実性」、「廃棄不可能な異質性」、「外的自然の先行性」などさまざまな表現を試みており、なにか自然の「非同一性」一般とでも言うべきものについて説明しようとしている。そしてそれは経験的対象の客観性一般を考察するための機縁でもある。

だがそれにしても、自然の「客観性」にかんするハーバーマスのこうした説明が、実証主義的な「偽の対象性」をうまく免れることができているかどうかは、また別の問題だろう。この時期のハーバーマスについて客観主義的な自然存在論に退行しているとM・トイニッセンが批

☆60 Habermas, *Erkenntnis und Interesse*, S. 46. 訳四二頁。

☆61 ここでの引用だけみればハーバーマスは「客観的自然」の特徴について語っていると読めるが、後続のコンテクストを見るかぎり、人間を取り囲む客観的自然と人間の主体的自然双方の基盤に想定された「自然自体 Natur an sich」の特徴を描いたものだと理解するのが正しいだろう。ただしここは彼の自然概念について立ち入るところではないので、当面は、自然自体を基盤にした客観的自然が前者と共有する二つの特徴のことだと解しておきたい。ハーバーマスの自然概念については、次の批判的なコメントを参照。Thomas McCarthy, *The Critical Theory of Jürgen Habermas*, Cambridge, Massachusetts, and London: The MIT Press, 1978, p. 110sq.

判したのは、[☆62]ある意味でこの点を突いたものにほかならない。トイニッセンの批判が正鵠を得たものだったかどうかは別にして、自然の「客観性」とその「偽の対象性」とを弁別できる十分な議論が展開されてこなかったのも事実である。

ここしばらくのあいだにハーバーマスは、理論哲学のスタンスとしてカント的プラグマティズムを徹底させて、「弱い自然主義」と「表象なき実在論」（パトナム流に言えば「内在的実在論」）の立場を打ち出すようになった。[☆63]クワイン流の「強い自然主義」や従来の「形而上学的実在論」と一線を画しながらも、自然進化の問題や経験的対象の客観性をめぐる問題にかんして、客観主義的な自然存在論と誤解されるのを回避しつつ、これまでの立場からさらに一歩踏み込んだ理論的再構成を試みたものとも言える。しかしその自然主義と実在論を積極的に再構成し、「強い自然主義」や「形而上学的実在論」とはっきりした違いを浮き彫りにするには、「客観性」と「偽の対象性」とを弁別し、後者が陥りかねない「偽の対象性」を暴き批判的に解体していく試みがつねに必要となるはずである。その意味でも弱い自然主義と内在的実在論を理論的に再構成する営為は、自然主義や実在論のあり方にたいする自己批判の試みによる補完を必要とするだろう。

☆62 Michael Theunissen, *Gesellschaft und Geschichte: Zur Kritik der kritischen Theorie*, Berlin: Walter de Gruyter, 1969, S. 13.（『社会と歴史——批判理論の批判』小牧治・村上隆夫訳、未來社、一九八一年、七四頁）

☆63 Habermas, *Wahrheit und Rechtfertigung*, S. 40.

3

第一が理性と非理性とのあいだにかかわる局面であり、第二が「客観化された自然」の概念にかかわる局面であったとすれば、次の第三は、対話的理性の内部にかかわる局面、すなわち討議ないし批判からなるいわゆる「議論」の一局面に関連している。第二節の冒頭で「再構成」の概念がフロイト論では異なったコンテクストで用いられていることを指摘した。ハーバーマスのフロイト解釈によれば、精神分析における治療的対話の課題は、医者が再構成的に推理したものを患者が自己批判的に想起することにある。そのさい分析医の再構成という営みは、患者の病症の原因となった葛藤状況を発見するというコンテクストに置かれていた。分析医の発見的な再構成を、患者が意識化の努力によって無意識のテクストから再発見し自己欺瞞を克服したとき、分析医の仮説の真理性が正当化されたことになる。発見のコンテクストはここで正当化のコンテクストに結びついている。

批判的な営みは、たんに理性の由来をたずねてその正体を暴露するフーコー的な技法や、実証主義と科学主義における「偽の対象性」や「客観の偽造」を解体するフロイト的な技法だけにかぎらない。前者は第一の局面に、後者は第二の局面に表われた批判の技法だが、批判には、第三の局面として、正当化の吟味を新たな世界の開示で補完し強化する働きもある。真か否か正当か否か嘘か否かを問う判断術が、広い意味での真とおぼしきものとは何かを探りだす発見術で補完されるとき、この第三の技法が駆使される。医者の再構成的な推理と患者の自己批判的な想起とが結びつくプロセスには、医者が患者の語ったテクストの欠陥を彼の推理によって埋め合わせることによって、一方で患者が忘却した葛藤の原光景を発見すること、つまり排除された世界を開示することと、他方で患者が無意識のうちに自己を欺いていること、つまり患者の誠実性を吟味し無意識のうちに嘘をついていないかどうかを判断すること、この二つの局面が含まれている。もっともこうした批判の技法は、精神分析的な対話の場面だけに限定されるわけではない。そこにより普遍的な拡がりがあることにもっと注目してよいだろう。

より普遍的な拡がりをもつと言えるのは、ひとつは、前に指摘した自己批判の統合的な反省概念という性格と関連しているからである。合理的再構成では真理性・正当性・誠実性という妥当請求が分化することに力点が置かれていたのにたいし、自己批判の場合では、精神分析の治療的対話において「真理性が誠実性と収斂する」ように、複数の妥当請求が収斂し関連しあうことで成立する反省概念である。これを討議の場面で考えるなら、たとえば実践的討議が理論的討議と結びつけられ、同じ実践的討議の内部においても道徳的討議が倫理的討議と結びつけられるとき、それらを架橋する媒辞として批判（批評）の発見術的な機能が働く。こうした批判の機能を不可欠の条件にして実践的討議のあり方を考えると、たとえば道徳的討議において特定の道徳的規範の正当性を判断しその普遍性を吟味するためには、可能なかぎり多様な文化的価値を発見し、その意味を解釈し理解可能なかたちに翻訳する批評的な営為が必要になる。これは善き生の多様性（善の複数性）と善と正の区別（さらに善にたいする正の優位）という政治哲学で議論されてきた問題と関連するものである。

さらにこの批判の技法は、言語の機能という点でもより普遍的な拡がりをそなえている。批判（批評）が発見のコンテクストにかかわるのは、もともとそれが言語の創造的な世界開示の機能に結びついているからである。

コミュニケーション的行為では、言語による世界の構築という創造的契機は、言語の世界内部的な機能の諸契機（すなわち事態を描写するという認識的−道具的契機、人間同士の関係という道徳的−実践的契機、そして主観的表現という表現的契機）とは別に、一個のまとまりをなしている。近代ではこうした諸契機のそれぞれから、〈もろもろの価値領域〉というものが分化してくる。すなわち、一方には、芸術、文学そして趣味の問題を専門に取り扱う批評《クリティク》が、世界の開示を軸にして分化してくる。そして他方には、真理の問題と正義の問題を専門に取り扱う討議が、問題解決の機能を担って、世界内部的な学習過程を軸に分化してくる。☆64

ハーバーマスがここで芸術批評の機能として位置づけている世界の構築、世界開示という創造的契機こそ、批判が発見のコンテクストに関与できる理由である。世界開示の機能とは、芸術作品のうちに表明されている経験内容（すなわち美的仮象のうちに表現された仮想的な新しい世界の可能性）を通常の言語に翻訳する機能のことである。もっともハーバーマスは、芸術批評の領域に限定して考えていた言語の世界開示の機能を、近年では認識的−道具的領域や道徳的−実践的領域など他の領域でも働きうることを認めるようになった。☆65 認識的−道具的な領域であれ道徳的−実践的な領域であれ、言語が世界のあらたな側面を切り開きその意味を救い出す発見的な機能として働くとき、言語の批判的・批評的な力が発揮される。

　合理的再構成を主軸においたハーバーマスの体系構築は、注意してみればさまざまな局面で

☆64 Habermas, *Der philosophische Diskurs der Moderne*, S. 393. 訳（Ⅱ巻）五八七頁。
☆65 Habermas, *Wahrheit und Rechtfertigung*, S. 29.

自己批判の多様な手法を駆使しようとした痕跡がうかがわれる。ただそれは表面にでた理論構成そのものからはすぐ読み取れるものではない。ここで少しばかり力点を強めたかたちで両者の関係について論じたのは、この批判と再構成の複数の交錯がハーバーマスにおける批判理論の可能性をより高めると考えたからである。現在のハーバーマスからはフロイトでテーマにされた「批判的社会科学」の方法と理念がほとんど失せたかのような印象を受ける。だが「生活世界の植民地化」や「文化的貧困化」、「新たな不透明性」といったハーバーマスの現状分析と時代診断は、合理的再構成もさることながら、じつはもともと自己批判の技法をより洗練させ多様化させることでしか導き出すことができなかったものなのである。

第四章　時代診断としての批判理論——ハーバーマスの現代社会論

ハーバーマスには同時代を分析した現代社会論がある。時どきの政治的事件や文化的、社会的状況を取り上げた時事的な発言だけではない。時代の趨勢をより長い眼から見た半ば理論的で半ば歴史的な現状分析である。彼はそれを「同時代診断 Zeitdiagnose」と呼ぶ。社会国家的な構造転換、後期資本主義、新たな不透明性、ポストナショナルな布置状況《コンステラチオン》等々——時代をどう名づけ、特徴をどう描くかは時に応じて変化する。しかし、そこには持続した営みと一貫した姿勢も見てとれる。公共圏の理論は、この現状分析をともないながら、当の文脈に組み入れられもする同時代診断の一好例である。

　このひとまとまりの試論では、ハーバーマスの時代診断が、ある一貫した姿勢を保持するなかで、どのような枠組みを築いてきたのかを浮き彫りにしてみたい。もちろん半世紀以上にわたる営みすべてを追跡できる余裕はない。わずかな紙幅でなしうることと言えば、いくつかの布石を打ちながら、要所周辺の陣地取りをするといった程度にとどまる。ただ布石の打ち方しだいでは、おぼろげながらも輪郭を隈取った布置ぐらいは描けるかもしれない。

一　普遍的疎外論の地平

1

公刊されたハーバーマスの記事と論考には、「合理化の弁証法」という同じタイトルのものが二つある。ひとつは『メルクーア』誌に掲載された一九五四年の社会学的な論考、もうひとつはホネット、ヴィトマン、クネドラ＝ブンテがおこなった一九八一年のハーバーマスへのインタヴュー記事である。[☆1] 一九五二年以来フリーのジャーナリストとしてすでにフランクフルター・アルゲマイネ・ツァイトゥング紙上に寄稿していたハーバーマスだが、前者の論考は、わたしの知るかぎり彼の最初の社会学的な現状分析である。[☆2] 同じ年に脱稿された博士論文を別にすれば、理論的・学問的な論文としてもおそらく最初のものと言ってよかろう。他方、これに対し後者は、『コミュニケーション的行為の理論』の刊行直前におこなわれたインタヴューで、同書の基本的なモティーフを語るのみならず、一九五〇年代から八〇年までにわたるハーバーマス自身の思想的・学問的な歩みを振り返りながら、批判理論にたいする自身の立場を率直に語っている。この論考と記事のあいだにある時間の隔たりを考えれば、中身の違いの大きさも推して知るべしといったところか。にもかかわらずここでわたしは、その懸隔を超えて両者に非常によく似た概念が登場することに着目したい。[☆3]「社会的合理化」という概念である（ただし前者は‘soziale Rationalisierung’、後者は‘gesellscahftliche Rationalisierung’）。一方では同論文のキー・カテゴリーに置かれ、他方では『コミュニケーション的行為の理論』における基

☆1　Jürgen Habermas, Die Dialektik der Rationalisierung, Vom Pauperismus Produktion und Konsum, in: *Merkur* VIII. Jahrgang, 8. Heft, August 1954. S. 701-724. Ders. (mit Honneth, Krödler-Bunte, Widmann), Dialektik der Rationalisierung (1981), in ders., *Die Neue Unübersichtlichkeit: Kleine Politische Schriften V*, Frankfurt am Main: Suhrkamp Verlag, 1985.（『新たなる不透明性』河上倫逸監訳、上村隆広・城達也・吉田純訳、松籟社、一九九五年）

☆2　以下の文献目録を参照。René Görtzen, *Jürgen Habermas: Eine Bibliographie, seiner Schriften und der Sekundärliteratur, 1952-1981*, Frankfurt am Main: Suhrkamp Verlag, 1982, S. 11-13.

本的モティーフのひとつに挙げられる。いずれもこの概念の占める地位は低くない。
この社会的な意味での合理化の弁証法という概念が、ある意味でハーバーマスの現代社会論を見渡す布石のひとつになる——これがここで立てておきたい仮説である。合理化といえば、ハーバーマス固有の周知のスローガンとしては、『コミュニケーション的行為の理論』で提唱された「生活世界の合理化」という概念がまず念頭に浮かぶが、合理化の概念は同書で初めて提出されたわけではない。すでに『公共性の構造転換』では、「支配の合理化」という表現が、キー・カテゴリーとして政治的公共性の機能とその転換を論じた随所に登場する。『〈イデオロギー〉としての技術と科学』では、「〈下からの〉合理化と〈上からの〉合理化」が、自由主義的な資本主義から組織された資本主義にいたる転換の二つの対立的な傾向をなしている。『事実性と妥当性』では、「合理化」がこのようなかたちで使用されることはないが、内容から言えば、「権力循環」のモデルが、『公共性の構造転換』で語られた「支配の合理化」とその変容にあきらかに対応する。合理化は、いずれも現代をその病理や危機の兆候から診断するうえでの基本的な趨勢を表わしていた。こうした試みのもっとも原初の姿をうかがえるのが、一九五四年の論文にほかならない。

合理化という言葉は、心理学の専門語としても通例の日常語としてもあまり良い意味で使われることはない。もっともらしい言い訳をしたり理由をこじつけたりすることを指して「強引に合理化する」などと言う。フロイトの精神分析では、とくに反動形成や防衛的強迫などのケースで、真の動機が自覚されない行動や態度、感情・思考に対して、当事者が論理的に一貫し

☆3　後年、ハーバーマスは一九五四年の同論考に触れて「この論考での主な考えは、のちにわたしが『コミュニケーション的行為の理論』で書くことになった多くの核を含んでいる」とすら述懐している。(Jürgen Habermas, *Autonomy and Solidarity: Interviews with Jürgen Habermas*, Revised Edition, Edited and Introduced by Peter Dews, London and New York: Verso, 1992 (1st 1986), p. 187)

た説明や道徳的に受け入れやすい説明を与える場合、行動ないし感情を「合理化する」と言われる。良い意味で使われる場合も、「経営を合理化する」など、無駄を省いて効率よくする、能率を上げるぐらいの意味で用いられるのが関の山で、脈絡しだいではこれもあまり良い意味にはならない。どちらかと言えば負のニュアンスをともなう。このマイナス・イメージは、ハーバーマスがこの言葉を用いるときにも生きている。マルクス的な意味での物象化として合理化を語るとき、この負の意味が前面に出てくる。[☆4] いや、むしろ、彼がこれを口にするとき、この一般に通用している意味を、つねに同時に相対化するかたちで使用していることを忘れてはならない。この点を見過ごすとハーバーマスの場合、しばしば誤読を生むもとになる。たとえばヴェーバーの合理化概念を再構成的に解釈する脈絡では、この合理化の両義性が解釈の要になる。[☆5] そしてこの合理化の両義性は、五〇年代の論考ですでに見てとれるのである。

一九五〇年代といえば疎外論がマルクス主義の思想的な流行を彩っていた頃で、若きハーバーマスの論考も、ベルトコンベアと大量生産に象徴される労働現場での疎外状況に触れることから話を始めている。技術的合理化やそれと結びついた経済的合理化は、労働者の作業工程がオートマティックな機械の運動に適合することを強いられる疎外状況と表裏の関係にある。彼はこの「疎外」を、物質的な意味での大衆的貧困とは異なった「別の大衆的貧困 **ein anderer Pauperismus**」だといっている。マルクスは物質的な貧困と疎外の形を取った貧困とを一体のものとみなし、両者を十分に概念的に区別しなかったというのがハーバーマスのさしあたっての批判的立論である。しかしこれだけならいまから見てさほど目を引く議論ではない。効率を

☆4 Habermas, *Theorie des kommunikativen Handelns*, Bd. I, S. 455. 訳（中巻）九五頁。

☆5 Ebd., S. 207ff. 訳（上巻）二一〇頁。

高めるという意味の合理化が負の結果をもたらす事実に言及しただけの話である。だがそこで技術的なものや経済的なものとは区別された社会的合理化が話題に上ると事情がすこし違ってくる。ハーバーマスに言わせれば、同じ合理化でも技術的な形態や経済的形態と社会的形態とでは次元が異なるのである。

合理化の……社会的形態は、その方法にしたがえば、他の二つの合理化〔技術的合理化と経済的合理化——引用者〕の延長ではない。経済的合理化は、技術的合理化と同様に、その諸要素を合目的的に配置することにある。あるいは普通言われるように手段を組織化することにある。その配置は、正確で完全であることを目指して改善される。その発展は「進歩」という部類に入る。社会的合理化はこれとまったく異なる。それは組織化を進めることではなく、組織化からある種の領域を区分する配置を目指すことにある。☆6

☆6 Habermas, Die Dialektik der Rationalisierung, S. 710.

技術的ないし経済的合理化は、産業的な支配体制の側から見れば肯定的な正の成果に導くが、労働する者たちにとっては労働の疎外という否定的な負の状況をともなう。社会的合理化の場合も、テイラーの科学的管理法のように、当初の第一段階は一見したところ技術的合理化をたんに延長しただけに思われる。しかし社会的合理化が、「産業心理学」によるテイラー主義批判の第二段階を経て、さらに第三段階にまで歩を進めると、労働者にとって否定的な状況そのものを否定する合理化の別の可能性が生まれてくる。たとえばメイヨーらのホーソン実験が証明したように、労働の社会的合理化を向上させるうえでは、非公式の規範や構造など非公式組織の決定的な役割が認められるまでに問題は展開する。社会的合理化の方向は、さながら公式組織の「コストと効率の論理」から非公式組織の「感情の論理」へと舵を大きく切った格好である。

テイラーの科学的管理法といいメイヨーらの人間関係論といい、いずれも経営管理論や組織社会学ですでに古典の部類に属するが、ここではハーバーマスの社会理論の特徴に関連して、ひとつだけコメントしておきたい。要は社会的合理化で対象にされている場面が、生産・労働の現場だという点に関わる。労働、生産さらには経済の領域は、ハーバーマスの見方では、目的合理性や機能主義的理性に規定された関係から成り立つというのが、ほぼ大方の理解である。労働と相互行為からなる六〇年代の行為論以来、労働は目的合理的行為と同じ類型に属する。『コミュニケーション的行為の理論』でも、経済システムは行政システムと同様に「公式組織からなる行為領域☆7」である。だがこの五〇年代の論考の場合には、労働の社会的現場と人間関係を、技術的合理化や経済的合理化には還元できない社会的合理化が支配するとされている。技術的、経済的合理化に支えられた公式組織では、人間が機械に適応しなければならないが、社会的合理化が進んだ非公式組織では、逆に機械が人間に適応すべきだとされている。しかも後者の合理化は前二者よりも次元が高い☆8。労働者が機械の動きに適応して最大量の成果を引き出すのではなく、むしろ技術的・経済的な最大値 Maximum を、人間の本性〔自然〕にそくして測った最適値 Optimum にもとづいて限定すべきである。経済的合理性が技術的合理化を

☆7 Habermas, *Theorie des kommunikativen Handelns*, Bd. II, S. 455. 訳（下巻）二九三頁。

☆8 「原則として社会的合理化の経済的合理化との関係は、経済的合理化の技術的合理化との関係に類似している。より高いレベルの合理化は、ひとつ下のレベルに対して、フィルターのように働く。経済的な意味では、かなりあとにようやく評価されるか、でなければまったく評価を受けない技術上の発明や改良が示しているのは、経済的な合理性 Ratio が技術的な合理性を限定づけているということである。同じことが社会的な合理性と経済的な合理性との関係についてもあてはまる。」（Habermas, Die Dialektik der Rationalisierung, S. 709f.）

制限するように、社会的合理性は経済的合理化を制約している。

社会的労働の組織から「効率の論理」を捨象してよいというわけではあるまいが、それに還元できない別の合理化が働くとみなされていたことは、後年のハーバーマスの社会と行為の概念を見直すうえでも留意してよい。たとえば労働や経済がより現実的なプロセスとして考察の対象になる場合、それらを複数の合理化が交錯し複数の合理性で構成される局面からなると見ることも不可能ではない。『コミュニケーション的行為の理論』のハーバーマスは、マルクスの価値論の再構成を試みたコンテクストで、マルクスのいう「労働の二重性」（抽象的人間労働と具体的有用労働）をシステムと生活世界に対応させた解釈をおこなったことがある。もしこの解釈を一貫させるならば、資本主義社会における社会的労働の形態は、対話的理性と機能主義的理性の双方に規定された複合的な行為類型からなると見ることも十分可能になる。同じことは経済にもあてはまる。経済的な営みは経済システムでの操作と完全に一致するものではない。経済システムは貨幣メディアを介した「公式組織からなる行為領域」である。しかし経済的な活動には、近代以降の社会でも、非公式の人間関係や組織・集団からなる領域、あるいはまた貨幣メディアを介しない領域が存在する。労働や経済の世界を技術的、経済的な合理化に収まらない社会的合理化に規定された領域と見ることが、こうした解釈の余地を与えているのである。

2

むろんこの時点でのハーバーマスは、まだ対話的理性の構想をもちあわせていない。ここで言う「社会的合理化」の概念も、のちのコミュニケーション的合理性や生活世界の合理化と重ね合わせて理解することはできない。この時点にあったのは、むしろ次のような可能性である。ハーバーマスは、技術的合理化や経済的合理化とは別の合理化を社会的合理化の名で考えていた。この「社会的合理化の弁証法」を、先に紹介したインタヴューで彼は、『啓蒙の弁証法』の中心テーマだと言っている。しかしそれはまだ対話的理性を軸にした合理化の過程ではない。すくなくともそれに限定されない通路がここで考えられていた。のちになってそれを対話的理性に限定し、より精巧で体系的な理論的展開にいたったことは周知の通りである。だがそれだけではない可能性もここにありえたのである。

ただしこれに立ち入る前に、ハーバーマスの同時代診断の一貫した姿勢を知るうえで、「合理化の弁証法」が労働の場面だけに適用されたカテゴリーではなかったことをあらかじめ断っておく必要がある。学生時代以来、ハーバーマスは、産業社会学の研究に着手していたが、ヘーゲル＝マルクス主義を受容するなかで、同時にイデオロギー概念など知識社会学的な研究にも手を染めていた。このためか、五〇年代のいずれの論考でも、考察の対象は、工場内での作業工程、生産過程の合理化に限られてはいない。持続した関心を支えていたのは、生産と消費、労働と余暇、労働過程と家族関係、経済と文化など、工場内・企業内での疎外現象を、工場の外、経済以外の領域での疎外現象と突き合わせながら、両者に通底する現実として、物質的な意味とは違った新たな「別の大衆的貧困」を剔出しようとする姿勢である。[☆9] マルクスが資本主義経済における労働者と呼んだ個人は、資本主義社会における被雇用者でもあり、同時に消費者でもある個人として分析の対象になる。この視点は、さらに政治的な面を重ね合わせたかたちで『公共性の構造転換』に組み入れられるが、その後の後期資本主義論でも基本的に受け継がれる。ハーバーマスの現代社会論における持続的でほぼ一貫した姿勢として挙げてよい点である。

もっとも生産の外に消費の領域があると言っても、これだけではさして特別な主張をしたことにはならないだろう。生産場面での疎外現象の同時代的な局面を論じることが、どうして消費や欲望、自由時間の局面に眼を向ける必要性を生むのかが、当然問われねばなるまい。これに答えるうえでは、ハーバーマスが「普遍的疎外」と呼んだものに注目してみるのがよい。すくなくとも高度経済成長期の先進国に限っていえば、技術的・経済的な進歩を通じて物質的な貧困がかなり広く克服されたことは確かだ。しかしこの物質的な大衆的貧困が後景に退くにつれて、「より洗練された、人目につかない消費場面での大衆的貧困が普遍的な疎外の残り部分として存続」するようになった。「普遍的疎外の別の現象領域である消費内部での大衆的貧困」が出現してくるにつれ、疎外が普遍的なかたちで現われる。

労働の疎外を物質的な貧困から区別される別種の貧困だと捉えることは、疎外の現象が生産過程だけに限られず、消費過程や自由時間の領域にも浸透していると考えることである。なるほど見ようによっては、「労働時間が余暇のあらゆる特性を説明することを意味するものでは

☆9 Jürgen Habermas, Notizen zum Mißverhältnis von Kultur und Konsum, in: *Merkur* X. Jahrgang, 3. Heft, März 1956. S. 212-228. Ders., Illusionen auf dem Heiratsmarkt, in: *Merkur* X. Jahrgang, 10. Heft, Oktober 1956. S. 996-1004.

なく」、労働時間の短縮によって自由時間が拡大すれば、「労働において消費することのできない潜在的能力をいろいろの仕方で余暇において発揮させる」[☆10]ことができるとも考えられる。ジョルジュ・フリードマンが「能動的余暇」と呼んだものである。だがハーバーマスはこうした見解を取らない。[☆11]むしろ、彼はすでに「疎外と統制が、労働時間から自由時間にもひろがっている」と診断していたヘルベルト・マルクーゼの立場に近いところにいる。[☆12]実のところハーバーマスは、六〇年代の初め頃には「批判理論の実存主義ヴァージョン、とりわけマルクーゼ・ヴァージョン」[☆13]に親近感を抱いていたことを認めている。ただし彼はマルクーゼとは違って、フロイト的な局所論モデルの再構成にもとづいた消費文化分析を試みるわけではない。

　ハロルド・L・ウィレンスキーによれば、労働疎外の経験が余暇におよぼす影響にかんする研究には二つの仮説がある。[☆14]職業労働を規定する価値・態度、行動性向が余暇にも持ち込まれるという「流出仮説」、職業生活で満たされなかった充実感や自己実現、生き甲斐を私生活で埋め合わせる行動に導くという「代償仮説」である。ハーバーマスは、一見するとこの二つの仮説を思わせる機能を余暇の活動に見る。自由時間のなかで労働者は、産業労働の世界が労働者に課す精神的な重圧や心的な消耗から解放されることを望む。解放のされ方には二つある。ひとつは労働の世界で感じた精神的な重圧を停止させて、それとはまったく逆の性格からなる活動を余暇の営みに求める場合だ。機械に支配された疎遠な労働とは逆の自由な活動、労働に特有の抽象性とは逆の生き生きした具体性に富んだ活動、特定の作業への制限を強制しながらも全人間的な努力を要求する不均斉な労働とは違った、より均斉のとれた活動などがそれであ

☆10　ジョルジュ・フリードマン『細分化された労働』小関藤一郎訳、川島書店、一九七三年（原書・第二版一九六四年）、一五〇頁。

☆11　フリードマンに対する批判としては、Habermas, Die Dialektik der Rationalisierung, S. 711. もっとも労働過程プロパーの分析にかんして、ハーバーマスはかなりの部分をフリードマンの研究に負っている。ことに次の論考での分析を参照。Jürgen Habermas, Soziologische Notizen zum Verhältnis von Arbeit und Freizeit, in: G. Funke (Hrsg.), *Konkrete Vernunft: Festschrift für E. Rothacker*, Bonn: Bouvier, 1958, S. 219-231.

☆12　ヘルベルト・マルクーゼ『エロス的文明』南博訳、紀伊國屋書店、一九五八年（原書一九五六年）、四一頁。

る[☆15]。もっとも、この現実の労働と逆の諸特徴は、労働者にとって元来労働がそなえるべき規範的・価値的な特徴でもある。その意味では職業労働を規定する価値や態度、行動性向が余暇に持ち込まれるという「流出仮説」の一面がここに現われてもいる。この精神的な重圧を阻止する機能とは別に、余暇には労働における心的な疲労や消耗を埋め合わせてくれる機能がある。労働の虚しさを埋めて、くつろぎを取り戻す機能でもあるが、充実した真の労働後の心地よい疲労とはおよそ無縁である。労働疎外の否定的な状況はそのまま留めおきながら、心的な疲労を補償し代償する機能にすぎない[☆16]。

労働疎外が生産現場の現実ならば、「労働の喜び」を実現させることは難しい。それならば消費の生き甲斐や楽しみが、実現できなかった労働の喜びを肩代わりしたり、労働の負担を埋め合わせたりしてくれればよい。さいわい第二次大戦後の先進資本主義諸国は、労働者の生活水準を向上させ、曲がりなりにも文明化された生活を彼らに可能にした。消費の楽しみを手にできるだけの物質的な手段を労働者たちが手に入れたわけだ。しかしこれは労働の疎外という現象を真に克服したというより、別の手段による補償を得て、労働の苦痛から一時的に逃避しただけである。労働の現場に戻れば疎外された状況に変わりはない。もしもそうならば、消費の楽しみが不快な労働を補完し代償となる機能は、疎外状況を延命させ永続させる恐れにもつながる。それはある意味で、消費の過程が、労働を規定していた生産の負の特性から完全に逃れられないことでもある。労働者の消費活動が「普遍的疎外」の別の面を表わしているのは、このせいなのである。

☆13 Habermas, *Die Neue Unübersichtlichkeit*, S. 216. 訳三〇〇頁。
☆14 Harold L. Wilensky, "Work, careers, and social integration," *International Social Science Journal*, 12: 543-560.
☆15 資本主義的な労働の疎外状況を表わした諸規定については、Habermas, Soziologische Notizen zum Verhältnis von Arbeit und Freizeit, S. 221-223.
☆16 Ebd., S. 224.

二　疎外論の再構成とそのアポリア

1

若きマルクスが十九世紀半ばに語った疎外現象は、二十世紀半ばには、もはや労働と生産、経済の場面に限定されずに、消費や家族、余暇さらには文化の場面にまで拡がる。この「普遍的疎外」の拡大とともに、物質的な「貧困」ではくくれない別の新たな「貧困」が深刻の度を加えるようになる。ハーバーマスは、新たな貧困の背後で働く機械装置の政治的な影響力や「権力性」を、「不可視のもの」と形容している。一九五〇年代のハーバーマスは、この意味での「普遍的疎外」を時代診断のキーワードにした。

普遍的疎外から察しうる労働者の意識と生活態度は、どうみても革命的な行動や体制批判の姿勢とはほど遠い。こうした認識に至ったのは、当時の旧西ドイツが「安定と復興を望む志向」の強かったアデナウアー時代であったこともある部分は関係しているのかもしれない。[☆17] ではハーバーマスは、こうした否定的な状況を前にして、どのようなオルタナティヴを模索しようとしたのか。技術的、経済的合理化に代わる「社会的合理化」とはいかなる可能性を示唆したのだろうか。

若きマルクスに由来する労働「疎外」の概念は、労働者が自分で作り出した生産物から疎遠となり、自分の労働が自由意志に基づかない疎遠な強制労働となり、さらには共働する労働者がその類的本質から疎外され、人間としての労働者が他の人間から疎外される現象を意味して

☆17　ユルゲン・ハーバーマス『遅ればせの革命』三島憲一・山本尤・大貫敦子・木前利秋訳、岩波書店、一九九二年。

いる。[☆18] ハーバーマスが疎外の概念を用いるさいにも、この語義が前提に置かれていたことは言うまでもない。だがハーバーマスが、労働者たちの生活水準が向上した時代になってから「気づかれないままに進行する」ようになった「疎外」について次のように語るとき、そこには少し違ったニュアンスが加わっている。

> マルクスはこの疎外を眼にしていたが、しかしそれが物質的な貧困から独立して現われてくることはないと考えていた。彼は疎外された状態では生そのものが生活の手段と化してしまうと主張したが、これに間違いはない。しかしそれがもっとも危険なかたちで生まれるのは、生活手段が豊富に存在するようになったときだということを、彼は考えなかった。この気づかれぬままに進行する疎外は、……まさに〔労働者と道具との〕接触が失われるところにある。当初は空間的な接触が、やがては本質的な接触が失われるところにある。というのも、自動機械装置が道具に取って代わるにつれて、〔労働手段にたいする〕労働する人間の近さ Nähe が失われていくからだ。機械は、それが完全なものになればなるほど、それを作った手から分離され、自立するようになり、人間と物とのあいだに不可視の障壁と同様に可視的な壁が築かれることになるのである。[☆19]

道具に代わって機械が登場してくると「労働する人間」の道具との「近さ」が失われるとは、たしかに若きマルクスが語った労働疎外の意味で解釈できないこともない。だがここには

☆18 Karl Marx, Ökonomisch-philosophische Manuskripte, in: *Karl Marx/Friedrich Engels Werke*, Ergänzungsband, 1. Teil, S. 465-588, Berlin (DDR): Dietz Verlag, 1968, S. 510ff.

☆19 Habermas, Die Dialektik der Rationalisierung, S. 703.

明らかにそれと別の脈絡が重ね合わされている。道具との関係を手との接触やそれを使用する人間との「近さ」で論じたものといえば、「日常的交渉にとっての道具的存在〔手許に存在するもの〕は近さという性格をもつ[☆20]」と語ったハイデッガーの議論がある。道具は「手前に vor Hand」存在するのではなく、「手許に zu Hand」存在している。道具の「近さ」はこの手許に存在し、手で触れる事実に基づく。

もちろんハイデッガーの言う「手許に存在するもの」は、文字通りの道具だけを意味するわけではない。わたしたちが日常のさまざまな場面で使用する財はなんらかの合目的性さえもつなら、いずれもハイデッガーのいう道具的存在である。とすればハーバーマスがここで「近さ」という喩えで暗示した物との関係は、生産の過程のみならず消費の場面にもあてはまる。否、疎外が普遍的になるのは、「近さ」の喪失が、労働の場面を超えて消費の局面にまで浸透するためである。

> 〔工業労働が労働者を――引用者〕物からますます遠ざけ、熟練した手つきや「器用な手」を排除し、材料にたいする知識を最小限にまで縮めたように、大量消費もまた財からますます〔消費者を〕遠ざける。物自体との接触が減り短い時間になるにつれ、物の本質にたいする認識がますます不正確になり、物との近さが効力を発揮できなくなるにつれて、その「財」を経験し認識することが少なくなる。[☆21]

☆20 Martin Heidegger, *Sein und Zeit*, S. 102.

☆21 Habermas, Die Dialektik der Rationalisierung, S. 717.

「近さ」の喪失とは、生産・消費のいずれにもかかわらず物との関係が変わることである。「大量生産と大量消費とのなかで、われわれは〈物〉に対する正しい関係を失ってしまった[☆22]」というのが、普遍的疎外で語ろうとしたハーバーマスの時代診断にほかならない。

ところでハーバーマスは、ここでは「物 Ding」という表現を使っており、けっして「道具的存在」とは言っていない。しかも物とは「ハイデッガーがこの言葉を解釈した意味での物[☆23]」のことだと断っている。先の引用でハーバーマスは、機械について、「手から分離」して「自立するように」なったため、手と接触し手許に存在する近さが失われたことを語っていた[☆24]。しかし道具的存在をプラグマティズム的な意味での使用価値という観点で理解するならば、機械といえども道具的存在であることに変わりはない。機械を疎外論のコンテクストに重ねながら「近さ」を失った「物」と理解する場合、機械は『存在と時間』における「道具的存在」とは違った意味で捉えられている。むしろこれは、どちらかと言えば機械を「物としての物」から排除した後期ハイデッガーの見解に近い[☆25]。

物が任意に「用立て可能な bestellbar 在庫品」に退化すると、物は消えてなくなり、われわれは物を失う。在庫品は需要としての欲望 Bedarf の一部をなしている。在庫の一部としての物は、匿名の要因からなる仮面で覆われる。なるほど、この仮面がなければ消費の思惑通りに事が運ぶことはない。しかしそれは機能に埋没して消失してしまい、たんに消耗を加速させるだけとなる[☆26]。

☆22 Ebd., S. 718.
☆23 Ebd.
☆24 『存在と時間』におけるハイデッガーのプラグマティズム的傾向については、ローティの次の解釈を参照。Richard Rorty, *Essays on Heidegger and others: Philosophical Papers*, Vol. 2, Cambridge, New York: Cambridge University Press, 1991, pp. 59sq.
☆25 Martin Heidegger, *Gesamtausgabe*, 3. Abt. Unveröffentlichte Abhandlungen: Vorträge–Gedachtes; Bd. 79, Bremer und Freiburger Vorträge, Frankfurt am Main: Vittorio Klostermann, 1994, S. 35.
☆26 Habermas, Die Dialektik der Rationalisierung.

ハーバーマスは、『存在と時間』の前期ハイデッガーではなく、すでに「〈物〉への問い」[☆27]や技術論を展開しつつあった後期ハイデッガーの思想圏に棹さしながら論を進めている。「在庫品 Bestand」とは、ハイデッガーによれば、さまざまな方法で算定され画一化された物で、壊れれば取り換え可能な物のことである。ハイデッガーにとっては「物としての物」のいわば対極に位置する。こうした在庫品に物が退化することに批判的だったという点で、ハーバーマスは見解を同じくしている。といっても〈物〉の根源的なあり方を、大地と天空、神々と死すべき者という「四方界 Geviert」で位置づけるハイデッガー独特の神話論的な立場にまで、彼がしたがうわけではない。ハーバーマスがとるのはあくまで合理主義の立場である。ここでわたしたちは、ハーバーマスが同時期にジャーナリズム紙上でハイデッガー批判を展開したことに留意してよい。一九三五年に出版されナチズム時代の名残をとどめた『形而上学入門』を、一九五三年にほぼそのままのかたちで再刊したハイデッガーの政治的な無頓着と無責任を指弾した記事である。[☆28]「ハイデッガーは、形而上学に対する対抗概念として、また危機に対する歯止めとして、批判ではなく、神話を指名する」[☆29]——ハイデッガーとは逆に、神話的でなく批判的であること、これがハーバーマスの選んだ立場である。彼の場合、それは合理主義の立場を一貫させることに等しい。彼は、「ハイデッガーと共に」、しかし「ハイデッガーに抗して思索する」[☆30]道を進む。この姿勢は内実に変化があるものの、後年になっても変わらない。

☆27 Martin Heidegger, *Gesamtausgabe*, 2. Abt. Vorlesungen 1923-1944; Bd. 41, Die Frage nach dem Ding: zu Kants Lehre von den transzendentalen Grundsätzen, Frankfurt am Main: Vittorio Klostermann, 1984（高山守、クラウス・オピリーク訳『物への問い——カントの超越論的原則論に向けて』ハイデッガー全集・第四一巻、第二部門講義、創文社、一九八九年）、Ders., *Gesamtausgabe*, 1. Abt. Veröffentlichte Schriften, 1910-1976, Bd. 7, Voträge und Aufsätze, Frankfurt am Main: Vittorio Klostermann, 2000.

☆28 Jürgen Habermas, Zur Veröffentlichung von Vorlesungen aus dem Jahre 1935 (1953), in: ders., *Philosophisch-politische Profile*, S. 80. 訳八八—九八頁。

2

では、ハイデッガーと同じ見解をとりながらもハイデッガーとは異なった立場をとる合理主義とは、いかなるものだろうか。ハーバーマスは、人と人との関係ではなく人と物との関係を中心に据えながら、普遍的疎外論を展開していた。合理性の概念もこの点と無関係ではない。人と人との関係に基づいた対話的合理性ではなく、人と物との関係を軸にした社会的合理性が、この時点で構想されていた合理主義の立場にほかならない。

労働の場面で、労働者が機械に適応して最大値の生産性を達成する技術的・経済的合理化ではなく、機械を人間に適合させた最適値に基づいて技術的・経済的合理性を限定する社会的合理化が構想されていたのは、この立場のひとつの表われである。消費の局面でも、工業デザイン分野でレイモンド・ローウィが提唱した「マヤ段階」[☆31]の考えを例に挙げながら、彼は消費面での社会的合理性のあり方を模索している。消費者は新しいデザインの製品に惹かれるが、作り手のデザインが流行の最先端を追いすぎると、どんな傑作でも売れ筋にはならない。新奇すぎて親しめない製品は忌避される。といって作り手が新しい製品開発のリスクを避けるなら、創造力を発揮できずに自滅するだけだ。最先端ではあるが消費者にまだ受け入れ可能だという限界点、消費者のなかにある「新しいものへの誘惑と未知のものに対する怖れ」との臨界点——これがローウィの言うマヤ段階である。

ローウィは、作り手が流行の大量生産品による強制力だけしか通用しない状況を放棄し、

☆29 Habermas, Die große Wirkiung, in: ebd., S. 80. 訳一一〇頁。

☆30 Ebd., S. 72. 訳九九頁。

☆31 レイモンド・ローウィ『口紅から機関車まで——インダストリアル・デザイナーの個人的記録』藤山愛一郎訳、鹿島出版会、一九八一年。

消費者にたいして自分の手で指針を定めるように導く「ショック・ゾーン」について論じている。彼は従来の商品追従主義と縁を切る。こうした方法は、これまでの消費の慣例だった経済的合理性を凌駕する。それは、あくまで社会的合理性だけによって正当化可能なものである。このような「ポーズをとった」「利発な」消費者には、自由な決定の余地が拡大するにつれて、それに応じた責任が求められる。☆32

肝心なのは、こうした製品デザインのあり方が、消費者に物との自立的な接触を可能にすると、ハーバーマスが考えたことだ。言うまでもなくこれはハイデッガーにはおよそとりえない立場だったろう。時代診断のなかから状況の袋小路を打開するために探りだした「超越」の視点が、ハーバーマスの場合、存在史的思索という哲学的瞑想とはかなり異なった、合理化の現実を内側から超える姿勢、「内在からの超越」でほぼ一貫している点も見逃してはならない。

ともあれ「超越」の中身はハイデッガーとかなりの部分で見解を同じくしていた。これまでの分析から察せられるように、このときのハーバーマスは、後期のハイデッガーと同様、そもそも「技術的発展」というものを認めていない。「ゲシュテル」としての技術というハイデッガー独特の考えを直接引くわけではないが、ハイデッガー特有の概念をちりばめながら、技術的発展は目的のない拡張・分散という特徴をもつと見る点で、類似した方向を示していることは明らかである。技術の発展は、物との触れあいという姿勢をとった物との関わりから遠ざかり、「世界」を偽造する。技術的発展のプロセスでは、機械を前にした労働者も製品の前にい

☆32 Habermas, Die Dialektik der Rationalisierung, S. 723.

る消費者も、実態は機械や製品と同じく「用立て可能な在庫品」にすぎない。

だがハイデッガーと同様の技術的発展に否定的な見解は、そのオルタナティヴを提唱する局面で、同時にハイデッガーとの違いを示してもいる。技術的発展を否定するといっても、発展や進歩そのものまで峻拒するわけではない。技術的発展に代わって提唱されるのは、「衛生的 hygienisch」発展と呼ばれたものである。「衛生的」とはもちろん一種の比喩で、技術的発展がもたらす害毒や雑菌を「消毒」し「殺菌」する目的に支えられた発展のありようを形容している。だからそれは、技術的発展のように目的のない拡張・分散とまったく逆に、目的をめざした繋がり・結合という特徴を帯びる。結合・繋がりといっても、ここでは人間同士の連帯ではなく人と物との結びつきのことで、その目的は物と人との親和的な接触を刷新し、「世界」を開示することにある。技術的発展が「完成の力学」にもとづいて、一義的な関係を作りだすのに対し、「衛生的」発展は「遅延の力学」に基づいて、多義的な関係を生みだす。「最大値をもとめるのが前者の特徴で、最適値をもとめるのが後者の特徴である。前者のプロセスはエネルギーを解き放って〔遊離させて〕隔たりを生みだし、結局は疎外にいたる。他方、後者のプロセスはエネルギーを結合させて、近さを切り開く☆33」。

技術的発展とは逆方向の「衛生的」発展が、当時どれだけの現実味を帯びていたのか、現在から見ればあまり定かではないが、その意味ないし意義について、ここで若干のコメントを加えておきたい。ひとつは、この「衛生的」発展という指針が、ハーバーマスにとって社会学的考察のどのような広がりに及んでいたのかということに関わる。普遍的疎外に帰結した技術的

☆33 Ebd., S. 722.

発展とは逆の「衛生的」発展が、技術的・経済的合理化とは位相を異にした社会的合理化に導くことは、これまでの考察からも理解できよう。ハーバーマスはこの指針を引き出すうえで、労働・生産の過程から欲望・消費の場面にまで視野を拡大させていた。だが欲求充足や消費の空間は、生活の必要のために営まれる活動だけに限定されない。消費のプロセスには余暇や文化など人間の多様な営みが関わる。普遍的疎外が進展するプロセスは、生産と消費のみならず、余暇・文化のあり方にまで及ぶ。技術的発展下では、たんに生物学的な生活の必然性に根ざした生産と消費の循環のみならず、必然の領域を超えた自由時間の領域も、普遍的疎外を免れることができない。

ハーバーマスは、「衛生的」発展が可能にする適正化のプロセスを、「様式化 Stilisierung」の名で呼んでいる。人間とその行動に一定の「様式《スティル》」を与えるものが、本来「文化」のあるべき姿である。[☆34] 人間は、彼らが作り出したさまざまな物、用具・家具・家・道路・建物などと接するなかで、自分の行動の一定のパターンを定着させ、自らを保つ方法を身につける。人間は「自分の物とともに成熟する」[☆35]。文化のあり方がここでも物との関わりで意味づけられていることは注意してよい。そうだとすれば、物との接触で成り立つ行為の様式化として働く文化は、技術的発展の支配下にある生産と消費のシステムとは元来、相容れない。文化産業や消費社会が文化財を生産と消費の対象にし、文化をあたかも生産され消費される財のように仕立てること自体が、文化の本来の姿と矛盾しているのである。

文化が「様式化」を主導する力を発揮するとすれば、それは物との新たな関わりを人間のさ

☆34 Habermas, Notizen zum Mißverhältnis von Kultur und Konsum, S. 215.
☆35 Ebd., S. 213.

まざまな生の営みにおいて再構築することに導くだろう。ハーバーマスは、資本主義的な技術的発展での「消費 Konsum」とは違った「飲食 Verzehren」、「需要としての欲望 Bedarf」とは違った「必要としての欲求 Bedürfnis」、「余暇 Freizeit」とは異なった「閑暇 Muße」など、生の営みの転換につながるオルタナティヴを語っている。物との関わり方を転換させることは、労働活動、欲求充足、自由時間、文化形成など人間の生の営み全般を転換させることでもある。技術的、経済的合理化とは別の社会的合理化が、かならずしも対話的理性だけに収斂しない別の可能性があったことをここに認めてよい。一九七〇年代以降、従来の技術的発展にたいする批判が、「持続可能な発展」など発展の別の可能性を模索する試みに導いてきたことを思えば、一九五〇年代とは異なった半世紀後の現在、ハーバーマスの初期のこの試みを再考する余地が開かれるようになったと言ってよい。

だが普遍的疎外状況を克服するこの理論的戦略には、ハーバーマスが合理化のこのオルタナティヴを断念するほかないアポリアがあったことも否定できない。最後に批判的なコメントとしてこの点に触れ、ハーバーマスが市民的公共圏の理論に行き着かざるをえなかった事情を探っておきたい。

普遍的疎外論には疎外論一般に当てはまる理論的難点がある。これまでの考察からもわかるように、ハーバーマスは、疎外状況というものを物との近さが失われて疎遠な状態に陥ることだと考えた。この疎外論では、「物との近さ」や触れあいが関係の本来のあり方、物との本質的な関係だという信念が脈打っている。この「本来性の隠語」あるいは本質主義が大きな難点を抱え込んでいることは、現実の社会に対して疎外論的な批判をおこなう観察者と、その批判にさらされる社会の当事者との関係を考えてみればわかる。

疎外に陥った状況を物との本来的な関係を喪失した事態だと批判する観察者は、いわば社会をその外部の視点から見ようとする認識主体である。彼らが本来のあるべき物の姿、物との本質的な関係だと考えるオルタナティヴの可能性は、この外部の視点と結びついたときに認識可能となる。だが社会で生活する当事者にとっては、疎外状況の内部に拘束されていて、社会の外部の視点をとることができない以上、そうしたオルタナティヴについて的確な認識をすることができない。観察者の発言が当事者の耳には届かないのである。疎外論に基づく批判がしばしば高踏的でエリート主義的な悲観論に堕しやすいのは、こうした事情とも関連している。

問題はこれだけではない。同時代の社会を外部から批判しようとする観察者にとっては、彼自身が批判の対象にする社会の内部に存在しており、彼が分析の対象にした疎外状況に規定されている以上、はたして当の観察者が観察者として外部の視点を十分にとりえているかどうかもあやしい。疎外論に基づく本質論や本来性の概念が、しばしば時代的制約の産物とされるのは、こうしたアポリアに由来している。

これはもちろんアポリアといっても観察者と当事者との形式的な差異から導き出された難点であって、このことで疎外論的な時代診断の内容がどれも無意味だということにはなるまい。とはいえ同時代批判の視座を、徹底した「外部」や「超越」の視点に据えようとするかぎり、これはかならず突き当たるアポリアである。同時代診断のかたちで批判的分析を有効に遂行しようとするならば、ありうるのは「内在からの超越」の道をとるしかない。つまりひとつは、社会に制約されながら生活する当事者たちが、彼らの生活の営みから一時的にでも距離をとって、それを吟味し反省し、必要とあれば観察者の助言に耳を傾けられる場を探ることである。そしてもうひとつは、社会を外部の視点から分析しようとする観察者たちが、彼ら自身も社会に内在している事実に基づいて、彼ら自身の発言を批判的な吟味にさらし、当事者たちを説得できるかどうかを知る場に立ち会うことである。こうした場の少なくとも有力な候補に挙がるのが市民的公共圏にほかならない。

　言うまでもなく市民的公共圏には、当のこの対話の場そのものが疎外や物象化の影響にさらされないだろうかという疑いは残る。ハーバーマスが「公共性の構造転換」を論じたのは、言うまでもなくこの種の影響力を批判的に吟味するためでもあった。労働者が同時に消費者であるのみならず、政治的討議に参加する能動的な市民でもあること、しかしその市民たちはまた福祉国家体制下で社会的サービスを受ける受動的なクライアントでもあることが、あらためて問われるようになったのは、こうした考察の蓄積の結果でもある。しかし、これはすでに彼の同時代診断の次のステップの話である。

民主主義といっても、今日ではその現実のさまざまな姿から、さまざまに違った捉え方というものが存在しうる。民主主義の政治を実際に動かしているのは、少数のエリート集団で、市民はあらかじめ定められた集団のなかから彼らを選挙で選ぶにすぎないと考えるものがある。あるいは政府の政策や議会での法案策定に大きな力を発揮しているのは、経営者団体や労働組合などの利益団体で、その力のせめぎあいが民主主義の現実だと考えるものもいる。民主主義は結局のところ投票行動が決定的で、有権者は自分の利害をかなえてくれそうな政治家に投票し、政治家は有権者の個人的な利害を実現する見返りに票を得ると考えるものもいる。おそらくいずれも民主主義の現実を捉えて社会科学的に冷静な分析を施したものだろう。しかしこうした民主主義の現実にかんする醒めた分析だけが、民主主義論のすべてではない。

民主主義論には、たんなる第三者的な事実描写に終始せずに、むしろ同時に民主主義のあるべき姿を語ろうとする立場がある。この種の規範的な民主主義論には、現実を無視したありそうにない理想を語るにすぎないものもないわけではないが、なかには、民主主義の経験的現実に十分な目を向けながら、民主主義の現実と歴史から合理的と言える契機を取り出し、その理想的内実を再構成しようとした試みもある。わたしたちは、ハーバーマスの熟議民主主義論を、そうした試みのひとつと理解することができよう。民主主義の政治のなかでは、政治家や官僚のみならず、一般の市民も、同等の権利をもって議論や討論を交わしている。議会が代議員による討論の場であるのは明らかだが、その他、さまざまな委員会、公聴会でもすべて議論が戦わされ審議が尽くされる。また議会の外でも、一般のマスコミや市民のあいだで政治にかんするさまざまな議論がくりひろげられる。民主主義のこうした経験的現実から合理的に再構成して構想された理論、これが熟議民主主義 die deliberative Demokratie というものである。

もっとも今日、熟議民主主義の立場をとるのは、ハーバーマスだけに限らない。その影響力も広い範囲に及んでいる。したがって熟議民主主義について十分な議論を尽くそうとするなら、その新しい広がりにまである程度、目を配らねばならない。しかしここでの課題は、あくまでハーバーマスにおける新たな民主主義論の可能性を探ることにあるので、できれば彼の理論の一環に位置づけられた民主主義として論じられるものに話を限定することにしたい。こうした限定をおこなったさいにまず注目されるのは、彼が「熟議的政治」について論じたもともとのコンテクストとの関連である。ハーバーマスは熟議的民主主義について、彼の「法と民主的法治国家の討議理論」にかんする研究として知られる『事実性と妥当性』の後半部において、比較的まとまったかたちの考察を試みた。法の事実性と妥当性の諸次元を追跡するなかで明らかにされたのが、「民主主義の手続き的概念」たる「熟議的政治」である。熟議民主主義の地平は、そもそも法と法治国家の討議理論をどのように理解するのかという問題との関係で、切り開かれた。したがってここでは、迂遠ながらも、とりあえず法や権力などの基礎概念にかんして、彼の民主主義論と関連するかぎりで必要な説明を加えることから議論を始め、その後に熟議民主主義論の内実に立ち入っていくことにしたい。

一　法の事実性と妥当性

『事実性と妥当性』は、法における事実性と妥当性の諸次元について論じた書物である。法の事実性と妥当性とは何か。ここではそのすべてを説明する余裕はないが、民主主義論との兼ね合いで重要となるそれらの次元についてだけ触れ、法・権利 **Recht** のあり方を問うことがなぜ、独特の民主主義概念を導くことにつながるのかを探ってみることにしよう。

『事実性と妥当性』の英訳本は『事実と規範の間 *Between Facts and norms*』[☆1]となっている。法はたしかに規範の一種に含まれる。しかし規範には法だけではなく道徳規範もある。法と道徳は規範の二つの種類である。そして法と道徳には、両者とも規範として有する「事実性と妥当性」との緊張関係がある。たとえば「人は嘘をついてはならない」という規範がある。これは普通ならば一種の道徳規範である。嘘をつくのは悪いことだが、そのために罪に問われて罰せられることはない。しかしたとえば、裁判や国会の証人喚問での証人席で証人として証言する場合、嘘をつくと法の定めにしたがって罪（偽証罪）に問われる。この特殊なケースでは「嘘をついてはならない」という規範は法規範になる。

　しかしこうした規範が存在していても、実際には人が嘘をついたりする事実はよくある。嘘をつくという規範に反する所業は事実として起こりうる。盗みをする、人殺しをする、人をだ

☆1 Jürgen Habermas, *Between facts and norms: contributions to a discourse theory of law and democracy*, translation by William Rehg, Cambridge, Mass.: MIT Press, 1996.

ますなど、（法的あるいは道徳的な）規範に反するおこないは事実として過去もあったし、これからもおこりうる。しかしこうした所業は、これが事実としてしばしば起こりうるからといって、その頻繁な現実を、やむをえないこととして規範的に是認してよいということにはならない。かりにそうしたことが事実として起こるとしても、嘘をついてはならない、人を殺してはならないという規範こそが妥当しなければならない。規範とは、法と道徳のいずれであれ、事実として規範にもとることが起こるとしても、正しいルールとして妥当しなければならない。これが（道徳とともに）規範というレベルでの法がもっている事実性と妥当性の次元である。

法は道徳と同じく規範の一種だが、法と道徳が異なるのは言うまでもない。なんらかの法が規範として通用する場合、人はよく「それは法律で実際に決まっていることだから、守らないといけない」と言う。つまり法は事実として実際に社会のなかで通用しているルールである。悪法でも法は法だと言われるとき、しばしばこの現に社会的に通用しているという事実性のことが言われている。もちろん道徳規範も、社会で通用している規範である。しかし道徳の場合、たんに社会の決まりごとというより、誰にでも受け入れることのできる当為、万人に妥当する当為だという面が強い。ある特定の社会に通用するが、しかし社会のいかんに関わらず妥当しうるものという面をもつのが道徳規範である。

社会的に通用しているもののなかには、法規範や道徳規範以外に、慣習や習俗などもある。昔からの決まりごとという理由で、社会的に通用しているもので、なかには理に適ったものもあるが、たんに習慣や惰性で続いているだけのものもある。社会によっては、法規範のなかにもそうした慣習や習俗に根ざしたものがありうる。しかしこの種の慣習・習俗とは違って、すくなくとも近代的な法規範が社会的に通用する事実性には、もっと違った裏打ちがある。

道徳規範の場合、道徳に反する行為をすると、人から非難されたり叱正されたりする。しかしだからといって牢屋に入れられたり、罰金を支払うことになったりするわけではない。つまり強制的に処罰されることはない。これに対し法規範では、法に反する行為がなんらかの罪に当たるとされる場合、処罰の対象になる。また道徳規範の場合、道徳的に正しい行為は、原則として万人に共有される正しい行為とみなされる。これに対し法規範は、ある特定の法共同体（たとえば国家）によって正しい規範や規則として制定される。

したがって法規範が正しい規範として妥当性をもつことは、法に反する行為を強制的に処罰する権力が現実に作用していること、言いかえれば事実として存在することに支えられている。つまり法は、道徳とは異なって、規範の妥当性が強制的権力の事実性と結びついているのである。人が法を遵守するのは、法の内容が規範的に尊重するに値いすると考えるだけではなく、法を破ると警察に捕まるかもしれないと恐れるからでもある。法の側から言えば、法は規範として正当化されるだけではなく、強制力をもってでも法として実際に貫徹されねばならない。

法における事実性と妥当性の緊張関係には最小限、以上の二つの次元が含まれる。それは法規範に固有の緊張という意味で、事実性と妥当性の内的な緊張関係である。法の事実性と妥当性は、しかしこの内的な緊張関係にあるだけではない。それは同時に外的な緊張関係を伴う。法は社会的秩序を形成するのに大きな役割を果たす。社会にはさまざまな営みや領域がある。とくに経済システムと政治システムはそうした営みのなかでも大きな部分である。市場経済は貨幣を媒介にして機能し、国家は権力を媒介にして組織化される。そうした機能や組織化がおこなわれるさいに、経済システムでは（商法などの）私法がルール作りの基礎となり、政治システムでは（行政法・憲法などの）公法が組織づくりの基本になる。この意味で経済は私法的秩序、政治は公法的秩序と呼ぶことが可能で、両者は広義の法的秩序（法システム）をなすと言ってよい。

　といっても経済、政治はそれぞれに固有の営為や活動からなる。それらは法規範によって統制されるとしても、それにつきない面がある。市場経済では、貨幣を媒介にした利益指向的な営みが支配している。政治では、政党同士が権力の獲得をめざして対立し、行政システムが権力を行使して政策を実施する。それらはたんに法に適合している（合法的である）のみならず、法をうまく利用して、利益や支配の実現をめざす。法を利用するなかでは、自分の利害指向や権力指向に都合のよい法の制定や法の執行を企てることも事実として起こりうる。このとき、経済の営為や政治の活動におけるこうした事実性と法の妥当性とのあいだに緊張関係が生まれる。これが法における事実性と妥当性の外的緊張関係である。

　法におけるこのような事実性と妥当性の諸次元をざっとみただけでは、それが熟議民主主義の地平とどのように関連しているのか、定かではないだろう。しかし実は、熟議民主主義の考え方は、この法における事実性と妥当性の外的な緊張関係が考察の対象となった場面で、登場してくるのである。その意味ではこの外的な緊張関係に焦点を絞ることが、民主主義論を語ることにつながる。もっとも民主主義の原理的な意味にまで遡ろうとすると、それ以前に、法における事実性と妥当性の内的な緊張が問われた基礎的な局面で、民主主義原理の討議的・熟議的な意味が展開されていたことにも気がつく。それは、法および権利という概念が、民主主義の原理と密接に関連してくる局面でもある。そしてわたしたちは、この原初の局面に熟議民主主義の最初の地平を確認することができる。

二　権利と法

ヨーロッパの言語では、法という言葉と権利という言葉が同一となるケースが多い。ラテン語のユス jus、フランス語のドロワ droit、イタリア語のディリット diritto、スペイン語のデレチョ derecho、スラヴ語のプラーヴォ pravo、そしてドイツ語の Recht は、いずれも法と権利の両方を指す。つまり一方で個々人の具体的権利を意味しながら、他方で秩序形成に寄与する法を意味しているのが、これらの語群である。[☆2]ヴェーバーもこの二義性を考慮して、主観的なレヒト subjektives Recht を「主観的権利」、客観的なレヒト objektives Recht を「客観的法」の意味で使っている。『事実性と妥当性』第三・四章のタイトルが、Zur Rekonstruktion des Rechts となっているのも、Recht のこの二つの意味を念頭におかないと誤解する。より厳密に言えば、第三章は「権利《レヒト》の再構成」がテーマになり、第四章は「法《レヒト》の再構成」がテーマに

☆2　ヴィノグラドフ『法における常識』末次三次・伊藤正己訳、岩波書店、一九七二年、二四頁。

なっているからだ。したがってこの二章は二つの意味を密接に関連づけて解釈できる。

両者を比較しつつ関連づけるには、次の一句に注目するのが近道である。「諸権利の体系」を論じる第三章「権利《レヒト》の再構成」では、「相互の権利を承認しあう市民たち」によって「水平的な社会形成」がおこなわれるのに対し、「法治国家の諸原理」を扱う第四章「法《レヒト》の再構成」では、「国家の組織形式」にもとづいて「垂直的な社会形成」がなされる。☆3 前者の「市民たち」による「水平的」な営み、後者の「国家」による「垂直的」な営み、この対比にまず留意されたい。では「水平的」「垂直的」とは何か。言いかえるなら〈横の関係〉と〈縦の関係〉といったところだろうか。つまり前者では市民たちが対等な〈横の関係〉にもとづいて、諸権利の体系を構成し、それが全体社会の形成につながるというもの、後者では国家が市民たちの社会（すなわち市民社会）に対して政治的権力にもとづいた〈縦の関係〉（社会が国家に従属する関係）を作り上げ、法治国家の原理にもとづいて、全体社会の形成にみちびくというもの、とりあえずこのようにイメージしておけばたりる。

ではこの横と縦の関係に、法における妥当性と事実性はどのように結びついているのだろうか。大雑把には、「相互の権利を承認しあう市民たち」の〈横の関係〉によって権利の妥当性が根拠づけられ、「国家の組織形式」にもとづく〈縦の関係〉によって（権利を定めた）法の事実性が貫徹されると言うことができよう。しかし注意してみると、こう言うだけではすまない点がいろいろある。

まず注目したいのは、狭い意味での「法《レヒト》」が第四章で問題にされる以前に、「権利《レヒト》」の概念

☆3 Habermas, *Faktizität und Geltung*, S. 175f. 訳（上巻）一六七頁。

が第三章でテーマとされている点である。権利といえば、今日では憲法や法律でいろいろな権利が規定されているから、権利は法によって（法的権利として）定められるものだとみなされやすい。しかし近代以降の市民や労働者たちによる権利をめぐる闘争の歴史をみると、法によって権利が与えられる以前に、自由や平等をめぐる闘いでさまざまな権利が市民や労働者たちによって主張され、要求されてきたプロセスが目にとまる。近代的な権利は、市民たちが彼らの自由で平等な行為を遂行する正当な主観的権利があるという自分たちの理解と相互承認が前提となって確立されてきた。権利は、それを定めた法が実際に（事実として）社会的に通用しているから、妥当性をもつというより、市民たちのあいだで正当な妥当性をもつものだと承認されるようになったからこそ、法的な内容として制定されるようになったのである。この権利概念の原初的なあり方を形成する承認関係が、同時に平等で自由な市民たちの民主的な関係をいわば先取りしたものであることは容易に想像できよう。市民たちが相互の権利を承認しあうことと、彼らが民主的な関係を構築することとは表裏の関係にある。

　では市民たちが自由で平等な人格として遂行する行為の正当な主観的権利とは、いかなるものだろうか。主観的権利とは、簡単に言えば個々の主体が、自分のさまざまな欲求からどれかを選択して、自分の意思でそれを実現する行為の自由（主観的な行為の自由）に対応したものである。それは自由で平等な私的人格の自律性を前提にして成り立つ。たとえばカントは、そうした行為の自由を選択意思の自由と名づけて、次のように言っている。

だれのどのような行為でも、その行為が、あるいはその行為の格率から見て、その人の選択意思の自由が、だれの自由とも普遍的法則に従って両立できるならば、その行為は正しい〔そうする権利があり、法に適っている〕☆4。

この一節でカントは「……その行為は正しい」と言っている。「正しい」とはドイツ語で **recht**（英語で **right**）、「権利／法」の **Recht** と同綴りであるから、「その行為は正しい」とは「そのように行為する権利がある、そう行為することは法に適っている」という意味でもある。この一節は、したがって選択意思の自由からでてきた行為が「権利」あるものとみなされる条件を記したものである。カントによれば、誰の行為でも「普遍的法則〔道徳律〕に従って」他のものの自由と両立しうるならば、それは正しい行為であり、そう行為する権利がある。

ここで肝心なのは、他の者の自由と両立しうるなら、選択意思にもとづいて行為する権利があるとされていることである。もしわたしたちが道徳律といった「普遍的法則」を所与のものとしないのならば、自己の自由と他者の自由との両立を可能にする権利をそうした道徳律の代わりに共同で制定することも可能になる。私的自律にもとづく主観的行為の自由を互いに認めることは、自己の自由と他者の自由の両立を可能にする権利を、市民たちが公的自律にもとづいて正当に制定可能だということである。市民たちが相互の権利を承認しあうことは、彼らが公的自律にもとづいて彼らの権利を保証する法を制定可能な民主的関係に加わりうることを意味している。

☆4 Immanuel Kant, Die Metaphysik der Sitten (Herausgeber: Paul Natorp), in: *Kants Gesammelte Schriften*, Herausgeben von der Königlich Preüischen Akademie der Wissenschaften, Bd. VI, 1914, S. 230.

ところで自分の自由な行為が他の自由と両立しうるということは、現実には、両立しない可能性もあるのを認めることでもある。自分が自由に振る舞ってやりたい放題をすれば、他人の自由を侵害することもある。自分がお金をたくさん得たいと思って、他人の財布から盗むことも自由といえば自由である。しかしこれは道徳律という「普遍的法則に従って」もいないし、他の者の自由と両立することもできない。それは道徳と法にもとづいた自由をかえって妨害する。それは不正な行為であって、そのようにしてまで選択意思の自由にもとづいて行為する権利はない。このように他の者の自由を妨害するような勝手な自由は、場合によっては、強制措置によってでも阻止しなければならない。カントによれば、この強制措置が法にほかならない。

> ある自由を行使すること自体が普遍的法則に従う自由を妨害する（つまり不正〔不法〕である）なら、この行使に対置される強制は、自由に対する妨害を阻むものであり、普遍的法則に従う自由と調和する、すなわち正しい〔法に適っている〕。したがって法には同時に、法を侵害する者を強制する権能が、矛盾律に従って結びついている。☆5

自由を妨害するものに対して、その妨害を阻止する強制力、つまり自由を否定するものを否定する事実的な力、これが法である。とすれば法とは、自由を万人に保証するために必要とされる強制のことだということになる。

☆5　Ebd., S. 232.

主観的権利には、個々人の選択意思にもとづいた主体的な行為の自由が対応している。それは個々人が互いに承認しあうことで成り立つ権利であり、自由である。ただしその行為の自由は、他の者の自由と両立するものでなければならず、そのようにして万人の自由と調和したときに、行為として正しいもの、権利あるものとなる。しかし実際には、個々人の自由が他の者の自由を妨害することもある。そこで、この自由の妨害を阻止する強制力が必要となる。法とはこのようにして「自由の法則」と「強制の権限」とを結合したものにほかならない。ここにも「自由の法則」という妥当性と「強制の権限」という事実性との結合、あるいは緊張関係がある。そして市民たちが相互の権利を承認するなかには、この「強制の権限」を共同で承認し制定する市民たちの民主的な決定も含まれるはずである。

三　法と権力

いまカントの考えにしたがって、法とは自由の妨害を阻止する強制力だと言った。ただ強制力といっても、近代法にかんするかぎり、恣意的な暴力でよいというわけではない。警察のような実力行使の機関であっても、無法の暴力なのではない。近代法の原理にかんするかぎり、この強制力自体が法によって定められねばならない。法規範は、「自由の法則」という妥当性と「強制の権限」という事実性との結合からなる。しかし「強制の権限」という事実性そのものが、法的に制定されることで、正当な権限として妥当性をもたねばならないのである。これが「法治国家の諸原理」である。

この法治国家の原理について立ち入ることはできないが、ここでは権利と法の再構成にかかわる基本カテゴリーとして「権力」の概念に触れておこう。法を「自由の法則」と「強制の権限」との結合だと考えるカントの規定には、万人のあいだの自由という市民たちの水平的な横の関係と、その自由を妨害するものに対して強制的に力で阻止するという垂直的な縦の関係が含まれていた。後者の縦の関係は現実には権力関係となって現われる。ヴェーバーによれば権力とは「自己の意思を他人の行動に対して押しつける可能性」のことである[☆6]。ここでは自己と他者とのあいだに非対称的な〈縦の関係〉が成り立つ。法 Recht という概念は、その内部に権力 Macht という契機を内蔵している。

では法は水平的で垂直的な関係だと言えばすむのだろうか。しかしそうならば「諸権利の体系」を市民たちによる水平的な社会形成という脈絡で先に論じる理由はないだろう。肝心なのは、むしろ権力そのものがたんに垂直的な〈縦の関係〉から成り立つだけにとどまらないということである。ハーバーマスにとって権力は「自己の意思を他人の行動に対して押しつける可能性」であるだけにとどまらない。むしろ権力が創出される局面には、市民たちの対等で水平的な〈横の関係〉から生まれてくる別の権力がある。コミュニケーション的権力がそれである。この権力概念は、ヴェーバーではなくハンナ・アーレントに由来している。「こうした〔コミュニケーション的な〕権力の根本現象はマックス・ヴェーバーと異なり、社会的関係の内部で抵抗者に抗ってでも自己の意思を押し通す可能性ではなく、強制なきコミュニケーションにおいて形成される共通意思の潜勢力である」[☆7]。つまり権力の根本そのものが、市民たちの水平的な社

☆6 ヴェーバー『支配の社会学I』世良晃志郎訳、創文社、一九六〇年、五頁。

☆7 Habermas, *Faktizität und Geltung*, S. 183. 訳（上巻）一八〇頁。

会形成と密接に関連しているのである。とすればこうした権力の根本現象を明らかにするうえでも、まず市民たちの横の関係で成り立つ権利《レヒト》関係を先に明らかにしておかなければならない。ではコミュニケーション的権力は具体的にはどのようなものか。ひとつは市民たちが作りだす政治的公共圏から生まれるもの、そしてもうひとつは公共圏の制度化とも言うべき議会での、（市民の代表者による）立法の機能となって現われるもの、すくなくともこの二つがある。たしかに権力が行使される局面で作動する行政権力は、たとえば警察組織のように「抵抗者に抗ってでも自己の意思を押し通す可能性」がなければならない。その意味ではコミュニケーション的権力と行政権力とは異なる。しかしハーバーマスの考えでは、〈縦の関係〉を内に含んだこの行政権力も、〈横の関係〉から成り立つコミュニケーション的権力をもとにして生まれたものでなければならない。つまりコミュニケーション的権力の転化したもの、それを変換させたものが行政権力でなければならない。つまり〈縦の関係〉は〈横の関係〉から生まれるのである。ではコミュニケーション的権力を行政権力に転化させるものは何か、これが法[☆8]である。

　そうするとここで興味深い結論がでてくる。法規範の基本的契機には、万人の自由に対する妨害を阻止する強制の権限があった。しかしこの強制の権限という縦の関係自身が、じつは法によって制定され正当化されたものでなければならない。してみると、法の定義自体のなかに法によって規定される契機が内包されていることになる。ルーマン流にいうならば、法は自己言及的・自己準拠的に定義される。ただしハーバーマスにとって重要なのは、法のシステムと

☆8 「私は、コミュニケーション的権力を行政権力へと転化させるメディアとして法を解釈することを提唱したい。」Ebd., S. 187. 訳（上巻）一八三頁。

しての自己言及性そのものとは少し違った点にある。これまで権力のカテゴリーに触れてきたので、これとの関連で少し考えてみよう。

ハーバーマスにとっては、縦の関係からなる行政権力は、横の関係からなるコミュニケーション的権力が転化したものであるかぎりで認められる。これは、行政権力はコミュニケーション的権力との結びつきを断たないかぎりで正統legitimだと言えるということでもある。ここで縦の垂直的な関係は横の水平的な関係を基盤にして成り立つ。ところが権力にもいろいろある。社会でのさまざまな圧力団体、経営者団体や労働組合、マスメディア等々、社会的勢力から生まれる権力もある。ハーバーマスはこれを社会的権力と呼ぶ。この社会的権力は、市民たちの水平的な社会形成にもとづくよりも、（特定の個々人やその集団が）自分たちの利害を特権化して力づくでも実現しようとするところに生まれる。ハーバーマスの言い方では「特権化された利害の事実的貫徹力☆9」である。権力概念としては「自己の意思を他人の行動に対して押しつける可能性」の方に近い。もしこの社会的権力が行政権力と癒着し、後者がコミュニケーション的権力との結びつきを断つということになったらどうなるか。この場合、（行政権力という）縦の垂直的な関係が（社会的権力という）別の縦の関係と結びつき、横との関係から切り離される。これは法権利《レヒト》のカテゴリーと権力《マハト》のカテゴリーとの関係としては、ハーバーマスには認めがたい結びつきである。

法が自己言及的に規定されるというより、法権利と権力のカテゴリーが、市民たちの水平的な横の関係を基盤にして国家組織にもとづく垂直的な縦の関係が成り立つということ、しかも

☆9　E5d. 同右。

両者の結びつきが断たれないということ、これが法権利の概念を合理的に再構成するうえで、ハーバーマスにとって見過ごせない視点なのである。そしてこの法権利の再構成が、民主主義のあるべき姿と密接に結びついていること、これもまた見過ごすことのできない論点である。

そのさい立ち現われてくる民主主義の姿として注目してよいのは、市民たちの水平的な関係のなかで実際に何がおこなわれているのかということである。市民たちは相互にそれぞれの権利を主張し承認する。彼らがその権利を主張するとは、彼らの行為や活動が正当なものであることを言葉で主張し、その正当性を他の市民に言葉で承認してもらうことである。もちろんその主張が否定され、行為の正当性が疑問視される場合もあり、その場合には議論や討議が展開される。彼らはこのとき主観的な行為の「自由の法則」を民主的な討議と熟議の対象にしている。同じことは自由が侵害されたときに発動される強制手段の制定についても言える。市民たちは彼らの自由が侵害された場合、どのような強制手段が発動され、自由の侵害そのものを防止するかについて議論する。「自由の法則」の侵害を阻止する「強制の権限」について、民主的な討議と熟議の対象にしている。熟議民主主義の地平が開かれる原初の局面は、このような権利、法、権力が原初的な姿で立ち現われる場面に位置しているのである。

四　熟議的政治の基本的特徴

一方での権利と法、他方での法と権力、法をめぐるこの基礎概念の規範的な成立を支えているのが、市民たちの対等で水平的な〈横の関係〉である。この横の関係のなかで市民たちは、彼らの行為、活動、権利が妥当で正当 richtig なものであることを言葉で主張し、自分たちの主体的な行為の「自由の法則」について議論や討議を展開する。同じことはそうした自由の侵害を阻止する強制手段が法的に制定される場合についても言える。市民たちは、どのような強制手段の制定が妥当で正統 legitim であるかについて議論を重ね、正統と言いうる「強制の権限」について合意形成にいたる。いずれの場面でも、論議・討議・審議といった水平的なコミュニケーションの反省形式が、主眼をなしている。民主主義の原理というものを、このような意味での討議の形式に基礎づけること――さしあたりこれが熟議民主主義の地平と呼ぶべきものである。

ハーバーマスは、「討議原理」を「特殊化」した一定の形態が「民主主義原理」であると言っている。[☆10] しかしこの抽象的な規定も、実際の場面を想像してみれば、市民たちの横の関係で考えられた理念的な討議の空間が前提されていることは疑いない。「討議原理」とは「考えうるすべての当事者が合理的討議の参加者として合意しうる行為規範こそ、妥当である」とするものである。当事者たちの実践的な討議において、なんらかの法律や政策といった行為規範が妥当 gültig かどうか吟味の対象とされる。そのさい「考えうるすべての当事者が合理的討議の参加者として合意しうる」かぎり、法律や政策の行為規範は「妥当」な規範とみなされる。この討議原理が、道徳的な理由にかぎらず、プラグマティックな、あるいは倫理的‐政治的な理由を挙げて行為規範が正当化される場合に働くとき、「民主主義原理」が生まれる。市民たちは討議に参加して当事者として合意可能な行為規範だけが妥当だとみなす。そのさいプラグ

☆10 Habermas, *Faktizität und Geltung*, S. 138f. 訳（上巻）一三六頁。

マティックな、あるいは倫理的‐政治的な、あるいは道徳的な理由を挙げてその妥当性が立証される。こうして妥当性を立証された行為規範がさまざまなかたちの法制定や政策決定につながる——これが民主主義の、あるいは熟議民主主義の原理にほかならない。

もっともこの「原理」場面での規定だけでは、熟議的政治のより具体的なあり方や意義は見えてこない。以下では、権力循環論や公共圏論と関連するコンテクストにそくして、熟議民主主義のより実質的な特性に立ち入ることとしたい。

同じく民主主義といっても熟議民主主義は何を主眼にしているのだろうか。あらためてこのように問うたときまず注意してよいのは、当事者たちが議論や討議をおこなうことによって集合的な決定にいたるというプロセスでは、そもそも何が起こっているのか、そしてそれが他の民主主義論とどの点で異なるのかということだ。たとえば個々人の投票行動が今日の民主主義で重要な役割を演じていることは言うまでもない。しかしそこに決定的な意義をみる投票民主主義と熟議民主主義とはいったい何が異なるのだろうか。

人びとが投票によって個人の選好を表明し、それを集計して集合的決定がなされると解する場合、個々人の選好は所与のものとされ、その表明・集計のプロセスにおいてそこで何かが起こることに特に注目されることはない。ここでは民主主義とは、個々人の所与の固定した選好をなんらかの手続きによって集計して集合的決定を導くものだとされている。たとえば個々人が各自の主義主張や好みにもとづいて選挙で複数の候補者から選び出すとき、こうした所与の選好の集計がおこなわれるとみなされる。あるいは「民主主義は多数決によって決定をする」と言われるときも、似たような考えで民主主義が捉えられている。

これに対し、当事者たちが議論や討議などのコミュニケーションを介して集合的な意思形成を導くことに着目して民主主義を考える場合、これとはすこし違った面が現われてくる。当事者たちはもはやたんに自身の所与の固定した選好を表明するだけではない。議論の過程で個々人がなんらかの個人的な意見や選好を口にするとき、そうした意見や選好は、たんに個人的見解として尊重の対象とされるだけではなく、むしろ同時に吟味と批判の対象となる。議論の過程はおおかたの場合、なんらかのテーマに限定されている。このテーマに関して語られたある個人Aの意見は、他の者Bに対して同意を求める見解である。Bはそれを受け入れてよいかどうかを吟味の対象にし、検討次第では受け入れを拒否する。拒否されたAは、受け入れを拒否した理由をBに問うて、その理由に納得がいくならば、当初の個人的意見を変更することもある。この種の一連のプロセスから出てくるのは、当事者たちはたんに所与の固定した選好や意見をもつだけではなく、熟議のプロセスを通じて、それを変更する余地が彼らに与えられているということである。

個人的な意見の変更は、たんにある私的意見が別の私的意見に取って代わるだけではない。個人Aが自身の見解の変更によって他の個人Bにも受け入れることのできる意見を形成するならば、それはすくなくともAとB両者にとっての公的な意見になる。つまりこうした意見の変化のプロセスは、可能性として同時に公的な意見形成のプロセスにもなりうる。集合的決定は、たんに所与の固定した当事者たちの選好を集計・集約するのではなく、議論をつうじて当事者の選好や意見が変化し、公的意見・意思形成を導く合意形成を前提にしているのである。

たしかにこうした合意形成のプロセスは、しばしば個々人の意見の多様性や複数性を排除して、全体の一元的な意見を個々人に押しつけるものだと解されやすい。多様な意見や価値観が闘い合い、せめぎ合う空間にこそかえって民主主義のあるべき姿が宿っているのであって、理性的な合意形成を目標とすることは、結局のところその対極に立つに等しいというわけである。シャンタル・ムフ[☆11]の「闘技民主主義」論に代表されるこの見解は、ある面では（後述するように）熟議民主主義論で十分に意識できていない点を明確にするのに役立つが、他面では熟議民主主義論のある側面にたいする誤解に由来している。ここではとりあえず、公的意見・意思形成における現実の一面を指摘することで、この誤解にたいするコメントに代えておきたい。

熟議のプロセスを通じて浮き彫りにされたのは、合意形成を通じて公的意見・意思形成がおこなわれる事実だけではない。それ以前に、討議を通じて個々人がその個人的な選好を変更させる余地が開かれるという事実である。個人がその選好を変化させる理由はさまざまだが、もしその変更が理にかなったものであるなら、それは以前よりも（すくなくとも当の個人にとって）より適切な理由にもとづいているからだろう。しかしよくよく考えてみれば、討議によって実際に確保される現実とは、議論のプロセスでより適切な理由が挙げられるならば、個々人はその選好や意見、意思を変更しうるという事実だけである。討議に参加する当事者AとB

☆11 Chantal Mouffe, *The Democratic Paradox*, London, New York: Verso, 2000.（『民主主義の逆説』葛西弘隆訳、以文社、二〇〇六年）熟議民主主義論と闘技民主主義論にかんする興味深い考察としては、田村哲樹『熟議の理由――民主主義の政治理論』（勁草書房、二〇〇八年）第2、3章を参照。

が、より適切な理由にもとづいて両者に共有できる意見形成にいたったとしても、両者だけで共有されたその意見が公的な意見たりうるかどうかは、また別の問題である。かりにAとBがハーバーマスのいう「討議原理」にもとづいて「考えうるすべての当事者が合理的討議の参加者として合意しうる」か否かを吟味したとしても、彼ら二人が抱えている状況の特殊性から完全に脱してそうした吟味がなしえたかどうかあやしい。

とすれば、討議や熟議のプロセスから導き出せるのは、より適切な理由にもとづく個人の意見・意思の変更までであって、合意形成にもとづく公的意見・意思形成にすくなくとも必然的にいたることはないと言わなければなるまい。なるほど、より適切な理由にもとづく個人の意見の変更と集合的な意見・意思形成が、さらにより適切な理由にもとづく、より集合的な意見・意思形成につながることはありうる。しかし後者がそのまま十分な合意形成による公的意見・意思形成に等しいかといえばかならずしもそうではない。せいぜい言えることは、この〈より適切な理由〉の連鎖が、合意形成にもとづく公的意見・意思形成の可能性に結びつきうるという点までである。いやむしろ逆に、ある特定グループによるそうした集合的な意見・意思形成が、支配的な公的意見・意思形成にたいする不同意のかたちをとることも可能だろう。討議のプロセスは、その意味では、合意形成の可能性と不合意の顕在化の両面にまたがった状態にある。[☆12]

では、討議のプロセスにおける個人の意見・意思の変更を、合意形成による公的意見・意思形成に導くさらなる条件とは何だろうか。たとえばハーバーマスは、法治国家の諸原理のひと

☆12　齋藤純一『公共性』岩波書店、二〇〇〇年、三〇頁。

つに、「多数決のルール」を挙げている。十分な合意形成による公的意見・意思形成が存在しない場合、政治システムで集合的な決定を下すことができない。しかし制度上、なんらかの決定を下さねばならない必要から、多数決原理で片をつける場合がある。ただしハーバーマスによれば、「多数派の下した決定は継続されるべき議論のひとつの区切りにすぎず、いわば討議による意見形成の暫定的な結論にすぎない」[☆13]という但し書きがそこでは欠かせない。多数決原理は、公的意見・意思形成に根ざした集合的決定のいわば代替手段である。もっともこの法治国家の原理が、討議のプロセスにおける個人の意見の変更を、合意形成による公的意見・意思形成に導く決定的な条件と言いうるかといえば、そうではない。多数決原理はあくまで代替手段にすぎず、そうした条件を充たすものではない。

五　市民的公共圏の政治的意味

合意形成にもとづく公的意見・意思形成の可能性をより確実なものにし、公的意見・意思形成を集合的決定に結びつけるには、議論や討議がたんにおこなわれるというだけではなく、討議や熟議を十分に反復しうる条件が整っているかどうかが鍵になる。この条件として決定的な地位を占めているのが、市民的公共圏にほかならない。こうしたコンテクストのなかでは、公共圏の政治的機能は、市民たちが共通のテーマとする問題について公共の討論の場を提供することにとどまらない。市民たちが、必要とあればいつでも参加し、討論を開始できる持続的で反復的な場が提供されなければならない。しかしそうした場は、もはや単純な市民たちの水平的

☆13 Habermas, *Faktizität und Geltung*, S. 220. 訳（上巻）二一三頁。

な横の関係だけではすまない、はるかに複合的な構築物で成り立っている。

政治のプロセスでなんらかの集合的決定がおこなわれる場合、その決定が正統《レギティーム》なものかどうかは、それが十分な公的意見・意思形成にもとづいているかどうかで決まる。しかしなんらかの集合的決定がおこなわれるには、それ以前に、そもそも市民たちにとって政治的に解決すべき問題状況が発見され、それが公的な問題として市民たちのあいだで確認され共有されていなければならない。当事者たちの個人的な意見が表明され、その後に公的な意見形成がおこなわれるプロセスの大半は、このような市民個々人による問題状況の発見とその共有にほぼ平行した過程である。共有された問題は、そのための複数の解決案が吟味され、もっとも優れた案が選択される。議会で政策案や法案が提唱されるプロセスは、この解決案の吟味と選択にあたる。集合的決定は、こうした解決案が選択され実施されるプロセスとともに始まる。

この一連の流れを大きく二つに分けるならば、片方には市民たちによる問題の発見と共有の過程があり、もう片方には議会などにおける解決案の吟味と選択および集合的決定の過程がある。公共圏はこの全体を包括した議論の空間である。だがもしそうならば、公共圏は、それぞれの過程でかなり異なった特徴を示すことになるだろう。

ハーバーマスは、この両者の違いを、ほぼ次のように描いている。問題の「発見のコンテクスト」に依拠した公共圏は、非公式的《インフォーマル》で、なんらかの手続きや機関によって規制されることのない公共圏である。それは一定の制度として整備されたものではない。そこは「一方で、……不平等に配分された社会的権力、構造的暴力、体系的に歪曲されたコミュニケーションの抑圧と排除の効果にさらされるままになってしまう」。しかし他方でこの公共圏は、「無制限のコミュニケーションのメディアとしての長所をもつ」。つまりそこでは「新たな問題状況が敏感に取り上げられ、自己了解のための討議が広範かつ活発におこなわれ、集合的アイデンティティと欲求解釈が強制を受けることなく表明されうる」[☆14]。他方、解決案の「正当化のコンテクスト」として構造化された公共圏は、民主主義的手続きによって規制された、「議会の機関の公共圏」である。そこでは民主的手続きが「意見形成・意思形成過程の構造を規定する」。公共圏の政治的機能は、「問題の発見と確認よりもむしろ問題の処理のほうにある」。「つまり、新たな問題提起に対する感受性よりも、問題選択ならびに対立する解決案からの選択の正当化のほうにある[☆15]。」

これまでの議論の経緯から考えても、二つの公共圏の位相差が決定的な意味をもつことは否定できない。そこでは、個々人がその意見や選好を変更し、それをきっかけにして公的な意見形成・意思形成がおこなわれ、それが集合的決定に結びつく過程を、ほぼ体現した格好になっている。個人による意見・選好の変更は、ここでは市民公衆による新たな問題状況の発見となって現われる。市民はこれまで自分が気づくことのなかった問題を、他の市民による意見を通じて発見する。それはあくまで個人的な意見である以上、しばしば個々人の生活史や生活形態、生活世界から発する問題状況でもあるが、むしろだからこそ、ときとして社会全体の構造的問題を反映したものにもなる[☆16]。もっともそうした市民個人による新たな問題状況の発見は、個人の一時的な意見表明に終わるかぎり、公的意見の形成にまで結びつかない。新たな問題の

☆14 Ebd., S. 374. 訳（上巻）三二二頁。
☆15 Ebd., S. 373. 訳（上巻）三二二頁。
☆16 「政治的公共圏において語られる問題は、社会的弊害の圧力を反映して、まずは個人的な生活経験という鏡に映しだされるのである。」Ebd., S. 441. 訳（下巻）九五―六頁。

発見は、発見として共有されねばならない。それはこれまで気づくことのなかった問題を、新たな意見として受け入れるプロセスである。

しかしこうした新たな問題発見のかたちをとった公的意見形成のプロセスは、問題解決の模索や解決案の選択および集合的決定のプロセスから区別される。区別されるとは、市民公衆たちが、そうした解決案の模索や選択および集合的決定の義務・負担から免除されているということでもある。政治的に新たな問題を発見したからといって、その解決とそのための決定の義務まで当の市民個人が引き受ける必要はない。☆17 解決案の模索や集合的決定の義務・負担を引き受けるのは、市民の代表者として制度化された代議員、官吏等の行政スタッフである。もしそのような集合的決定の義務まで引き受けることになったならば、市民公衆は、その義務の重さを予測して、発見した新たな問題について語ることを控えることにもなりかねないだろう。

もちろん解決案の模索と集合的決定の負担を免除されるといっても、「議会の機関の公共圏」での解決案の選択や決定を批判的に吟味する権利が失われるわけではない。公共圏はつねに別の公共圏によって批判され反省されうる。公共圏の二つの位相差は、かえって「公共圏の批判的機能」を可能にしている。

位相差をもった二つの公共圏は、わたしたちの解釈では、討議や熟議を十分に反復しうる条件として機能している。こうした条件として働くことで、それは、個人による選好の変更に端を発する公的意見・意思形成の可能性をより確実なものにしている。とはいえ公的意見・意思形成の可能性は、より確実なものになったとはいえ、依然として可能性のままにとどまること

☆17 「公共圏のコミュニケーション構造は、公衆から決定の負担を免除する。」Ebd., S. 437. 訳（下巻）九二頁。

も否定できない。それは、市民公衆たちが集合的決定の負担を免除されている事実からも予想がつく。市民たち個々人は、余計な義務や負担を感じることなく、新たな問題状況の発見を語りうる。それは公的意見・意思形成のより高い可能性を開くのみならず、むしろ支配的な公的意見とは違った新たな意見の形成をも導きうるからである。

しかし考えてみれば、合意形成にもとづいて公的意見・意思の形成がおこなわれるとしても、そのプロセスにしばしば不同意の契機がともなうというのは、さして異常なことではない。それはむしろ規範として許容すべき対象である以前に、事実として起こりうる現象である。ただ支配的な公的意見にたいする不同意が、より適切な理由にもとづくと思われる個人的見解の表明によるのならば、それは十分理に適った不同意である。他方、不同意が、個人の自己利害への固執にもとづいていて、個人による選好の変更をいかなる場合も認めずにいる場合、それは不同意のあり方としても不合理である。前者は討議や熟議に加わることを認めるが、後者にはその余地がない。

もっとも支配的な公的意見にたいする不同意がとりわけ問題になるのは、以上のケースだけではない。これまで問題にしてきた公共圏は、あくまで「生活世界の合理化」を前提にした規範的な理想とでも呼ぶべきものである。実際の公共圏は、政治・経済システムの作用やさまざまな権力連関の影響にさらされている。それは公共圏で形成される公的意見や公的意思が、同意しがたい契機に脅かされることでもある。わたしたちは次にこうした権力連関との関連で熟議民主主義の地平がどのように成立するのかを見ていく必要がある。

六　熟議民主主義と権力循環

ハーバーマスによれば、公共圏において合意形成がおこなわれ、それにもとづいて公的意見・意思形成がおこなわれると、そこに「コミュニケーションにおいて形成される共通意思の潜勢力」[☆18]というべきものが現われる。ハーバーマスはこの潜勢力を「コミュニケーション的権力」と名づける。このコミュニケーション的権力の概念は、もともとハーバーマスがハンナ・アーレントの権力概念から借用してきたものである[☆19]。彼女によれば、「権力は、たんに行為するというのではなく、〔他者と〕一致して行為する人間の能力に対応している」。「共通意思の潜勢力」とは「〔他者と〕一致して行為する人間の能力」のことである。ではハーバーマスは、そもそもこの権力概念の提唱によって何を狙っていたのだろうか。それは熟議民主主義の地平とどのように関わっているのだろうか。

　コミュニケーション的権力を「権力」概念の一種だと考えると、権力という言葉から一般に受けるイメージとどこかそぐわないものを感じる。たとえば権力概念には、先にふれたようにマックス・ヴェーバーのおこなった有名な定義がある。彼によれば、「権力」とは、「ある社会的関係の内部で抵抗を排してまで自己の意思を貫徹するすべての可能性《チャンス》」のことである。おそらく権力という言葉の一般的なイメージやニュアンスとしては、「〔他人の〕抵抗を排してまで自己の意思を貫徹する」このあり方にこそ権力の生々しい姿を見てとるのが通例ではないだろうか。字面だけから見ても、他人の抵抗を排して自己の意思を貫徹する能力と「〔他者と〕一致し

☆18　Ebd., S. 183. 訳（上巻）一八〇頁。

☆19　Hannah Arendt, *On Violence*, San Diego New York Lodon: A Harvest Book, 1969. p. 44ff.（『暴力について』山田正行訳、みすず書房、二〇〇〇年、一三四頁。）

て行為する人間の能力」とは、ほぼ正反対に近い。もしコミュニケーション的権力を、権力概念の一種として認めるならば、それは権力に関して通例とはいささか異なった考えを提唱していることになると言えるだろう。

もっともハーバーマスは、権力をこのコミュニケーション的権力の概念だけで片づけようとはしていない。これもすでにふれたことだが、彼は「社会的権力」の概念を導入して、「特権化された（あるいは組織化された）利害の事実的な貫徹能力」[☆20]と定義している。定義としては、これはヴェーバーに近い。権力が実際に行使される文脈では、それは他人の抵抗を排して自己の意思を貫徹する能力として働くことに変わりはない。

権力にかんするこうした扱い方が妥当かどうかは別にして、ここで彼が狙っている点を考えたとき、権力の経験的事実にもとづいて、その共通する特徴から権力を一般的に定義する立場をとっていないことがわかる。権力は、その生成、獲得・保持、使用の局面ごとに異なった姿をとり、異なった名をもつ。権力の最初にあるのは、さまざまな権力の区別・差異である。社会的権力・行政権力・コミュニケーション的権力といったもろもろの権力の差異である。そして権力にかんするこうした独特のアプローチが、熟議民主主義の地平を語るうえで見逃せない論点を提出することになるのである。

政治的なプロセスで、権力が生成し、獲得・保持され、行使されるとき、権力はさまざまに異なった形姿をとって現われる。熟議的な政治のなかで、権力の生成・獲得・行使が繰り返され

☆20 Habermas, *Faktizität und Geltung*, S. 187. 訳（上巻）一八三頁。

ると、そこに権力の循環 Machtkreislauf というものが出現してくる。もちろんこの権力循環は、より現実的な権力の諸連関においては、あくまでその理念的で公式的な一面をなすにすぎない。しかし熟議民主主義のより具体的な地平に接近するには、なによりもこの権力循環のプロセス、とりわけコミュニケーション的権力から行政権力への転換のプロセスに着目するのが近道である。

先に、法について原理的な考察をおこなったさいに、法が効力を発揮するためには、法は法規範として正統化されるだけではなく、法として実際に貫徹されねばならないことを指摘した。法は正統的な法として根拠づけられるだけではなく、法に違反する行為がおこなわれた場合、警察や司法によってそれを処罰し、そのことで法が貫徹されることを示さなければならない。この法的妥当性の正統化と実際にそれが貫徹されることとは、法における妥当性と事実性の関係を示したものだが、そこにはまた権力の二つの異なったあり方が表現されてもいる。法規範の妥当性の正統化は、同時にコミュニケーション的権力の生成のプロセスでもある。他方、妥当とみなされた法を貫徹させるには、しばしば行政的権力の行使が必要となる。法は、一方で適正な手続きにもとづいた正統的な法制定によって、コミュニケーション的権力を体現するが、他方で法として貫徹されるためには、他人の意思に抗してでも自己を貫徹させる行政権力の行使が必要となる。すでに、法がコミュニケーション的権力を行政権力に転換するメディアとして機能することに触れたが、それは法そのもののこうした特性によるわけである。以下、コミュニケーション的権力と行政権力のそれぞれに注目して権力循環の意味するものを探ってみることにしよう。

その前に蛇足ながら、法規範の妥当性の意味について一言だけ、コメントを付しておくことにしたい。法規範の妥当性を示す場合、より厳密には「正統性 Legitimität」という概念が用いられる。この法の正統性は、規範的な「正当性 Richtigkeit」と同じものではない。なんらかの道徳規範について正しいか否かが問われる場合、道徳としてのその妥当性は規範的な正当性だけが問われる。これに対しなんらかの法規範について妥当か否かが問われる場合には、その法的な正統性が問題になる。法の正統性は、規範的正当性を一部に含んだ概念だが、正統性には正当性に限らないさらに別の契機が含まれる。たとえば法規範には、その法共同体が共有する価値として「望ましい gut」ものかどうか、問題になるケースがある。そこでは規範的な正しさ（正 right）のみならず、価値的な望ましさ（善 good）も議論の対象となる。さらに法律には、なんらかの政策目標のための手段や戦略として策定されるものがある。その場合、法規範は手段や戦略として目標達成に有効か（wirksam）否かもまた問題になる。したがって妥当な法規範は、規範として正当であるだけではなく、「法共同体の真の自己理解、つまり共有された価値と利害の公正な考慮、および戦略と手段の目的合理的な選択を表現するという意味で、正統 legitim」[☆21]なのである。

したがって法規範が正統的か否かが議論される場合、それは規範的に正当か否か、価値的に適切か否か、手段・戦略的に有効か否かといった諸側面から論議が可能になる。当然ながら、そうした側面の違いに応じて議論の種類も異なる。ある法規範について、一定の政策目標の手

☆21 Ebd., S. 194. 訳（上巻）一八九頁。

段・戦略として有効か否かが論じられるさいには実用的討議が実行され、当の法共同体の価値として適切か否かが問われるさいには倫理的―政治的討議が実施される。そして規範として正当か否かが論議に付されるならば、道徳的討議がおこなわれる。[☆22]政治的な意思形成のプロセスは、こうしたさまざまな議論の形式の流れで構成される。議論の形式のこの複合体が理性的なプロセスとして進行し、そこに「共通意思の潜勢力」が生まれるとき、コミュニケーション的権力というものが産出される。

もっともコミュニケーション的権力を、国民の代表からなる議会での一連の議論から生まれてくるとだけ捉えてしまうと、国民の代表を同質的な国民や同一の国民的意思の体現者と想定し、そうした国民の同質性や国民意思の同一性から「共通意思の潜勢力」が生成してくるもののようにも誤解されかねない。コミュニケーション的権力は、同一の国民的意思をもった同質的な国民の代表によって体現されるものではない。なぜなら、討議による意見形成・意思形成は議会に限られるものではないからだ。コミュニケーション的権力は、「議会の機関の公共圏」における「制度化された意見形成・意思形成」のみならず、「文化的に動員された公共圏でのインフォーマルな意見形成」にも根ざしており、[☆23]この二相の意見形成と意思形成は互いに異質な地平にある。この異質な二つの地平を同質的な国民や国民意思の同一性に置きかえることは不可能である。

コミュニケーション的権力は、「発見のコンテクスト」にあって政治的決定の負担から免除されたインフォーマルな公共圏での自由なコミュニケーションと、「正当化のコンテクスト」

☆22 Ebd., S. 197ff. 訳（上巻）一九二頁以下。
☆23 Ebd., S. 228. 訳（上巻）二二〇頁。

にあって集団にたいする拘束力を備えた「議会の機関の公共圏」での政治的決定、この自由と決定の両者からなる。議会における適正な手続きにもとづく法制定が法の正統性を真に確保できるのは、それが公共圏のインフォーマルなレベルでの政治的な意見形成・意思形成のプロセスに裏打ちされたときだけである。「議会の機関の公共圏」では、熟議のプロセスを経て、（法案の可決等のかたちをとった）政治的決定が下される。その決定は、集団を拘束するだけの力を備えており、この力がコミュニケーション的権力の権力たる現われをなしている。しかしこの拘束力そのものは、議会以前のインフォーマルな公共圏での自由な討論にもとづく合意形成に支えられないかぎり、コミュニケーション的権力のコミュニケーションたる実質を示すことはできない。人びとは彼ら自身の手で協同で産出した正統的な政治的決定だと承認できるからこそ、その決定の拘束力を自発的に受け入れるのである。

もっとも法制定の正統性が十分に承認されたからといって、法の貫徹が十全に保証されるわけではない。なるほど「法の貫徹の事実性」は、「合理的な法制定の手続きが有している、正統性を根拠づける力」[☆24]と結びつく必要がある。法の貫徹は法制定の正統性に依存している。その意味でも法の貫徹にとって、コミュニケーション的権力は不可欠の必要条件である。だが正統的な法の制定を実際の法の貫徹にまで導くには、コミュニケーション的権力を行政権力で補い、生成した権力を自己貫徹力として行使しなければならない。「コミュニケーション的権力の行政権力への転換」という権力循環の重要な局面がここに現われてくる。

とはいえ、法制定の正統性が確保されているからといって、法を貫徹させる行政権力が、そ

☆24　Ebd., S. 46. 訳（上巻）四六頁。

れで正統性を得るわけではない。法の貫徹のためにおこなわれる行政による措置（行政権力の行使）は、これ自身が特定の制定法に適合しなければならない。つまり妥当な法を貫徹させるには行政権力の行使が必要となるが、この行政権力そのものが法形式にもとづいて行使されねばならない。コミュニケーション的権力にもとづく行政権力の再生産には、法の貫徹のためになされる行政権力の行使を、民主的に制定された法と結びつけることも含まれるわけである。[☆25]

七　権力の対抗的循環

一定の法を貫徹させるために行政権力を行使するさいには、その法自身が正統的な法制定にもとづいたものでなければならない。だが同時に、行政権力の行使はこれ自体が正統的な法形式にもとづいておこなわれなければならない。この二重の関係のなかに現われているのが、行政権力をコミュニケーション的権力にもとづいて再生産するという公式の権力循環である。

この公式の権力循環は、行政権力があくまでコミュニケーション的権力と結びついて行使されるところにその実質がある。もちろんこのことは、現実には行政権力がコミュニケーション的権力にもとづくことなく行使される可能性があることを物語ってもいる。たとえば同じ「公式の権力循環」という概念を使って、ニクラス・ルーマンが公衆・政治・行政の間でおこなわれる集合的決定の流れを次のように説明するとき、ハーバーマスの言うコミュニケーション的権力の概念はかならずしも必要とされてはおらず、すくなくとも決定的な地位を占めることはほとんどない。

☆25　Ebd., S. 213. 訳（上巻）二〇七頁。

公衆は、選挙にもとづいて政治に影響をおよぼす。政治は、行政……の決定のための境界と優先順位を設ける。行政は、決定によって自己自身と公衆を結びつけ、公衆は、ふたたび選挙というかたちで、あるいは選挙権をよりどころにした他の意見表明によって、決定に反応することができる。[☆26]

政治は、「決定のための境界と優先順位を設ける」というかたちで集団を拘束する決定の準備をし、行政はそれに続いて決定を産出する。そして公衆は産出された決定を受け入れるが、他方、その決定の善し悪しにかんする評価を選挙のかたちで表わし、それによって「政治に影響をおよぼす」。政治（政党政治）という契機があいだに加わるものの、公衆→政治→行政という流れが、コミュニケーション的権力から行政権力への転換にほぼ照応した局面であることは明らかだろう。

しかし公衆が集合的決定に関与できるのは、ルーマンの場合、おもに選挙行動である。討議や熟議にもとづく意見形成・意思形成のプロセス（つまりコミュニケーション的権力の実質）が、集合的決定の根拠づけとなる役割を果たすことはない。むろん公衆は「選挙権をよりどころにした他の意見表明によって」世論（公的意見）を形成するかもしれない。だがルーマンにとって、世論は公衆が保持する「コミュニケーション的自由」にもとづいて形成されるのではなく、「マスメディアによって提示される」[☆27]ものにすぎない。ジャーナリズムやマスメディアが、

☆26　ニクラス・ルーマン『福祉国家における政治理論』徳安彰訳、勁草書房、二〇〇七年、四六頁。
☆27　同書、六四頁。

公共圏のコミュニケーションで大きな役割を果たし、情報収集ではときに優れた効果を発揮することもたしかだ。しかしマスメディアが規模を拡大させ、その複合性を増大させると、公式の権力循環には収まらない新たな事態に逢着する可能性もでてくる。

> 彼ら〔ジャーナリスト――引用者〕は、情報を集め、「報道すべき内容」の選択・提案をおこない、マスメディアの行きわたった公共圏への主題、発言、著述家たちのアプローチをある程度包括的に管理する。マスメディアの複合性が増大し、資本の経費が増加するにつれ、同時にコミュニケーション経路の集中化が効力を発揮するようになる。さらにそうした増大や増加に応じて、マスメディアは情報の提供者側であれ消費者側であれ、〔情報〕選択の圧力の増大にもさらされる。この選択の過程が、さらに新たな権力の源泉になる。[☆28]

ジャーナリズムの政治的影響力が、「〔特定の〕権限を付与された政治システムの構成員の確信に影響力を与え、有権者、議員、官僚、等々の行動を規定する」[☆29]ようになると、その影響力は政治的権力に転化する。「メディア権力」と呼ばれるこの新たな権力の源泉は、コミュニケーション的権力と結びつくこともないままに、かえってそこから独立し、行政権力との循環的な結合にいたる可能性をもつ。この循環は、コミュニケーション的権力と行政権力との結びつきからなる「公式の権力循環」とは明らかに異なった権力循環である。なによりもメディア権力、行政権力のいずれもが、コミュニケーション的権力と結びつくことのない独立した権力と

☆28 Habermas, *Faktizität und Geltung*, S. 454f. 訳（下巻）一〇八頁。
☆29 Ebd., S. 439. 訳（下巻）九三頁。

して作用している。
もっともジャーナリズムの政治的影響力が、どれもメディア権力に転換して、行政権力との結合と循環に必然的にいたるわけではない。情報を選別し産出するマスメディアの「情報処理戦略」に対しては、当のメディアを消費する側でたんに「放映される番組によって受動的に操作される」のではなく、「抵抗をこころみたり、番組内容を自己の解釈様式にあわせて受け入れたりする」「視聴者の解釈戦略」[☆30]で応じる可能性も存在する。むしろここで求められるのは、メディア権力の中立性を保持し、マスメディアが「啓蒙された公衆の代理人」[☆31]として理解されるようにメディアを規制する法的・規範的理念である。ただしそうした理念が現実的な理念として効力を発揮するには、当然ながらそれを可能にする一定の社会的条件がなければならない。

第一は、マスメディアを利用するアクターの違いに関わる。ハーバーマスは公共圏に登場するアクターとして、「公衆〈から〉登場したアクター」と「公衆の〈前に〉登場するアクター」の二つを区別している。[☆32] 公衆〈から〉登場したアクターとは、「いわば公衆に由来し、公共圏そのものの再生産に関係するアクター」で、たとえばアイデンティティ・ポリティクスを推進する社会運動がそのアクターの典型例に挙げられる。公衆の〈前に〉登場するアクターとは、「すでに構築された公共圏を利用すべくこれを占有しているアクター」[☆33]で、既成政党や社会的権力を備えた利益団体などがその例になる。

マスメディアが公衆の〈前に〉登場するアクターの手で利用されると、アクターたちの社会

☆30 Ebd., S. 456. 訳（下巻）一〇九頁。
☆31 Ebd., S. 457. 訳（下巻）一一〇頁。
☆32 Ebd., S. 453. 訳（下巻）一〇六頁。
☆33 Ebd., S. 440. 訳（下巻）九四頁。

的権力とそのなかに秘められた「特権化された利害」を貫徹させる手段と化すことになる。メディア権力は、ときとしてそのアクターの社会的権力を行政権力に媒介する機能を果たすことにもなりかねない。マスメディアが、公衆〈から〉登場したアクターの手で、公共圏そのものの再生産に関与するときこそ、それは「啓蒙された公衆の代理人」として理解され、「公衆の学習能力と批判能力を同時に前提し、要求し、強化[☆34]」するものとなる。

しかし第二に、公衆〈から〉登場したアクターがそれなりの規模で活動し、社会的に一定の影響力を有するだけの勢力となるには、彼らの活動を展開させる場が、固有の社会的領域としてあらかじめ存在していなければならない。こうした社会的領域の持続的な存在が、ひいてはマスメディアの中立性を保持する条件にもなる。公衆〈から〉登場したアクターたちの団体・組織・運動からなるのが、今日、市民社会 Zivilgesellschaft の名で呼ばれる社会的領域である。市民社会の「制度的核心をなすのは、自由意思にもとづく、非国家的・非経済的な共同決定およびアソシエーションであり、これらの決定とアソシエーションによって、公共圏のコミュニケーション構造は生活世界の社会的構成要素に根をもつことになる[☆35]」。

市民社会が公共圏との関係でもつ役割は、それが私的生活領域と政治的公共圏を媒介する点にある。「〔市民社会で〕自生的に成立した団体・組織・運動は、社会的問題状況について私的生活領域で共鳴するものを取り上げ、集約し、増幅して政治的公共圏へと流し込む[☆36]。」ハーバーマスによれば、公共圏で議論の対象とされる問題は、「社会的弊害の圧力の反映として、まずは個人的な生活経験という鏡に映し出される」。私的生活領域は、いわば「公共圏の私的な基盤[☆37]」

☆34 Ebd., S. 457. 訳（下巻）一一〇頁。
☆35 Ebd., S. 443. 訳（下巻）九七頁。
☆36 Ebd., S. 443. 訳（下巻）九七頁。
☆37 Ebd., S. 446. 訳（下巻）九九頁。

である。私生活圏で生じた社会的問題を個々人が直接に公共圏に訴えることは、新しいメディア・テクノロジーの発達した今日ならば、不可能ではないかもしれない。しかし訴えた問題が公共圏で広く論議の対象とされるかどうかは、また別の問題である。私生活圏に存在する社会的な問題状況を集約し、増幅して公共圏に伝えるには、やはり市民社会の団体・組織・運動が効果的な役割を発揮するだろう。そしてマスメディアが、公衆〈から〉登場したアクターたちによる公共圏の再生産に寄与するには、そうした市民社会の確立と発展が不可欠のもうひとつの条件になるのである。

こうした条件をふりかえってみれば、われわれは「市民社会が特定の状況下で、公共圏に影響を及ぼし、自己の公共的意見を通じて議会（および裁判所）にはたらきかけ、政治システムを公式の権力循環に順応させる」[☆38]ありようを浮き彫りにすることができる。しかし同時に、この公式の循環には、しばしば社会的権力と行政権力がマスメディアの政治的影響力を獲得して、コミュニケーション的権力との結びつきを断ち、両者ともども自走化する可能性が事実として存在することも否定できない。コミュニケーション的権力から自立化した社会的権力と行政権力は、公式の循環に対して権力の対抗的な循環を形成する。コミュニケーション的権力から自立化する以上、社会的権力と結びついた行政権力による政治的決定は、もはや正統的とは言えない決定である。

さてここで問題にしたいのは、コミュニケーション的権力を行政権力に転化させるメディアとされた法が、この対抗的な循環ではどのような機能を果たすのかということである。コミュ

☆38　Ebd., S. 451. 訳（下巻）一〇四頁。

ニケーション的権力から自立したと言っても、法治国家の下での行政権力である以上、その行使は一定の法形式を取らざるをえない。とすればこの法はどのように機能するのだろうか。『事実性と妥当性』だけを見るかぎり、この点について立ち入った考察は見当たらない。しかし『コミュニケーション的行為の理論』には、公式の権力循環と対抗的循環に対応すると思われる法の機能の違いが読み取れる。ここでわれわれは、対抗的循環における社会的権力と行政権力が、元来、貨幣メディアを媒介にした経済システムと権力メディアを媒介にした行政システムにおいて作動している事実を確認しておかなければならない。

もし法がハーバーマスの考える討議理論にもとづいて再構成できるとすれば、法においては言語メディアが決定的な地位を占める。ところが経済システムと政治システムは、それぞれ貨幣と権力を制御メディアにして作動する。ハーバーマスの考えでは、貨幣メディアと権力メディアは、社会の複合性が増大するにつれて日常言語だけでは相互了解に過剰な負担がかかるようになるため、その負担軽減のために分化してきたメディアである。もっとも、貨幣と権力のメディアがいったん自立し、さらに近代にいたって経済システムと行政システムが機能的に分立して、システムと生活世界が分離するまでにいたると、全体社会の統合自体が、市場・行政権力を通じたシステム統合と、価値・規範・了解過程を通じた社会的統合とに分岐する。

こうしたシステムの機能主義的合理性が過度の拡大を見ると、生活世界の植民地化につながるが、こうした動向に抗して、貨幣メディアや権力メディアを社会的統合にもとづく生活世界の秩序に定着させる働きをするのが、「制度としての法」である。制度としての法では、法がコミュニケーション的行為の背景をなし、「生活世界それ自体の正統的な秩序」になる。これに対し法が「貨幣メディア・権力メディアと結合して、法自身が制御メディアの役割」を果たし、経済システムや行政システムの「組織手段」として役立つ場合、法は「メディアとしての法」になる。この〈制度―メディア〉という二分法を、ハーバーマスは『事実性と妥当性』では採用していない。しかし同書での次のような叙述を見るかぎり、法がおかれたコンテクストに応じて、すくなくとも二つの異なった機能を有すると考えられていたことは明らかである。

分立した経済社会の機能的要件に結びついた政治的支配の組織手段としては、近代法は、全体社会の統合のはなはだ両義的なメディアにとどまる。法が非正統的な権力に正統的であるかのように見せかけるだけであることは、かなりしばしば起こる。法の統合作用が、アソシエーションを形成する国家市民の同意に支えられたものか、それともその統合作用が、国家の自己プログラム化と社会の構造的暴力から生まれたものなのか……、一見しただけでは法からそれを読み取ることはできない。[☆39]

法の統合作用が「アソシエーションを形成する国家市民の同意」に支えられるならば、法は、社会的統合に寄与する制度になる。法の統合作用が「国家の自己プログラム化と社会の構造的暴力」から生まれるならば、法は、システム統合に重点を移したメディアとして機能する。そしてこの二つがそれぞれ、公式の権力循環と対抗的循環のコンテクストにおかれた法の

☆39 Ebd., S. 60. 訳(上巻)五九頁。

機能である。

熟議民主主義は、この公式の権力循環と対抗的循環が錯綜した権力の連関のなかでこそ、機能する。これが熟議民主主義のもっとも具体的な地平である。しかしこれは言いかえれば、権力の対抗的循環を完全に抹消して、公式の権力循環だけで成り立つ世界を構築しても、熟議の政治が真に確立するわけではないことを意味している。権力の対抗的循環は、民主主義が成立するかぎり、（ムフのいう意味での）「対抗者」として熟議のプロセスにとっても不可欠な存在である。この意味でも、そうした権力の連関は、熟議民主主義のもっとも現実的な地平なのである。

付論・付録

一

公共圏（Öffentlichkeit, public sphere）をめぐる一貫した問題意識が、ハーバーマスの批判理論の核心に位置していることは、少しでも彼の書になじんだ大方の読者が認めることだろう。『公共性の構造転換』で描かれた公共圏とその歴史的条件をめぐる問題構成は、後年のハーバーマスの理論展開を規定する一貫したモティーフとなった。たとえば最近、彼は国際法の構成をめぐるかなり大きな論考で永遠平和論の基本線を刷新した「カント的プロジェクト」を提唱しているが、[☆1]その問題意識もすでに『公共性の構造転換』で小さいながらその芽を出していた。[☆2]コミュニケーション的行為の理論との関連で言えば、市民的公共圏は近代的民主主義とともに実践的討議の制度化を具現したもので、これだけでも理論的に高い地位を占めていることは明らかである。市民的公共圏の哲学者——後生の人々がかりにハーバーマスをこう呼んだとしても無理はない。

しかし『公共性の構造転換』という書物を実際に手にして最後まで目を通した読者のなかには、のちのこうした評価とはいささか違った読後感をもつ者がいるかもしれない。なぜなら

「構造転換」後の市民的公共圏にかんする描写は、公共圏の政治的機能について暗い見通しをしか与えず、全体の印象としては公衆の実状にかんするペシミスティックな時代診断に彩られているからだ。それに、すこしでも注意すれば、彼が近代初頭の市民的公共圏の成立についてもその両義性に慎重な考察をしていたことが読み取れる。市民的公共圏を懐疑した哲学者――この時期に焦点を当てて誤解を恐れずに言えば、ハーバーマスをこう呼ぶことも不可能ではなかったろう。

なるほど一九九〇年に出た新版のための序言では、彼は「公衆がもつ、抵抗能力や、とりわけ批判のポテンシャルについて、当時私は悲観的すぎる判断を下していた☆」と率直に自己批判している。ここから推せば、この自己批判によって彼は当初の暗い見通しを捨てて公衆の批判と抵抗のポテンシャルを認め、以後、公共圏の現状にかんする否定的判断を撤回するにいたったとみる解釈が自然に出るだろう。たしかに一九六〇年代初頭のこの否定的な時代判断を別にすれば、政治的公共圏にたいする積極的評価が、ハーバーマスの持続したスタンスである。だがそれにしても当初のこの判断をたんに経験的な「悲観的すぎる判断」だけに帰してよいものだろうか。わたしたちはどうしても『コミュニケーション的行為の理論』や『事実性と妥当性』で仕上げられたハーバーマスの近代論・民主主義論との関連で『公共性の構造転換』を解しやすい。読み方としてはたしかにそれが自然なのかもしれない。だが最初期に書かれた著作と近年の作品群との間に、大きな理論的断絶があるのも見逃せない事実である。もしそこに大きな理論的転回があったとして、それゆえに断念された公共圏にかんする理念が存在したとしたらどうだろう。ここで少しばかり考察の歩を進めたいのは、この棄てられた理念の可能性を探るためである。

『公共性の構造転換』は、扱っている対象の明確さに比べると、その方法にいまひとつ定かならぬ部分が残る。この本が、歴史学と社会学の方法を同時に用いたものであることはハーバーマスが語っているが、これだけでは方法の何たるかは明らかではない。たとえば彼は「『市民的公共性』を特定の時代に固有の類型的カテゴリーとしてとらえ」ることを明言しながら、同時にその研究が「或る普遍性の段階を守って」いて「一回的な過程や事件は範例として引用され」るにすぎないとも言っている。こう言われてもその方法の中身はまだ判然とはしない。おそらくひとつの解釈として、西欧出自の市民的公共圏を、或る普遍性の体現者とみるものがあるかもしれない。この種の西欧中心主義がハーバーマスにあるとは、しばしば批判されてきたことである。だが普遍性を体現した歴史的出来事だといっても、普遍性を担ったものとして当の出来事を特権化することもできれば、普遍性の不十分な（矛盾にみちた）担い手としてそれを相対化することもできる。ハーバーマスは前者よりもむしろ後者の方に向かう志向性を秘めていたというのが、ここでのわたしの見立てである。

ただそうは言ってもすでにできあがった「或る普遍性」を、ハーバーマスがあらかじめ立てて懸かろうとしたならば、お仕着せの普遍主義を自明のごとく置いているとの印象は拭えない。歴史的出来事としての市民的公共圏の成立がいかなる意味で普遍性を担うのかは、あらかじめ与えられたものではなく、これ自身が議論の対象となるものである。これと関連して指摘しておきたいのは、『公共性の構造転換』が〈社会史〉的な分析と〈思想史〉的な分析という二重の結構からなっていたことだ。ハーバーマスは、この本で市民的公共圏の成立とその変容の歴史について議論するのみならず、公共圏の現実と変容を議論してきた歴史を議論してもいる。公共圏について論じるだけではなく、公共圏について論じられてきたことを論じてもいる。公共圏が普遍性を担い、あるいは普遍性を装ってきたのはいかなる意味で論議されてきたか――こうした論議が、カントからヘーゲル、マルクス、ミル、トクヴィルにいたる思想を吟味し、さらに公論・世論をめぐる当時の学問的な議論を批判するなかで、明らかにされているのである。

これはたんに市民的公共性の社会史的分析という主要部にたいする思想史的な附録を意味するのではない。公共圏について議論するとは、その事実を記述するのみならず、その過去にありえた理想・現にあるべき姿・今後ありうる可能性を論じること、そうした可能性の議論について吟味することでもある。「普遍性」はこの可能性の諸次元から生まれてくる。とすれば公共圏の歴史のなかで現にあったこと（現実）を、そこにありえた可能性（理念）との対比で批判的に考察するというのが歴史学的－社会学的分析の方法にほかならない。そこにありえた可能性は、しかし公共圏にかんする議論がいまもなお続いているかぎり、新たな議論の展開に応じて変わりうるだろう。つまり「或る普遍性の段階」も自明の如くあらかじめ立てられてはいないわけである。

だが話はこれにとどまらない。公共圏の分析にかんする方法的な二重の構成はここでは公共圏を観察する者がとる視点の問題である。しかしこの構成は公共圏で議論する者がとる視点にも継承されなければ意味がない。市民的公共圏は公権力の支配にたいする批判的機能をもつという。公共圏に参集した私人たちは彼ら自身の普遍的利害にかんする世論形成をおこない、彼らの社会的交通にかんする一般的ルールについて公権力と折衝する。しかしその批判的機能が十全に発揮されるには、公共圏そのものが批判的な議論の俎上に載せられる用意がなければならない。つまり公衆としての私人が公共圏で批判的な議論を展開できることは、彼らが公共圏自体について批判的に議論できることを条件にしなければならない。批判的公共圏は公共圏批判を不可欠の補完項にしているのである。

残念ながらハーバーマスは、フランス革命期の「正論本位の新聞」についてこれを論じた以外は、公共圏のこの自己言及的な循環を正面から扱ったことがほとんどない。だが『公共性の構造転換』に秘められた豊かな理念を最大限引き出すうえでは、この自己言及的な循環の構造にもう少しこだわってみることが近道である。ここでは詳しく論じる余裕はないが、公共圏と権力・支配との関係を例に挙げて、この点に少しでも触れておこう。

二

右でわたしは、市民的公共圏はそれがある普遍性を体現することで特権化されるのではなく、むしろ新しい普遍性が浮き彫りにされることで、かえって相対化されることを示唆しておいた。もし西欧の初期近代に現に存在した市民的公共圏こそ普遍的な啓蒙と対話的理性が芽生えた場だったのだとすれば、「市民的公共性の構造転換」論とは、この初期市民社会に最も理想的な普遍的形態で存在した公共圏が、それを可能にした社会構造とそれが遂行した政治的機能を転換させたあとに、そのポテンシャリティを喪失させるにいたったというシナリオで成り立っていたことになるだろう。しかし次の点を考慮するならば、こうしたシナリオ理解ですませるのには疑問が出てくる。まず挙げてよいのは、初期の市民社会に出現した公共圏の制度化にある特有の矛盾が存在することを、ハーバーマス自身が指摘していた点である。「私人たちの公共的論議は、正義と権利の非暴力的達成という性格を説得的に主張するのであるから、その公論にもとづく立法も、露骨に支配として通用するわけにはいかない。にもかかわらず、立法の権能が旧来の諸権力との苛烈な闘争のなかでようやく戦いとられたものであることはあまりにも歴然としているから、立法自身も一種の『権力 Gewalt』という性格をもつことを否認することはできない」[☆4]。公共圏はその理念として支配からの自由を唱える。その志向性からすれば、それは権力の別の形態を求めるのでも、権力を制限するのでも、権力を創設するのでもない。「公共圏の『支配』とは、それ自身の理念によれば、そのなかで支配一般が解消するような秩序のことである」[☆5]。にもかかわらず、公共圏は現実には支配を不必要とはしなかった。公論にもとづく立法は「権力」として構成されて立法権力になる。理性的な合意が権力を創出するのである。

　公共圏は〈支配からの自由〉と〈権力の創出〉という一見すると明らかに相矛盾する機能を果たしている。ハーバーマスはこれと類似の矛盾を法律概念のなかにあるアンビヴァレンスにも読み取っている。「理性の表現としての法律概念」は、「議会と公衆の連関のなかで堅持された公論を起源」にしている一方で、「意志の表現としての法律概念」には、「権力を用いてでも支配を貫徹しようという要求」が入りこんでいる。[☆6]こうした矛盾や齟齬は法や権力をめぐる場面だけにかぎらない。市民的公共圏がその理念を浮き彫りにすればするほど、現実には種々の葛藤や矛盾に突き当たるというのが、ハーバーマスの議論から読み取れる基本的なトーンである。そしていまいちどの再考の余地を与えたいのが、ほかでもないこの〈支配からの自由〉と〈権力の創出〉の構図である。

〈支配からの自由〉と〈権力の創出〉との矛盾というこの目の付けどころは、ある意味では、当時のハーバーマスの構想まもない弁証法的社会理論から出てきた帰結だったといえるかもしれない。これ以後、一九六〇年代に現われる著作群は、「支配から自由なコミュニケーション」に向けた変革を、抑圧からの解放のプロセスとして描く歴史観に支えられていた。今日では「大きな物語」の典型例のように挙げられる歴史観である。いわゆる批判理論の言語論的転回がおこなわれた一九七〇年代には、この歴史観も姿を消し、代わって学習理論と社会分化の理論を軸にした社会進化論が登場する。そしてこれと平行して、〈支配からの自由〉という契機が公共圏の基本構図から消えてなくなり、〈コミュニケーション的権力の創出〉という概念が市民的公共圏の政治的機能として前面に躍り出てくることになる。

とはいえ〈支配からの自由〉という表現に込められていた問題意識が、この表現の消滅とともに消えてなくなったわけではない。ハーバーマスは『公共性の構造転換』で〈支配からの自由〉という表現とともに、あいまいながら〈支配の合理化〉という表現を肯定的な意味で用いていた。支配からの自由は以後、この支配の合理化を権力の創出と齟齬なく噛み合わせていく方向に転じられる。「生活世界の合理化」というテーゼはそのひとつだが、公共圏と権力との関連では、『事実性と妥当性』に登場する権力循環論がその直接のオルタナティヴとして登場してくる。〈支配からの自由〉と〈権力の創出〉との矛盾に代わって、二つの権力循環（コミュニケーション的権力・政治的権力・行政的権力の循環と社会的権力・行政的権力の循環）の対抗が、公共圏にとっての根本問題となる。

この新たな理論的な展開は、もちろんハーバーマスなりにその欠陥を克服してきた結果である。ことに『公共性の構造転換』には、六〇年代に花開いた弁証法的社会理論の難点がすでに見られる。その叙述のうちに全体の概念が色濃く影を落としていることは明らかである。支配からの自由という概念も抑圧と解放という歴史的パラダイムを前提にしていた。少し前に流行した言い方をすれば、「抑圧」仮説と「大きな物語」の枠組みのなかにすんなりと収まっていたのが〈支配からの自由〉である。

だがそれにしても、この過去の理論的な準拠枠をすべて放棄することが、〈支配からの自由〉という理念に込められた問題構成をも断念することになるかどうかは、それ自身、別に問われてよいだろう。というのもハーバーマスにとって〈支配からの自由〉は、狭い意味での政治的支配にとどまらず、さまざまな生活領域にわたる支配への異議申し立てを表現する言葉でもあるからだ。ハーバーマスの場合でも、それは家父長的小家族の圏における権威からの解放とも無縁ではなかった。〈支配からの自由〉の概念に込められた問題構成は、抑圧仮説や大きな物語を放棄したのちにも、再編可能な問題構成である。ミクロ次元の生‐権力からマクロ次元の「帝国」権力にいたるまで、支配からの自由がテーマとならないものはない。しかしそうならば、ハーバーマスがその理論的な洗練の度を増すにつれて、公共圏一般から政治的公共圏に考察の対象を限定し、権力循環と結びついたコミュニケーション的権力の創出という局面で政治的公共圏を論じるようになったことは、理論としての精密度を増した分だけ対象としての広がりを狭くしたことになるだろう。

だが政治的公共圏の機能をコミュニケーション的権力の創出に限定するさいに生まれるもっとも大きな問題は、政治的公共圏がもっぱら権力循環との結びつきに関わって、公共圏の自己言及的な循環には二次的な意義をしか与えなくなることである。公共圏がこの循環を活発に作動させるには、公共圏自身がその内に「支配」の構造を内蔵してしまう可能性に敏感でなければならない。つまり支配からの自由は、公共圏自身の統合的機能がもたらす支配からの自由をもその内に含んでいなければならない。公共圏の批判的機能が公共圏自身への批判にまで及びうるには、ここでも〈支配からの自由〉という理念が不可欠である。

ハーバーマスの批判理論は、その転回と発展を通じて、体系化と精密の度を高めてきた。だがそれは公共圏論の原像に刻まれた何かを断念することで可能になったことでもある。それが何かはすべて明らかになったわけではない。いずれにせよ支配からの自由が抹消されたことで、ある種のラディカリズムが断念されたことはたしかだ。この断念だけが批判理論の取るべき正しい賢明な道だったのかどうか——おそらく解答は次世代の批判理論に委ねられている。

☆1　Jürgen Habermas 'Hat die Konstitutionalisierung des Völkerrechts noch eine Chance?', in: J. Habermas, *Der gespaltene Westen, Kleine Politische Schriften X*, Ffm: Suhrkamp Verlag, 2004.

☆2　Habermas, *Strukturwandel der Öffentlichkeit*, S. 276, 358. 訳三〇四、三三〇頁。

☆3　訳 xxi 頁。

☆4　Ebd., S. 104. 訳一一三頁。

☆5　Ebd., S. 104. 訳一一三頁。

☆6　Ebd., S. 103. 訳一一二頁。

（「未来」二〇〇五年一月号に初出）

ハーバーマスの言語論といえば、コミュニケーション的行為の理論から、コミュニケーション次元にある言語がまず念頭に浮かぶ。しかし言語をコミュニケーションの次元や相互了解の機能だけで考えれば、ハーバーマスの考える言語の意味を尽くせるのだろうか。言語とコミュニケーションが一体のもので、両者にはなんのズレもないと言い切るのは、言語のあり方や機能としてもかなり狭い見方である。日常言語によるコミュニケーションの営みを社会理論の主軸におくためか、ハーバーマスの言語観もこれに尽きると解されやすい。だが、彼の場合でも、言語はコミュニケーションと完全に等しいわけではない。言語には、コミュニケーションの次元のみならず、世界開示の次元がある。

たしかにハーバーマスの批判理論は、コミュニケーション的行為、対話的理性が中心のカテゴリーになる。だがコミュニケーションには還元されない言語性の地平が存在すること、対話的理性が単純に自然とは切り離されないことは、その周縁を隈取る問題構成としても無視できない。そしてハーバーマスを思想的・理論的に解釈する営みにとって、もっとも刺激的で興味深いテーマである。この短いエッセイでは、この基本的な論点について簡単に素描しておきたい。

言語の用法にコミュニケーション的でないものがあることは、ハーバーマス自身がすでに六〇年代から指摘していたことだ。言語にはコミュニケーション的な用法と非コミュニケーション的な用法がある。言語とコミュニケーションとは完全に一致するわけではなく、言語はコミュニケーションよりも範囲が広い。では言語の非コミュニケーション的な用法とは何か。『真理と正当化[☆11]』によれば、認識的な epistemisch 用法と目的論的な teleologisch 用法がそれである。なんらかの対象について事態や事実を描写するために言語を用いる場合が前者、一定の成果を目指す意図を語る文のために言語を用いる場合が後者になる。『コミュニケーション的行為の理論』では、この二つは「認知的－道具的合理性」にもとづく言語の用法として一括されていたが、『真理と正当化』では「認識的合理性」と「目的論的合理性」のそれぞれにもとづく用法としてかなり自覚的に区別されている。これらは、「コミュニケーション的合理性」とは区別される合理性の二つの類型である。ハーバーマスは、コミュニケーション的合理性を他の二つの合理性と並ぶ部分的な類型に位置づけ、この三つの類型が関連しあう次元にある合理性を「討議的合理性」と名づけるようになった。

もっとも話がこの程度ならば『コミュニケーション的行為の理論』の部分的な修正の域を出ない。言語はたんにコミュニケーション的なもの以外の合理性の範囲をカヴァーするにとどまらない。合理性以外の領域をも包括するのが言語である。これは私たちの日常の直観でも見当がつく。私たちは言葉をつねに合理的に使うわけではない。感情を爆発させて訳のわからないことを口走ったり、空想や絵空事を口にしたり、合理的とはいえない言語の使い方をする。わたしたちの発言で真偽・正不正の区別ができるのは、言葉が嘘や偽にも使われるからだ。ただしハーバーマスは、合理的でない領域について、たんにこうした非合理的 irrational な用法だけを考慮するわけではない。合理性の範囲を超えたところでは、言語が創造的な機能を発揮することもある。それは「非合理的 irrational」というより「合理外的な a-rational」用法である。[☆2] たとえばわたしたちは、「新たな言語を創造することで、世界全体に関するわれわれの見方を新たにすること」で、「従来の問題をまったく新しい眼で見ること」ができる。[☆3] 新たな言語創造によって新たな世界の見方を発見すること——これが言語の世界開示 Welterschließung 機能にほかならない。これは、パースが（帰納や演繹から区別された）推定 Abduction の想像力について語ったように、「対話的理性」というより「言語的構想力」（Habermas 1999: 133）による。ベームたちの言い方を借りれば、理性ではなく「理性の他者 das Andere der Vernunft」（理性とは別のもの）の働きになる。[☆4]

ハーバーマスにおける「言語」の問題を論じるとき、じつはこの世界開示という次元まで含んだ地平から考察しないかぎり、十分な理解や解釈とはいえない。コミュニケーション的および非コミュニケーション的な合理性のレベルと合理性以外のレベル——この双方にまたがり、この双方からなる往復運動をおこなう動的なメディアこそが言語なのである。では言語の世界開示機能とは、より具体的にはいかなるものだろうか。

言語の世界開示機能にかんする議論は、ジャック・デリダと脱構築派の批評理論を取り上げた『近代の哲学的ディスクルス』のコンテクストで登場したのがおそらく最初だろう。[☆5] 文学作品にみられる言語の詩的機能を論じるなかで触れられたのが、この機能である。詩的言語には虚構の「世界を生みだす」能力がある。リチャード・オーマンによれば、文学作品の言説とは、通常の文が備えている「発語内的力を欠いているような言説」である。文学作品の言語世界では、「発語内的力を括弧に入れることによって、言語行為がその発語内的力のゆえに組み込まれているさまざまな現実の世界のコンテクストは現実性を失い仮想的なものになる」[☆6]。ある一定の出来事が虚構のなかで描写され、この描写によってその出来事は「ひとつの範例」として扱われる。範例として扱われるとは、その出来事のもともとのコンテクストから切り離されて、さまざまな場面で模範例となって妥当するということだ。さまざまな場面で範例として妥当すると、ときにその意味が更新され、新たな視点からの世界の意味開示が可能になる。言語の世界開示機能とは、虚構の空間を創造することで、日常的な現実世界のコンテクストから距離をとり、虚構のなかで描写された出来事を範例として扱うことで、新たな視野から世界の意味開示をおこなうことである。

　言語の世界開示機能は、ここでは芸術という領域に限定されている。ハーバーマスは「芸術や文学の営みが世界開示の能力をつかさどるのと同じように、科学、道徳、法という三つの領域に対応して形成されている文化的な行為システムは、問題解決の能力をつかさどっている」[☆7]と言っていた。ところが九〇年代末の『真理と正当化』では、言語の異なった二つの機能を異なった領域に割り振るのとは明らかに違った考え方が出てくる。

一方には、言語によって事前に投じられた解釈の知があって、この知は言語共同体のために世界を多かれ少なかれ創造的に開示する。他方には、多かれ少なかれ革新的な内世界的な学習プロセスがあって、この学習プロセスを介して世界の知が拡張され、このことで事前にあった言語の知の修正がおこなわれる。この二つの間で循環したプロセスが演じられる☆8。

ここでの「一方」が「世界開示の能力」に、「他方」が「問題解決の能力」にほぼ対応することはすぐわかる。しかしハーバーマスは、一方を芸術、他方を科学、法、道徳の領域に当たると見ておらず、むしろこれら「二つの間で循環したプロセスが演じられる」と言っている。ハーバーマスは「世界開示の能力」を芸術言語に特定せず、言語一般の機能に拡張して考えるようになった。ではこのように拡大して考えられる言語の世界開示機能とはいかなるものだろうか。以下、私見を挟みながら、その概略を描いておこう。

この世界開示機能について、ハーバーマスは次のように説明している。

言語の世界開示的な機能は、世界のなかで出会うものすべてを特定の関連や観点にしたがってわれわれが見ることを可能にするだけではなく、全体のなかの諸要素としても見ることを可能にする。その機能はなるほど合理性と関係してはいるものの、それ自身はある意味で合理外的 a-rational である。それは非合理的 irrational であることを意味するのではない。世界全体にかんするわれわれの見方を言語創造的に新たなものにすること自身が、旧来の問題をまったく新しい眼で見ることを可能にするものである。それは突然天から降ってくるものでもなければ、「存在が送り届けてくれるもの〔存在の命運〕」でもない。というのも世界開示的な言語の知は、不断の実証が求められるからである。それは行為主体が世界のなかで遭遇するものと折り合いをつけ、誤謬から学ぶことができるようにしなければならない。他方では、この世界を解釈する言語の知が過去に遡って修正される試みは、問題解決が成功した結果として自動的に生じるものではない。むしろ言語的な構想力――パースのいう推定的な想像力――は、問題解決の試みが挫折すること、学習プロセスが行き詰まることによって刺激されるのである。☆6

この引用にはいくつか気になるポイントがあるが、ここでは次の二点だけに注目しておこう。第一に、言語の世界開示機能は「合理外的」だが、それは「非合理的」ではないということ、第二に、それは「問題解決の試みが挫折」したりするなかで機能するということ、この二つである。

日常のコミュニケーションで意見の不一致が生じた場合、新たなコンセンサスを求めて議論がおこなわれることもある。議論が求められるのは、それに関わりある当事者たちが、なんらかの事態を対処すべき問題として受けとめ、その問題の解決に乗り出そうとするからである。しかし議論が進む過程では、自分の考えが誤っていたことに気づくものもいる。また議論というプロセスにかぎらず、ごく普通の目的合理的行為がなされる場面でも、思ったような成果が上げられなかったり、目的が達成されなかったりするケースがある。このようなとき、もしそうした誤りや失敗を、誤りや失敗として気づいていながらそれを認めずに、あくまで自分の考えが正しいと主張したり、当初の目的や手段に固執したりする場合、彼は「非合理的」な態度をとってしまうことになるだろう。しかし誤りや失敗を認めて、それを克服しようとする試みに臨むものはどうだろうか。

彼は、これまで自分が正しいこと成功すると信じてきたもののどこかに誤りや失敗の原因があったことを、過去に遡及してあれこれ推理する。それは試行錯誤に似た模索の試みである。あれこれ推理するこの種の模索には、当然ながら間違いや失敗が繰り返されることもある。間違いや失敗そのものは「合理的」なことではない。といってこれは「非合理的なもの」でもない。間違いや失敗は、あくまで間違いではないもの失敗しないものを探り出すために起こるいわば実験的な試みである。真なるもの（成功するもの）を発見するために、真でないとされてきたもの（成功しないとみなされてきたこと）、真と考えられるもの（成功すると考えられるもの）などについてさまざまな言語の創造を試みる。それは想像力や構想力を働かせて、真と偽のさまざまな可能性を探り、行き詰まった学習過程を克服する試みである。それは時に真ならざるものにも手を出すから「合理的」とはいえないが、しかし間違ったことを（気づいていながら）正しいと主張するわけではないから「非合理的」ともいえない。真なるものと真ならざるもの全体にまたがるという意味で「合理外的」である。しかしそれは誤りや失敗を修正して、真なるものを発見する試み、そのようにして世界を開示しようとする試みにほかならない。

もちろん、一度、何かを真なるものとして発見したのちには、それを他の人びとに向かって発言し、その正しさを主張して、必要とあれば真である理由を説明しなければならない。しかしさまざまな真ならざるものから真なるものを発見する過程は、人と人とのコミュニケーションのなかではなく、あくまでも人間と世界との関係のなかでおこなわれる。コミュニケーションの次元に還元できないのはこのためである。

言語は、人間と人間との関係からなる相互了解のプロセスで働くだけではなく、人間と世界との関係にもとづく学習のプロセスでもメディアとして役立つ。言語の世界開示は、後者の場面で機能する。それは対話的理性が言語的構想力という合理外的な能力と接する場面でもある。しかしそうなると理性は、言語の世界開示機能を介して、理性とは別のもの（理性の他者）との関わりで成立することになる。ハーバーマスにおいて理性や合理性は、日常言語のコミュニケーション的構造に根ざした概念である。では理性は人間と人間とのコミュニケーション関係だけで完結してしまうのかといえば、そうではない。もし言語が世界開示の機能を通じて合理外的な構想力に根ざすとすれば、理性は理性の他者と関係する。理性は、日常言語を介してコミュニケーションの構造に位置づけられるが、同時に言語の世界開示機能を通じて合理外的なものとも関わる。理性は人間と人間との関係に位置づけられるのみならず、構想力と結びつきながら人間と世界との関係をも有するのである。

☆1　Habermas, *Wahrheit und Rechtfertigung: Philosophische Aufsätze*, Frankfurt am Main: Suhrkamp Verlag, 1999. S. 105ff.
☆2　Ebd., S. 133.
☆3　Ebd., S. 133.
☆4　Hartmut Böhme, Gernot Böhme, *Das Andere der Vernunft: zur Entwicklung von Rationalitätsstrukturen am Beispiel Kants*, Frankfurt am Main: Suhrkamp Verlag, 1983.
☆5　Habermas, *Der philosophische Diskurs der Moderne, Zwölf Vorlesungen*, Frankfurt am Main: Suhrkamp Verlag, 1985, S .236.
☆6　Ebd., S .236.
☆7　Ebd., S .243.
☆8　Habermas, a. a. O., S .132.
☆9　Ebd., S .133.

（『ある軌跡』60年版、二〇一一年、に初出）

近代化と西欧近代の普遍主義的意味

近代化ないし近代の理論に伴なう問題としては、なによりもまずハーバーマス教授の新しい著作『近代の哲学的ディスクルス』（*Der philosophische Diskurs der Moderne*, 1985）やバーンスタイン編『ハーバーマスとモダニティ』（*Habermas and Modernity*）で論じられている問題を取り上げる必要があろう。しかしこのポスト・モダーンおよび文化的‐美的モデルネに関する論議あるいは昨今のニーチェ的な思想的潮流については、問題そのものはすでに提出された感があり、いまのところさらに新しい問題提起をおこなう準備は報告者にはない。この点に関するより立ち入った論究については、直接討論に委ねたいと思う。それゆえ、問題提起者としては、（一）文化的‐美的モデルネの位置価および、モダーンとポスト・モダーン、という問題が存在することを指摘するにとどめておきたい。

ここでは主に、（二）西欧近代の普遍主義的意義と関連させながら、近代化に伴なう問題、システム統合と社会統合、生活世界の合理化、そしてさらに道徳性と人倫性に関する問題の提起をおこなっておきたい。

（a）ハーバーマスは、『後期資本主義の正当化問題』で取り上げた危機傾向の分析を、『コミュニケイション的行為の理論』では、自由主義以後の社会の統合形態に関連して、より体系的な構成のなかに位置づけしなおしている。

近代化の初発の条件〔初期条件〕は、市民的–資本主義社会の枠で成立し、それゆえ、合理化された生活世界はこの初期条件に属する。しかし近代化は、自由主義以後 postliberal、二つの道に分岐した。つまりそれは、一方で、経済的蓄積過程の内生的問題に導かれて後期資本主義の発展をもたらす。また他方で、国家的な合理化の緊張の問題に導かれて官僚制社会主義をもたらす。このようにして近代化された社会では、生活世界の物質的再生産の障害は、システム不均衡 Systemungleichgewichten の形態をとる。そしてそれは、直接に危機 Krise として働くか、そうでなければ生活世界における病理 Pathologien を呼び起こす。

自由主義以後の近代化に伴う危機傾向の分析は、システム制御上の危機として現われる生活世界の物質的再生産の障害が回避されて、生活世界の象徴的再生産の障害を生みだすのはいかにしてかという問題構成を軸にしている。そしてこのようにして発生する生活世界のデフォルメ化 Deformationen der Lebenswelt が、後期資本主義社会では、コミュニケーション関係の物象化 Verdinglichung kommunikativer Beziehungen として現象し、官僚制社会主義では、コミュニケーション関係の瞞着化 Vorspiegelung kommunikativer Beziehungen として現象する、とされているのである。

ハーバーマスの分析は、《システム統合上の脅威が社会統合上の脅威へと結びつくのはいかにしてか》、あるいはより一般的な言い方をすれば、システム制御上の危機が生活世界における病理を呼び起こすのはいかにしてか、という問題構成に沿っているということができよう。

もちろん以上の分析は、理念型的な単純化 idealtypische Vereinfachung に基づいており、歴史的な特殊性や地域的な偏差は捨象されている。

（b）しかしそうは言っても、このような抽象的な次元においてさえ、次のような論点を組み入れていないのは、近代化の孕んだ問題性とその意義を十分に捉え切っていないことになると言わざるをえない。

ハーバーマスは、この近代化の初期条件として合理化された生活世界を設定したとき、システムの自立化と複合性の増大を、この近代的生活世界と同範囲に限定することにもなっている。しかしシステム統合の範囲は、システムの自立性が高まるにつれ、近代的生活世界における社会統合と同範囲の社会領域に限定されず、むしろそれをはるかに越えて世界的規模にまで拡張されるようになった。その場合、システムの自立化と複合性の増大は、近代的生活世界における病理に結びつく可能性を秘めたシステム制御上の危機を可能的にもつだけではなく、さらにまたシステム統合と社会統合との間にずれを生み出しうるのである。

ハーバーマスは、『史的唯物論の再構成にむけて』で、近代国家の成立を内からの視座と外部からの視座に分けて説明している。

内的にみれば、近代国家は、経済システムの徹底した分化の結果として理解される。国家は、ブルジョア的私法、貨幣メカニズム、一定の社会的インフラストラクチャといった経済過程の存続のための前提を保証する。

これに対し外部からの視座から見れば、近代国家は、単独の国家としてではなく国家システムとして成立し、ウォーラーステインのいう意味での「ヨーロッパ世界経済」の内部で形成される。そして、そこで発生する中心部と周辺部の権力の差は、近代国家が、単に内部の経済環境との関連だけではなく、外部の経済環境との結びつきによっても形成されてきたことを意味する、と。

もし近代化の分析が、この近代国家の内と外の視座から見た形成の問題および「ヨーロッパ世界経済」の成立の問題を十分に捉えるべきならば、システム統合、あるいはシステム統合と社会統合との関係は、もっと別次元の問題をも内包したはずである。

国家と経済のシステムは、ルーマンの言う意味での機能主義的システムであるだけではなく、ウォーラーステインの言う意味での世界システムでもある。近代国家および資本主義経済の内部‐外部両方の視座からみた形成は、システム概念のこの二面性をとらえてこそ初めて十全に説明できると言わねばならない。政治‐経済システムは一方で、システム複合性を増大させながら、他方では、〈中核―（準中核）―周辺〉というヒエラルヒー的な構成の枠のなかでその複合性を増大させてきたのである。

ハーバーマスは、『史的唯物論の再構成にむけて』で次のようにも言っていた。

> 今世紀中葉までは、先進ヨーロッパ諸国における国民〔民族〕的同一性は堅固に存在していたので、正当性の危機は、少なくとも国民〔民族〕主義的な形に依存していた。今日では、国民〔民族〕意識は、そうした意識を増長してきたようなところである疲弊が生じているだ

けでなく、旧来の諸民族すべてにおいても、それへの侵食過程が進行しつつあるという症候が増大している。このことに対しては、世界的な規模をもつシステム統合のメカニズム（世界市場、軍事体制、情報、旅客運輸）と、地域化しつつある社会統合との間に存在する不均衡が寄与しているのである。

われわれは、ここで言われている《システム統合の世界的大規模化と社会統合の地域化との不均衡》という論点を、ある程度一般化できるように思う。近代化の初発に置かれる国民国家と国民経済とは、政治－経済システムが、生活世界次元での国民的同一性 Nationale Identität と結合したときに成立したのである。しかしそれは世界システムが一時期まとった「国民服」にすぎず、システムが近代の当初から世界的であったことと矛盾するものではない。

近代化の過程におけるシステムと生活世界、あるいはシステム統合と社会統合との関係は、それゆえ、《システム統合上の脅威が社会統合上の脅威へと結びつく次元》と《システム統合の世界的大規模化と社会統合の地域化との不均衡の次元》この二つの次元を含みもたなければならない。そしてこの両者を結びつける必要性が、発展の論理 Entwicklungslogik と発展の動態 Entwicklungsdynamik との連関において問題とされねばならない。

（c）しかしこのことは、単にシステムの世界的規模での拡大という次元の問題だけにとどまらない。むしろそれは、同時にまた、近代的生活世界の在り方やその合理化の問題とも関連してくるように思われる。

近代市民社会の文化的－精神史的形成にとって、異質な文化への地平の拡大が、自己肯定ないし自己否定いずれの形をとるものであれ、近代の自己理解あるいは自己反省の重要なきっかけを与えたことは否定できない。近代的生活世界と近代的世界理解、あるいは生活世界の合理化と世界像の脱中心化は、ある意味で（西欧にとって異質な）伝統的生活世界や神話的世界像との出会いを経由して初めて、開示され得たはずである。そしてこの出会いを介して可能となった異化と地平融合 Verfremdung und Horizontverschmelzung には、近代市民社会が実際に経験した一面的な合理化を反省する契機が秘められたはずである。確かにそれがただちに対話的合理性を生み出す基盤となったわけではない。この点では市民的公共性の歴史的意義を否定することはできない。しかし異質な文化への地平の拡大は、伝統に対する反省的態度と近代の一面的合理化に対する批判的意識の形成にとって不可欠の契機であったことは疑いないし、生活世界の合理化もこの展開を通じてこそ真に可能になると見るべきであろう。合理化された生活世界は、単に西欧近代の初期条件として設定されるだけではなく、むしろそのようなダイナミックな運動を通じてこそ切り開かれていくものだといってよいであろう。

しかし問題はそれだけにとどまらない。もし、生活世界の合理化がむしろこのような地平の拡大を通じてこそ初めて真にダイナミックに展開するとするならば、近代的意識構造に育まれる脱慣習的な道徳意識の可能性は、西欧に特殊な歴史的・具体的な生活形態や個人的な生活態度の地平をも一度は相対化しなければなるまい。

ハーバーマスは、道徳意識の発達を論じたさいに、次のように述べていた。

社会的世界がディスクルスの参加者の仮説的態度に基づいて道徳化され、そしてそれによって生活世界の総体性から際立つようになると、妥当性 Gültigkeit と社会的通用 soziale Geltung との混淆が解消される。そしてそれと同時に慣習化された日常のコミュニケーションの実践の統一性が規範と価値に分解する。すなわち、義務論的妥当という観点に基づいて道徳的正当化の要請に服しうる実践的なものの部分と、特殊な集合体や個人の生活形態に統合された価値の組織構成を包括する道徳化不能な実践的なものの部分とに分解するのである。こうしていまや、正義の視角からする道徳的問題が、善き生活の問題として呈示される価値評価の問題から区別される。そして、この価値評価の問題は、「歴史的に具体的な生活形態や個人的な生活態度の地平の内部において、しか」合理的な解明をなしえない。

道徳の脱慣習的段階においては、社会的世界が論議の参加者の仮説的態度に基づいて道徳化され、生活世界から分離される。そうなると、正義の問題と善き生活の問題が分離される。そして道徳上の問いがそのコンテクストから切り離され、同じくまた、道徳上の答えが経験的動機から切り離される。しかしそうなれば、こうした切り離しがおこなわれることから、道徳的洞察を特定のコンテクストに応じるように適用し、特定の方法で動機づけとして定着させる必要が発生する。

だとすれば道徳の脱慣習的段階に特有の抽象化の働きは、道徳的問題を西欧近代の「歴史的に具体的な生活形態や個人的な生活態度の地平」から切り離すことにもなろう。西欧近代に育まれた善き生活の理念は、他の理念と相並ぶ可能な理念のひとつにすぎないものとなろう。

いやむしろ逆にわれわれは、西欧近代がそれとは異質の具体的な生活形態や個人的な生活態度と触れ合うなかで、道徳的問題を価値評価の問題から区別せざるを得なくなると見たほうがよかろう。対話的合理性に支えられた実践的問題は、異なった価値評価や善き生活の問題を抱えた個人が、しかしそれでもなお合意可能な正義の問題として提出していく問題、あるいはさらにこの二つの契機を媒介していくべき問題なのである。対話的合理性はすでに与えられた普遍なのではなく、価値評価の問題や善き生活の問題という特殊のみが与えられている場合に、この特殊に対する普遍を求めていく能力、すなわちカントのいう反省的判断力と不可分の形で作動していくものでなければならない。一般的規範の基礎づけ問題は、その特殊なコンテクストへの適用問題と概念上混同されてはならないとしても、やはり不可分の形でしか提出できないのである。（マックス・ヴェーバーにおける「西欧合理主義」の分析もこの点を抜きにして考えることはできない。現世支配の合理主義というその規定は、現世支配に対する現世逃避、現世否定に対する現世肯定、という一連の対概念のなかに位置づくものであることは言うまでもない。仮にヴェーバーの社会理論が進化論的に再構成可能だとしても、シュルフターの言うようにヴェーバーの社会学から「西洋の社会史」という性格を抜き取ることはできないだろう。ヴェーバーにおける多義的な合理性概念は、西欧の普遍史的問題を浮彫りしながらも、同時に西欧で実際に進行した過程を相対化するための概念的戦略であった。）

［質疑応答より］

ハーバーマス　私には、木前さんの御報告はとりわけ二、三の点が興味深かったので、そうした点にいま簡単に立ち入りたいと思います。

第一に、戦後の日本では近代性の概念は、どうやらアメリカから入ってきたロストウ流の近代化理論のもつ限定された意味あいで規定されており、したがって近代性とはまずなによりも社会的・経済的・政治的なものと理解されてきたというご指摘ですね。これはまったく興味深いご指摘であります。

第二に、木前さんのご指摘のなかで、理論の点でたいへん考えさせられたのは、私が理解しておりますか、かたや発展力学上・経済上の歴史的発展の諸要因と、かたや文化的発展との関係は、ヨーロッパにおいては、資本主義的性格をもつ技術・経済の発展によって、いわば外からの刺激を受けた国々とは違ったふうに現われてこざるをえないということです。これはつまり発展の力学と発展の論理との関係で、私がヴェーバーにならって、そもそも、ある一定の文化的前提によって初めて発展力学上の推進は説明されるというテーゼを信奉しているのに対して、そうすると日本のような国ではこの関係はむしろ逆になります。なぜなら、ここではある一定の事象が融合することによって普及し、いわばもとから創出する必要がないからです。けれどもこれは理論上の問題であって、それについて私はまったく多くを述べることはできません。ただ、ここにはさらに考えてみなければならない興味深い問題があるというご指摘に対してお礼を申し上げるだけです。

第三は、局所的な社会統合と全世界的なシステム統合との関係、つまり大ざっぱに言えば、いつのまにか世界経済へと発展し、久しく第二世界、すなわち官僚的社会主義をも経済的に従属させてしまった資本主義と、われわれの生活世界をまず構成している局所的な社会化の諸形態との関係です。もちろんこの関係は、おそらく経済的にまず植民地化された他のあらゆる文化――もっともこれは日本に当てはまりませんが、たとえばアフリカの文化には当てはまります――にとってとまったく同様に、実際ヨーロッパにとっても変化してきているのです。なぜなら、まさにこのことがたいへん興味深く思われるのですが、ヨーロッパ人にとってもまた、優越した文化という、このヴィクトリア朝的な立場を貫くことは困難だからです。他ならぬ資本主義の――もちろん通信や旅客輸送や国家間の統合その他の――全世界的な拡大にともなって、すなわちこうした必然性にともなって、いまや文化間のコミュニケーションの解釈もまた避けられないものとなり――われわれがまさしくその一例を示しているわけですが――、その結果ヨーロッパ人にもまた、われわれの生活世界がけっして普遍的なものではなく、外部からそう見えざるをえないのとまったく同様にヨーロッパ人自身にも局所的に見えるという認識が急速に浮上してくるのです。

そして第四は実に興味深いテーマですが、これについては私などよりも日本の同僚の方々の方が語れるはずです。すなわち、第四の点というのは、近代化された経済や近代化された国家機構と伝統的な文化との共存は幻想であるという問題です。ここにはある力学が作用しているのであって、それは文化の側からさらに綿密に分析する必要があります。事実、すでにさまざまな形で分析されてきたことも確かです。こうした外から入ってくる経済的、行政的な性格の命令は、あらゆる文化的根底から切り離すことができませんし、そうしたシステムはいわば一般化可能な諸要素をも伴っているのです。第一に科学、とくに自然科学と技術が、第二に法、いや、法プラス普遍主義的な道徳がその核であると言ってもいいでしょう。これについては最初、一昨日、まる一日かけて話し合いました。まさしく実定法の移入、つまり、法の実定化への強制とヨーロッパの法形式の踏襲が、もとの伝統的文化の法的、論理的下部構造に影響を及ぼさずにはおかず、たとえば慣習や習俗の変化させる刺激をもたらし、そうした変化が、他方、われわれヨーロッパ人の方にも自分たちの欠陥に気づかせることになるために、またその限りにおいて、ある種の要素がヨーロッパの法体系へ流入するきっかけとなりうるのでした。そしてもちろん法や慣習について言えることは、少なくとも技術や認識上の解釈パターンとともにとり入れられるような種類の科学についてもなんらかのかたちで言えるはずです。

そこでこれに関連してひとつ問題があります。ヨーロッパでは、近代科学の成立は深甚な文化的力学の変動を引き起こしました。ガリレイと近代科学は、多様な、そしてまたすでに高度に分節化された教義をもつキリスト教に対してひとつの挑戦であったのです。だが、宗教と科学というこの力学がヨーロッパでは引き起こされたのですが、日本には厳密にそれに見合うものが欠けているように思われます。なぜなら、神道と仏教の融合したかたちをとるこの国の宗教においては、ヨーロッパで新しい諸科学と衝突せざるをえなかったのと同様の認識上の競合する要求が出されることはないということが明らかだからです。それにもかかわらず、日本ではそうした諸科学が宗教的な性格の世界解釈となんらの競合を呼び起こすこともなく浸透した結果、いわばこの路線においても、単に実定法や慣習、倫理や道徳においてのみならず、経験科学、技術、いや宗教的世界解釈といった別種の局面においてもまた、やはり何ごとかが生じてこずにはおかないように私には思われます。もっとも外国人としては、日本ではむしろ、内と外とのなごやかな共存を可能にするような免疫が働いているという印象も受けるのですが……。いずれにせよ、そうしたことはヨーロッパでは不可能であり、対立はカント以来今日に至るまで続いています。ここで言うのは宗教と科学の間のことなのです。

（中略）

木前　ハーバーマス先生が日本人に聴きたいというふうにおっしゃいましたので、今度は逆に、一言だけドイツ人に聴きたいというような問題を出したいと思います。

これはフェアレヒトリッヒウング（Verrechtlichung）という問題に若干関係してくるのですが、ハーバーマス先生の図式ですと、フェアレヒトリッヒウングが進行してくる過程のなかで、特に市民国家から市民的法治国家へと進展していく過程のなかで、stateとnationが形成されてくるということがいちおう言われていると思います。そういたしますと、少なくとも市民的法治国家の段階に行くと、ある程度ナチオナリテートが形成されてくることになるわけです。もしそうなら、政治・経済システムの分化というのは、歴史的にはまずなんらかのかたちで国民国家とか国民経済という枠組をそれなりに設定していくかたちをとったということになると思うのです。じつはそういうシステム境界の設定に伴なって、何が問題になるかと言いますと、インレンダー（Inländer）とアウスレンダー（Ausländer）との法的な分離です。つまり、シュターツアンゲヘーリッヒカイト（Staatsangehörigkeit）とは何かという定義が、ナチオナリテートの形成のなかで当然随伴してくるわけです。そういたしますと、当然ナチオナリテートの形成は、誰が国民であるか、あるいは誰が国家の成員であるかということをわりと規定するようなことになると思います。

ところが私の前提ですと、経済システムそのものは、それが世界的に展開していくと、場合によっては一国の内部にアウスレンダーが労働力商品の所有者として入ってくる可能性を高める訳です。つまり、経済システムにおける労働力のモビリテートが一方で要請されながらも、他方では政治システムにおけるシュターツアンゲヘーリッヒカイトの設定との間に一種のズレが生じてくる。もしそうなった場合、ある国、たとえばドイツでですね、外国人労働者のもつ法的地位の問題が当然出てこざるを得ないと思うのです。

じつは、私はドイツの外国人労働者の問題を研究しているんですが、クヌート・ドウゼという人が外国人労働者の問題を論ずる際、外国人労働者に対する形式的なフェアレヒトリッヒュングが実質的なエントレヒトリッヒウング（Entrechtlichung）を生み出しているが、なにゆえにそうなのか、それがまさに今日の外国人労働者の問題であるといった意味のことを言っておりますす。エントレヒトリッヒュングはこの場合ネガティヴな意味をもっているのですけれど、いまのドイツにはパーセンテージは低いのですが、相当数の外国人労働者、特にトルコ人労働者がいるわけでして、彼らとの関連で、文字通りゾツィアルインテグラチオーン（Sozialintegration）ということが政治的テーマとなってきております。そうすると、私の提起した問題は、たんに日本が外から政治的・経済的近代化を入れるという問題だけではなく、現在のドイツのなかにある、トルコ人とドイツ人との間の異なった生活世界をどうやって調整していくのか、あるいはその間でのディスクルシーフな関係はどうやって形成されるのかといった問題でもあるはずだと思うのです。私としては、そういう問題をいちおう考えたうえで、この近代化の問題を話したつもりなのです。

ハーバーマス　文化相互間の問題は、まさしく経済的理由からして、労働力の国家間の流動性のために、今日では単一民族国家の内部にも存在します。これには疑問の余地はありません。ドイツでは外国人問題は実際、三つないし四つの理由から本質的にはトルコ人労働者の問題として端的に現われています。第一に、彼らは――いまのところ正確な人口はわかりませんが――四百万人から六百万人という多人数にのぼり、第二に、これまでヨーロッパの法の内部でのような、自由な移住が不可能な国に属しております。そして第三に、最も重大な理由なのですが、もちろんトルコ人がイスラム教徒であることです。すなわちこうした宗教によって規定された下位文化が現実にドイツ国内に入ってきているのです。つまりこれらの人々は、彼らより先にドイツで外国人労働者となったスペイン人やイタリア人のようには、文化的に同化させることが容易ではないのです。

以上は、われわれがかかえている問題を確認するために申し上げただけです。加うるに、第四の理由ですが、トルコ人たちは、少数の大都市、ベルリン、フランクフルト、ケルンに集中し、そこでは一部の小・中学校の生徒の過半数をすら占めています。そのために、ドイツでも初めて、アメリカがすでに数世紀来かかえているのと似た問題が起こってきています。アメリカのことを言うなら、この国は、どのようにしてこの問題を処理するかについて西ドイツの摸範となるべきだし、なりうるだろうと言わねばなりません。人種的同質性という尺度をとってみれば、一方の端には日本のような国が位置し、その次に来るのがドイツで、人種的同質性ではわずかに劣るが、それでもなおきわめて同質的であり、こうした序列の最後に位置するのがもちろん合衆国で、この国はこの問題を、黒人のことはひとまずおくとして、ともかく解決し、それも文化的統合という道によって解決したのです。つまり、次のように言ってよいでしょう。アメリカには実際、こうしたさまざまな文化が統合され、国として同一化することのできる文化的レヴェルが存在します。すなわち、市民宗教のレヴェルがそれです。アメリカの学校は、こうしたさまざまな文化に対して無限の寛容を示す一方で、次のような条件のもとでその文化に固有の生活形態をそこなわずにおくということもやってのけました。すなわち、――これは本質的には学校制度の成果なのですが――すべての生徒が、わかりやすく言えば、六〇年代の終りまでどの教室にも掲げてあった国旗とアメリカ市民権を承認し、市民宗教というべきもの、つまり文化的、というよりいわば宗教的なものにまで高められた憲法への信奉を受け入れるという条件のもとでやってのけたのです。そこで同一化のレヴェルとなっているのは、じつは文化的に解釈されたアメリカ憲法なのです。これは、ともかくも同一国民のすべてに対して少なくとも文化的同一化の可能性を与えるひとつの方策です。

さて、われわれが搾取しているトルコ人が——皆さん方には朝鮮人のことがありますが——アメリカが事実上すべての下位文化を統合したような意味では、わずかたりとも統合されてはいないことは明白です。これはまさしく課題です。ドイツで目下論じられているのは、スウェーデンで今日実現されているようにまだ国籍をもたないすべての外国人に対して地方自治体の選挙権を認めるかどうかということです。もちろん、将来的にはすべての外国人労働者の第二世代の者たちもまた公民権を獲得しなければなりません。けれどもドイツの文化にそれだけの度量があるかどうか私は疑わしく思います。それも宗教上の理由から。——おわかりのように、アメリカ人たちには数多くの宗派、プロテスタントの宗派があり、もとからすでにいつも互いに共存してゆかねばなりませんでしたが、われわれにはそれがありませんでした。われわれには実際、カトリックとプロテスタントだけしかなかったのです。——すなわち、ドイツの文化に、アメリカが示した程度の寛容を自国の異文化に対して示すだけの度量があるかどうか私は疑わしく思います。この種の本質的には類似した問題が、文化相互間にもまさしく存在しているのを確認することができます。それはまったくそのとおりなのです。

※編集付記　本論文は一九八五年十月に京都で開催されたシンポジウムでの木前氏の報告および質疑応答を活字化したものである。本書の編集にあたり、『法制化とコミュニケイション的行為』（未來社、一九八七年）に収録されていた当報告と質

疑応答の一部を転載した。

追悼・木前利秋

以下の追悼文は「未来」二〇一四年三月号のために執筆された追悼文を再録したものである。最後の西谷能英のものは、大津での通夜に出席した翌日に木前さんの最期を記録するために書いたもので、［出版文化再生］ブログに掲載されたものを再録した。

寺小屋教室での出会い

上村忠男

わたしが木前利秋くんに最初に出会ったのは、たしか一九八〇年五月、寺小屋教室の場においてであった。

寺小屋教室は、全国の大学で闘争の嵐が吹き荒れた直後の一九七一年九月に発足した、会員主導の自主的な〈学び〉の場である。わたしが事務局から依頼されて「学問論」と銘打った講座の講師を引き受けた一九八〇年には、十九講座、会員総計二百名を超えるまでになっていた。その「学問論」講座の一期目に木前くんが参加してきたのだった。木前くんは当時、東京大学大学院経済学研究科博士課程に在籍中。すでに数年前から清水多吉さんが講師をつとめる「フランクフルト学派研究」講座に参加していたという。とりわけユルゲン・ハーバーマスに関心があるとのことで、これと関連しての複数講座登録だった。

寺小屋教室ではどの講座でも原書講読を原則としていた。この方針にしたがって、「学問論」講座でも、一期目ではエトムント・フッサールの『ヨーロッパ的諸科学の危機と超越論的現象学』の冒頭部分とそこに付されている「幾何学の起源」のドイツ語原文を会員全体で分担しながら読み進めていった。また二期目ではハンス＝ゲオルク・ガダマーの『真理と方法』のうち、「解釈学的循環」について縷説されている部分を同じくドイツ語原文で読み進めていったのだったが、木前くんの受講態度は誠実かつ真摯そのもの。報告のさいには毎回几帳面なレジュメを作成してきたのにくわえて、議論の場でも、同じく当時東大大学院に在籍中の高橋哲哉くんとともに積極的に発言してくれ、おかげでじつに充実した講読会となった。

二期目に四万温泉でおこなった合宿では、木前くんは「解釈学と修辞学」にかんする三木清の先駆的業績について報告。『寺小屋雑誌』第十三号（一九八二年三月発行）で組まれた特集《三木清『構想力の論理』をめぐって》でも「〈神話〉〈制度〉〈技術〉」と「レトリックと構想力の論理」の二本の報告を担当。この報告をめぐって、木前くんにわたしのほか旧会員の山泉進くんと「文学」・「荻生徂徠研究会」会員の緒形康くんをまじえた討論会をおこなっている。

寺小屋教室は一九八四年三月をもって十二年間にわたる活動の幕を閉じた。ただ、「学問論」講座は三期目と四期目でとりあげた十八世紀ナポリの哲学者ヴィーコの名にちなんで「ヴィーコ研究会」と改称のうえ、中村雄二郎さんや佐々木力さんらの協力をえて活動を継続。成果の一端は『思想』の一九八七年二月号と一九九一年九月号で《ヴィーコを読む》と《構想力》と題する特集が組まれたさい、そこに織りこまれたが、木前くんはその『思想』での二度にわたる特集号のそれぞれに「トピカと労働の論理――ヴィーコとマルクス」（のち大幅に改稿のうえ『メタ構想力――ヴィーコ・マルクス・アーレント』に収録）と「構想力・神話・形の論理――『構想力の論理』再考」と題する論考を寄せている。

その木前利秋くんが二〇一三年十二月四日朝逝去した、との報に接した。享年六十二。あまりにも早すぎる死というほかない。積年の宿題であるハーバーマス論が完成まであと一歩だったという。さぞかし無念だったことだろう。

二〇〇五年十一月、ナポリで《ヴィーコと東洋――中国・日本・韓国》をテーマにした国際会議が開催されたおり、木前くんはわたしとともに招聘された。そしてわたしの報告「ヨーロッパ的諸科学の危機におけるジャンバッティスタ・ヴィーコ」にさきだって「日本におけるヴィーコ受容の歴史」について報告した。これが木前くんと一緒になった最後の機会となってしまった。いまはただ天国で安らかなれと祈るのみである。

木前さんのこと――ハーバーマス、ヴィーコ、構想力

岩崎稔

木前さんと初めて会ったのは、お互いがまだ大学院生の時期だった。ほんの昨日のように感じ

られても、八〇年代の半ばだったのだからもう三十年は経っている。自主的に開かれていたある研究会で、彼はフランクフルト学派第二世代について話をしてくれたのだが、博識であることだけでなく、その近代概念の見通しの雄渾さに驚いた。あの時期は、ハーバーマス・ルーマン論争が社会学の大きな話題になり、それだけに新しい学会動向としてそれに関するものがよく読まれていたが、木前さんのハーバーマス理解には別格の説得力があった。よくあるように「コミュニケーション的行為の理論」や「討議倫理」論の細部を持ち上げたり、あるいは逆に叩いて簡単に片づけたりするのではなく、ハーバーマスの構想がヨーロッパの思想的系譜のなかでどのように発展的に解釈可能か、それがどのような大胆な可能性をもっているのかを、鮮やかな仮説的図式とともに描き出してくれたのだった。

木前さんは五歳上の先輩だったが、なぜかわたしたちは意気投合してよく話をするようになった。そのうちに「問題意識がずいぶん共通しているのだから、いっしょに共同の文章を書いてみようか」ということになって、結局、批評社から出ていた『ブックレビュー批評精神2』という雑誌に、ふたりで「現代資本主義とマルクス経済学の方法」という共同論文を載せたことがあった。共同でひとつのものを書きながら、あらためて木前さんが経済学を、しかも宇野経済学をスタート地点としていること、そしてその宇野経済学の内側に閉じてしまう論理性だけでなく、経済学という学問知が暗黙のうちに前提にしている呪縛そのものを打ち破りたいという切実な要求に突き動かされていることを、間近に確認することができた。木前さんは、その初発の姿勢をずっと貫いていたから、つねに小さく整合する論理に自足せず、越境し媒介を求めていく思考のひとつであありつづけたのだ。つまり、「コミュニケーション的理性」によって解明されるような理性的対話の構造をどこまでも明晰にとらえていこうとするとともに、そうした明敏さを下支えしている領域へのまなざしをつねに確保し続けたのである。

木前さんのそういう姿勢にわたしは共感したし、そこから実に多くを学ばせていただいた。彼の言葉を借りれば、それは「ポストモダンは《理性の他》者をめがけているが、ぼくたちがめがけているのは《他の理性》だ」という自覚だったと思う。《他の理性》とは、形而上学的、伝統的な理性概念とも異なり、道具的理性とも異なる別の理性、つまりハーバーマス的なコミュニケーション的理性としてまずは指摘できるけれども、さらにそれにとどまらず、トピカや構想力と名指すことができるような知そのものの初源的な立ち現われの場面を問うことでもあった。その問題関心から発して、ジャンバッティスタ・ヴィーコについて学ぶために、ふたりでイタリア思想の上村忠男さんのもとに通うことになったし、さらに中村雄二郎さんたちを巻き込んでヴィーコ研究会や構想力研究会というプロジェクトを立ち上げたものだった。デカルト的な明晰判明な真理基準にもとづく思考がクリティカ＝批判であるとすると、そうした批判そのものを可能にする始まりの思考としてのトピカ＝発見こそがまずは問われなくてはならない、とヴィーコにかぶれて考えていた。そんなふうに、実際あの時期には、毎週のように木前さんとさまざまなテーマで研究会をしていた記憶がある。

納得できないかぎりは、けっして原稿を手放そうとはしない木前さんの、厳しい自己吟味を経てついに公刊された『メタ構想力――ヴィーコ・マルクス・アーレント』（未來社、二〇〇八年）

は、外国語文献も含めて匹敵するもののほとんどない、多面的で稠密な構想力論になった。「メタ構想力」という言葉は、彼の造語である。これは、他者の構想力に対して、自己の記憶や想像、創意を働かせる能力、表象を表象する能力――その意味で、メタ次元にある構想力のことを指していた。コミュニケーション的構想力と言いかえてもいい。彼はこれによって、批判的理性の隘路を突破し、客観主義に立ち戻ることも相対主義に甘んじることもない《他の理性》を解明し、さらには枯渇しかかっている現代の政治的なるものを再生させる手がかりを見出そうとした。他者とともに構築される政治的な《活動》の公共空間にしろ、生き生きとした意欲に応じて何かを創造する《制作》の場にしろ、あるいは非物質的な次元がますます重要になってきた《労働》の生政治的な場にしろ、それらを適切に理解するためには、これまでの他者論の欠落を補い、行為の可能性を言葉によって救済しなくてはならないはずだ。メタ構想力論の真意はそこにあった。

しかし、こうした難しい課題といくつかの手がかりだけを残して、木前さんは立ち去ってしまった。訃報に接してから一ヶ月になるが、彼が、あの日本人形のように瞳がくっきりとした童顔とともに、いまにもひょっこりと現われそうな気がしている。

熟議を楽しむ――晩年の木前利秋先生

亀山俊朗

私が木前利秋先生と最後に研究会をもったのは、二〇一二年九月三日である。この日、『変容するシティズンシップ』（二〇一一、いずれも木前利秋・時安邦治・亀山の共編著）の合評会を、若手の研究者二人を招いて行なったのだ。

うち一人が、木前論文におけるA・センの解釈を論評する場面があった。厚生経済学を専攻する評者の指摘はなかなか鋭く、木前先生は、なるほど、と考え込んだ。研究会でも、事後の飲食の際にも、先生は機嫌がよかった。そのとき初対面であった異分野の若い研究者が熱心に論文を読み、きちんと批評したことがうれしかったようだ。ぜひこのメンバーで研究会をやろう、センを読むのもいいな、といった話をされた。

年齢や地位に関係なく、対等な立場で議論することを、先生はことのほか好まれた。学者としては当然のようにも思われるが、存外みながそうであるわけでもない。木前先生ほどの勉強好きで議論好き、しかも好戦的だったり抑圧的だったりしないとなると、めずらしい。先生の最晩年の仕事は熟議民主主義に関するものだったが、討議をご自身最大の楽しみの一つとされていたのだった。

合評会の翌月、その後の研究会について相談のメールを差し上げたところ、返事をいただくのに少し間があった。返信では、新しい治験にエントリーするかどうかの決断を迫られていたため返事が遅れたとの詫びとともに、後期にシティズンシップを主題とした講義を始めたが、やってみると思ったほどシティズンシップについてわかっていないと実感した、研究会に参加して頑張りたい旨が記されていた。既に厳しい治療のさなかではあったが、みなと一緒に勉強したいのでよろしく願う、とおっしゃるのだった。

しかしその後、先生との研究会を開くことはできなかった。翌年になってからご自宅へお見舞いに伺ったのが、お会いする最後の機会となった。

私が最初に木前先生主宰の研究会に参加したのは、一九九九年の七月だった。月に一度参加者が研究報告するとともに、一二月からは同年に原著が出版されたD・ヘルドらの『グローバル・トランスフォーメーションズ』を読んだ。三十代半ばで大学院生になった私だったが、最初の担当教員が転出され、木前先生には中途から指導教員を引き受けていただいた。先生は上から「指導」する気はなく、研究会を開催してそこに学生を参加させ、各々が課題を見つけて論文を書くように促した。

やがて木前先生は、グローバル化論からシティズンシップ研究に関心を持たれるようになった。一方、私は社会政策の研究会にも出入りして、福祉国家の成員資格としてのシティズンシップについて勉強をはじめていた。研究会は、いつしかシティズンシップをテーマとした論文集を準備する方向に向かった。

この時期、木前先生は、生前唯一の単著となった『メタ構想力――ヴィーコ・マルクス・アーレント』(二〇〇八)をまとめ、ハーバーマス論に取りかかってもおられた。グローバル化論と社会思想史研究という、やや距離のあるテーマの並行性は、先生の研究歴の初期からみられる。一九八〇年代の論文リストを眺めると、資本の国際化や外国人労働者をめぐる現状分析と、マルクスやハーバーマスを論じる理論研究を同時期にされている。史的唯物論の再検討にも関心があったようだ。伊藤誠門下の宇野派の〈末裔〉として、原理論・段階論・現状分析をぜんぶやろうとしたわけですね、と、酒席で先生をからかってみたら、どうおっしゃったろう。困ったような苦笑いをしながら、いやあ、と言って、しかし否定もされなかったのではないだろうか。謙虚でありながら、それくらいの自負とそれに伴う力量があったと思う。

先日、合評会に参加したメンバーらと、センの『正義のアイデア』を読んだ。ハーバーマスを高く評価しながらも、ロールズの権利概念を誤解していると指摘する箇所があった。その場に木前先生がおられたら、と考える。うーん、どうかな、とやや皮肉っぽい笑みを浮かべたような口元になりながら、僕に言わせれば、と前置きして、そこからはごくまじめな口調でセンの解釈の妥当性と問題点を逐一論じられただろう。いつまでも論じて飽きることがなかっただろう。先生と話すことはもうないのだと改めて強く感じた。そして、研究会での議論のたびに先生のことを思い出すのだろう、とも考えた。

追悼・木前利秋

西谷能英

木前利秋さんが亡くなったのは十二月四日の朝だという知らせが入ったのはその翌朝のことである。その日の夜中二時すぎに、木前さんに指導を受けたという亀山俊朗氏からメールが送られてきていたのである。

亡くなる前々日の十二月二日の夜八時すぎだと思うが、なんとなく虫の知らせか、長らく進行の止まっていたハーバーマス論の仕上げ状況を聞いておかなくては、ということもあって自宅へ電話をしたのだが、夫人が電話を取り次いでくれた木前さんの開口一番のことばが「末期ガンで、もうなにもできません」というなんとも弱々しいことばだった。背筋がぞおっとするような、まさに霊界からの声のようなその声はなにごとかを伝えようとするかのようにつぶやかれたのだが、わたしはショックのあまりその内容をよく聞き取れなかったけれども、セキズイがどうとかというふうに聞こえたような気がする。まもなくして「妻に代わります」と言って夫人と代わってもらって事情をいろいろうかがったのだが、その辛そうな声を聞いたのが最後になってしまった。

六日の大津での通夜に駆けつけたのはもちろんだが、棺のなかの木前さんのまったく変わり果てたその面差しには当然ながら生気のかけらもなく闘病生活の痕跡がうかがわれ、ことばを失なった。喪主である夫人がことば少なに語ったところによれば、三年半前に前立腺ガンを告知され骨にも転移していたため手術ができなかったとのことである。わたしの記録によればことし（二〇一三年）の一月十六日に家に電話を入れたときに、夫人から持病が再発したという話を聞いていただけで、不覚にもそれがどんな病気なのか聞きそびれてしまい、その後も気になりながら電話をできないままでいたことに自分に深い失望をしているところである。懸案のハーバーマス論の元になる論考のほとんどは「未来」に連載として書いてもらっていたので、毎月かならず電話とメール、FAXのやりとりがあったのに、ここへきて自分の忙しさにかまけて連絡を怠ったことがこんな大事になるとは予想できなかった。

木前利秋さんとのつきあいはかれの東京時代にさかのぼる。その後、富山大学時代があり、大阪大学に移ってからもすでに十数年になるのではないか。その間もときどき連絡しては単行著書の刊行を促しつづけていたのだが、それがようやく実ったのがかれの唯一の単著となった『メタ構想力――ヴィーコ・マルクス・アーレント』で二〇〇八年三月のことだった。そのあとから念願のハーバーマス論を書くことを決意して始めたのが、さきほど触れた「未来」での連載であった。これは同年十月号から連載が始まっている。わずかに五年前のことである。その間、木前さんは十五本ほどの論考を断続的に書いてくれたのが、近刊予定にしていたハーバーマス論の中核になるはずであった。毎回きっちりした原稿を書いてくれて、催促も校正もかなり大変だったが、仕事に慎重な木前さんに原稿を集積していってもらうにはこれしか方法がなかった。その仕上げを直前にしてもなおかつ、最後の書き下ろしの一章のためにハーバーマス研究書の原書を何冊も積み上げてこれらを読んでからでなければ書けないということで時間を使っていたようで、そのために刊行が遅れてしまい、こんな事態を迎えてしまったのがわたしにはなんとも残念でならない。夫人にもやりたいのは仕事だと言いつづけていたとのことで、その念頭にあったのがこのハーバーマス論の仕上げであることは間違いなく、刊行されれば群を抜いたハーバーマス理解の書として注目されただろうし、ライフワークともなったであろう。その木前さんの心情を思うとなんともやりきれないのである。二日の電話のさいに夫人にはなんとか回復することができそうだったら、この仕事を仕上げるように言ってほしいと伝え、もしかしたらそのことがきっかけで奇跡的な回復がみられるかもしれないと淡い期待を抱いたのだが、むなしかった。当人には不満もあろうが、なんとか残された原稿を一冊にできないものかと考えている。

木前利秋、享年六二歳。その図抜けた知識と能力の高さからいっても、もっともっと大きな仕事をしていいひとだった。人格的にもひとに嫌われるようなところはいっさいなく、慎重さと謙虚さのかたまりのようなひとだっただけに周りがもっと配慮してあげなければならなかった。いつも電話すると、はにかむような声が受話器の向こうから聞こえてきて、やりたいことを頼まれたときは心から喜んでくれていたのだろう。わたしより年下だったからこちらにも油断があったのかもしれないが、思えばあまり頑健なほうではなかっただろうから、この早すぎる死を惜しんでもすでに遅いのである。こんな文章を書かなければならないのも辛いことである。謹んで哀悼の意を表したい。

（二〇一三年十二月七日）

■著者略歴

木前利秋（きまえ・としあき）
一九五一年生まれ（長崎市）。東京大学大学院経済学研究科・博士課程退学。大阪大学大学院人間科学研究科教授。現代社会論・社会思想史専攻。二〇一三年十二月四日、逝去。享年六十二歳。
著書――『メタ構想力――ヴィーコ・マルクス・アーレント』未來社、二〇〇八年。
共著書・共編――『変容するシティズンシップ――境界をめぐる政治』白澤社、二〇一一年、『葛藤するシティズンシップ――権利と政治』白澤社、二〇一二年、『ハーバーマスと現代』新評論、一九八七年、ほか。共編『ニーチェ事典』弘文堂、一九九五年。
訳書――J・ハーバーマス『社会科学の論理によせて』（共訳）国文社、一九九一年。J・ハーバーマス『道徳意識とコミュニケーション行為』（共訳）岩波書店、一九九一年。J・ハーバーマス『遅ればせの革命』（共訳）岩波書店、一九九二年。ウルリッヒ・ベック『グローバル化の社会学』（監訳）国文社、二〇〇五年、ほか多数。

【ポイエーシス叢書61】
理性の行方　ハーバーマスと批判理論
二〇一四年六月二十日　初版第一刷発行

定価……本体三八〇〇円＋税
著者……木前利秋
発行所……株式会社　未來社
東京都文京区小石川三―七―二
振替〇〇一七〇―三―八七三八五
電話（03）3814–5521
http://www.miraisha.co.jp/
info@miraisha.co.jp
発行者……西谷能英
印刷・製本……萩原印刷
ISBN978-4-624-93261-9 C0310

ポイエーシス叢書

（消費税別）

☆は近刊

1 起源と根源　カフカ・ベンヤミン・ハイデガー　小林康夫著　二八〇〇円
2 未完のポリフォニー　バフチンとロシア・アヴァンギャルド　桑野隆著　二八〇〇円
3 ポスト形而上学の思想　ユルゲン・ハーバーマス著／藤澤賢一郎・忽那敬三訳　二八〇〇円
5 知識人の裏切り　ジュリアン・バンダ著／宇京頼三訳　二八〇〇円
6「意味」の地平へ　レヴィ＝ストロース、柳田国男、デュルケーム　川田稔著　一八〇〇円
7 巨人の肩の上で　法の社会理論と現代　河上倫逸著　二八〇〇円
8 無益にして不確実なるデカルト　ジャン＝フランソワ・ルヴェル著／飯塚勝久訳　一八〇〇円
9 タブローの解体　ゲーテ「親和力」を読む　水田恭平著　二五〇〇円
10 余分な人間　『収容所群島』をめぐる考察　クロード・ルフォール著／宇京頼三訳　二八〇〇円
11 本来性という隠語　ドイツ的なイデオロギーについて　テオドール・W・アドルノ著／笠原賢介訳　二五〇〇円
12 他者と共同体　湯浅博雄著　三五〇〇円
13 境界の思考　ジャベス・デリダ・ランボー　鈴村和成著　三五〇〇円
14 開かれた社会―開かれた宇宙　哲学者のライフワークについての対話　カール・R・ポパー、フランツ・クロイツァー／小河原誠訳　二〇〇〇円

15 討論的理性批判の冒険　ポパー哲学の新展開　小河原誠著　三二〇〇円
16 ニュー・クリティシズム以後の批評理論（上）　フランク・レントリッキア著／村山淳彦・福士久夫訳　四八〇〇円
17 ニュー・クリティシズム以後の批評理論（下）　フランク・レントリッキア著／村山淳彦・福士久夫訳　三八〇〇円
18 フィギュール　ジェラール・ジュネット著／平岡篤頼・松崎芳隆訳　三八〇〇円
19 ニュー・クリティシズムから脱構築へ　アメリカにおける構造主義とポスト構造主義の受容　アート・バーマン著／立崎秀和訳　六三〇〇円
21 スーパーセルフ　知られざる内なる力　イアン・ウィルソン著／池上良正・池上冨美子訳　二八〇〇円
22 歴史家と母たち　カルロ・ギンズブルグ論　上村忠男著　二八〇〇円
23 アウシュヴィッツと表象の限界　ソール・フリードランダー編／上村忠男・小沢弘明・岩崎稔訳　三二〇〇円
25 地上に尺度はあるか　非形而上学的倫理の根本諸規定　ウェルナー・マルクス著／上妻精・米田美智子訳　三八〇〇円
27 インファンス読解　ジャン＝フランソワ・リオタール著／小林康夫・竹森佳史ほか訳　二五〇〇円
28 身体　光と闇　石光泰夫著　三五〇〇円
29 マルティン・ハイデガー　伝記への途上で　フーゴ・オット著／北川東子・藤澤賢一郎・忽那敬三訳　五八〇〇円
30 よりよき世界を求めて　カール・R・ポパー著／小河原誠・蔭山泰之訳　三八〇〇円
31 ガーダマー自伝　哲学修業時代　ハンス＝ゲオルク・ガーダマー著／中村志朗訳　三五〇〇円
32 虚構の音楽　ワーグナーのフィギュール　フィリップ・ラクー＝ラバルト著／谷口博史訳　三三〇〇円
33 ヘテロトピアの思考　上村忠男著　二八〇〇円
34 夢と幻惑　ドイツ史とナチズムのドラマ　フリッツ・スターン著／檜山雅人訳　三八〇〇円

35 反復論序説　湯浅博雄著　二八〇〇円
36 経験としての詩　ツェラン・ヘルダーリン・ハイデガー　フィリップ・ラクー＝ラバルト著／谷口博史訳　二九〇〇円
37 アヴァンギャルドの時代　1910年-30年代　塚原史著　二五〇〇円
39 フレームワークの神話　科学と合理性の擁護　カール・R・ポパー著／M・A・ナッターノ編／ポパー哲学研究会訳　三八〇〇円
40 グローバリゼーションのなかのアジア　カルチュラル・スタディーズの現在　伊豫谷登士翁・酒井直樹・テッサ・モリス＝スズキ編　二五〇〇円
41 ハーバマスと公共圏　クレイグ・キャルホーン編／山本啓・新田滋訳　三五〇〇円
42 イメージのなかのヒトラー　アルヴィン・H・ローゼンフェルド著／金井和子訳　二四〇〇円
43 自由の経験　ジャン＝リュック・ナンシー著／澤田直訳　三五〇〇円
44 批判的合理主義の思想　蔭山泰之著　二八〇〇円
45 滞留［付／モーリス・ブランショ「私の死の瞬間」］　ジャック・デリダ著／湯浅博雄監訳　二〇〇〇円
46 パッション　ジャック・デリダ著／湯浅博雄訳　一八〇〇円
47 デリダと肯定の思考　カトリーヌ・マラブー編／高橋哲哉・増田一夫・高桑和巳監訳　四八〇〇円
48 接触と領有　ラテンアメリカにおける言説の政治　林みどり著　二四〇〇円
49 超越と横断　言説のヘテロトピアへ　上村忠男著　二八〇〇円
50 移動の時代　旅からディアスポラへ　カレン・カプラン著／村山淳彦訳　三五〇〇円
51 メタフラシス　ヘルダーリンの演劇　フィリップ・ラクー＝ラバルト著／高橋透・高橋はるみ訳　一八〇〇円

52 コーラ　プラトンの場　ジャック・デリダ著／守中高明訳　一八〇〇円

53 名前を救う　否定神学をめぐる複数の声　ジャック・デリダ著／小林康夫・西山雄二訳　一八〇〇円

54 エコノミメーシス　ジャック・デリダ著／湯浅博雄・小森謙一郎訳　一八〇〇円

55 私に触れるな　ノリ・メ・タンゲレ　ジャン＝リュック・ナンシー著／荻野厚志訳　二〇〇〇円

56 無調のアンサンブル　上村忠男著　二八〇〇円

57 メタ構想力　ヴィーコ・マルクス・アーレント　木前利秋著　二八〇〇円

58 応答する呼びかけ　言葉の文学的次元から他者関係の次元へ　湯浅博雄著　二八〇〇円

59 自由であることの苦しみ　ヘーゲル『法哲学』の再生　アクセル・ホネット著／島崎隆・明石英人・大河内泰樹・徳地真弥訳　二二〇〇円

60 翻訳のポイエーシス　他者の詩学　湯浅博雄著　二二〇〇円

61 理性の行方　ハーバーマスと批判理論　木前利秋著　三八〇〇円

☆哲学を回避するアメリカ知識人　コーネル・ウェスト著／村山淳彦・堀智弘・権田建二訳

☆赦し　ジャック・デリダ著／守中高明訳

☆信と知　ジャック・デリダ著／湯浅博雄訳

☆問題解決としての生　カール・R・ポパー著／萩原能久訳

本書の関連書

〔第2版〕公共性の構造転換　市民社会の一カテゴリーについての探求
ユルゲン・ハーバーマス著／細谷貞雄・山田正行訳　三八〇〇円

理論と実践〔新装版〕　社会哲学論集
ユルゲン・ハーバーマス著／細谷貞雄訳　四八〇〇円

認識と関心〔新装版〕
ユルゲン・ハーバーマス著／奥山次良・八木橋貢・渡辺佑邦訳　五八〇〇円

コミュニケイション的行為の理論（上）
ユルゲン・ハーバーマス著／河上倫逸・平井俊彦ほか訳　四八〇〇円

コミュニケイション的行為の理論（中）
ユルゲン・ハーバーマス著／藤澤賢一郎・岩倉正博ほか訳　四八〇〇円

コミュニケイション的行為の理論（下）
ユルゲン・ハーバーマス著／丸山高司・厚東洋輔ほか訳　四八〇〇円

哲学的・政治的プロフィール（上・下）　現代ヨーロッパの哲学者たち
ユルゲン・ハーバーマス著／小牧治・村上隆夫訳　各三五〇〇円

未来としての過去　ハーバーマスは語る
ユルゲン・ハーバーマス著／河上倫逸・小黒孝友訳　一八〇〇円

事実性と妥当性（上・下）　法と民主的法治国家の討議理論にかんする研究
ユルゲン・ハーバーマス著／河上倫逸・耳野健二訳　各三八〇〇円

法と正義のディスクルス　ハーバーマス京都講演集
ユルゲン・ハーバーマス著／河上倫逸編訳　一八〇〇円

法制化とコミュニケイション的行為　ハーバーマス・シンポジウム
河上倫逸・フーブリヒト編　二四〇〇円